歷史思考大未來

勾勒歷史教學的藍圖

Sam Wineburg
山姆・溫伯格——著

林慈淑——審訂

林慈淑・蕭憶梅・蔡蔚群・劉唐芬——譯

Historical Thinking
and Other Unnatural Acts

Charting the Future of Teaching the Past

三民書局

中文版序

我們生活在一個科學 (science)、科技 (technology)、工程 (engineering)、數學 (mathematics)（合稱為 STEM）凌駕一切的時代。這些學科被視為經濟發展的推手，在學校課程中也得到最多關注。在這樣的現實下，歷史學科該如何因應？

更直白的說，幾年前我在觀摩一堂歷史課時，一個 12 歲的女孩令我開始思考相關的問題。我看著她的老師講解工業革命，注意到她和同學都很盡責地將那些事實抄下來。課堂結束後，我走向這個小女孩，請她解釋上這堂課的目的。她一臉迷惑地看著我：「我也不知道為什麼要學，」她嘟囔著說，「這些東西手機上都有啊。」

的確，老師在這堂課講授的內容——蒸氣動力和水力的來臨、城鎮中工廠的增加、湯瑪斯・紐科門於 1712 年發展出活塞引擎——這個小女孩口袋裡的智慧型手機都查得到。她的想法確實難以辯駁。

在人人攜帶手機、全球資訊唾手可得的時代，老師教授事實、學生努力記誦的歷史課程並沒有多少用處。但是正因為我們生活於當今數位化的現實中，身為自由社會的成員，學習歷史才顯得前所未有地重要。網際網路是現代版本的公共廣場，只要能夠無線上網，誰都可以對任何主題發表意見。在這樣一個透過一方螢幕、面向全世界的年代，我們怎麼知道該相信什麼呢？

學習歷史的意義正由此而來。在歷史學中，總是有各式各樣關於過去的說法，競逐我們的認同。過去至今，歷史學家發展出了評

斷這些不同說法的工具：評估證據特性的工具、理解作者動機的技巧、交叉比對多種說詞的技能、確立目擊證人可信度的方式，以及辨別詮釋此優於彼的經驗之法。這樣的歷史，並不是課堂講述、然後背起來以應付考試的那種歷史。它是一種細緻的思考方式，能使心智敏銳，並且訓練我們能夠安然處於事實曖昧不明、又難以捉摸的灰色地帶。學習這種歷史的唯一之途，是去體會多元而衝突的聲音所帶來的困惑，並學習從中開闢出一條通往清晰明白之路。

這也正是我們數位時代的困境：每當我們轉向螢幕，各種聲浪喧騰，無一不在吸引我們的注意。如果沒有歷史思考的能力，我們就只得舉手投降，高喊那句已然成為當代人的哀嘆：「真不知道該相信什麼！」

透過好的教導，歷史可作為我們學習應該相信什麼的基礎訓練。歷史培養我們篩選各種矛盾證據的耐心，同時教導我們，如果只接受和自己既有信念一致的詮釋，卻不先評估這些信念本身的依據，那只會是一種迎合自我的行為，一種無益於知識增長的舉動。

您眼前的這本書是一個起點，協助讀者進行不一樣的教歷史和學歷史。它能夠向那位對「為什麼要學歷史？」感到不解的小女孩提出答案。她的智慧型手機是個神奇的裝備，可以做到許多事情，但沒有辦法教她慎思明辨，也無法給予她智慧。

在一個人們飽受資訊轟炸、事事顯得可疑的科技時代，明辨慎思的能力和智慧從來不曾如此彌足珍貴。

山姆・溫伯格 (Sam Wineburg)，2020 年 1 月 14 日

譯者序

　　今天，學歷史、教歷史真不是什麼特別亮眼或值得炫耀的事。或許，就如其他事物，也曾有過一個學歷史的黃金年代。那時，歷史滿載民族情懷、國仇家恨，學歷史代表了承擔一份文化綿延的使命，以及肩挑鑒往知來的重責大任。那時，學歷史意味著博學多聞、遍覽群書，代表的是人文積澱深厚、具有胸懷古今的壯闊。

　　如果真有這樣的年代，也已經很遠了。而今，「國家」、「過去」、「文化」全都變得疑點重重。過去甚至變成了阻礙未來的荊棘，需要大力披斬、破除。學歷史失去曾經安身立命的依託，成了不合時宜，成了問題。

　　「為什麼要學歷史？」這恐怕是時下許多歷經學校教育的年輕人曾有的質疑，甚至是許多歷史教師始終不想面對的窘迫，這個問題見證了歷史在今日的脆弱地位。然而，從另一個角度來說，正因為學歷史不再「堂而皇之」，我們每個人都擁有前人所無的絕佳機會，得以好好重新思考：在現實取向如此濃厚、多元卻也對立衝突的社會中，學習歷史何以重要？我們能從歷史獲得什麼？除了政治教化之外，學校教導歷史的目的還能為何？歷史教師該如何教好歷史？學生學習歷史有何困難障礙？

　　以上種種疑慮並非臺灣「限定」。社會變遷快速、時間奔流不

息，如何面對過去、回首以往，的確是當代人共有而急迫的課題。史丹佛大學教授溫伯格在本書《歷史思考大未來》中，即提供了這些「歷史之問」深刻而又有啟發性的解答。

《歷史思考大未來》全書共十章，分為四個部分：「為何學習歷史？」、「歷史對學生的挑戰」、「歷史對老師的挑戰」、「歷史與國家記憶」。這些單元顯示，作者依序闡釋了學校歷史科存在的價值與意義，課堂中教與學的困難，甚至到社會大眾的歷史認知與集體記憶等，可說涵蓋了歷史教育理論和實作的重大議題。而書中作者的辯證與討論，集哲學、歷史學與認知心理學於一爐，是一部紮實的跨學科之作。

儘管本書英文版問世已近二十年，它的價值並未有絲毫減損。迄今為止，它仍然是國際歷史教育研究中數一數二的重量級作品。環顧目前相關學術成果，很少能如本書探討歷史教學面向既深且廣。而最獨特的是，溫伯格身為心理學家，從認知心理學入手，探勘歷史教學領域，因而能對學生學習歷史時的種種心智情態，或者教師教學背後的理念認知，甚至環繞師生的社會文化脈絡，刻畫剖析精微深入。不止如此，細心的讀者還能捕捉到溫伯格人文底蘊中的溫情與理性：他的敏銳感知經常穿透字裡行間；談及歷史以及學歷史的價值時，其哲思睿見每每躍然紙上，觸動人心。例如他說：「歷史『教育』（拉丁文的意義是『引導向外』）具有最深刻的意義；在所有世俗化的課程中，歷史最能教給人們那曾經屬於神學教育的德性——謙卑面向我們有限的認知能力，敬畏面對人類歷史的悠遠綿長。」

其實，臺灣教育界對溫伯格不算陌生。他和另兩位作者合寫、由臺大宋家復教授翻譯的歷史教學用書:《像史家一般閱讀:在課堂裡教歷史閱讀素養》，前幾年在臺出版，風靡至今。相對而言，《歷史思考大未來》則是更具思辨性、理論性，是溫伯格沉思歷史教育的經典之作。

說起來，《歷史思考大未來》之翻譯出版，頗有一番曲折。早在2004年，我已邀集幾位好友合力翻譯，草成書稿。但當時合作的出版社因故並未處理，不了了之。而我忙於個人研究，又承接系上行政，無暇顧及，這事就此延擱了十多年之久。直到前年，有幸得到三民書局對此書的看重和支持。又為了全書文體統一，個人亦以近一年的時間重新對照原文、全書逐章校訂（所以，任何傳譯問題，我當負其責），終於讓這本譯作在今年（2020年）面見世人。然而慶幸之餘，我卻也深感遺憾。本書譯者之一、我認識二十多年的臺師大歷史系蕭憶梅教授，已於2019年年初仙逝。我不但愧疚，沒能及早讓憶梅生前看到此書出版，還更悲傷，臺灣歷史教育失去了一個熱情有潛力的研究者。這本書因此也註記著一位英年早逝的老師，她對歷史教學曾經那般執著理想並投入畢生心力而不悔。

回想2018年6月，我遠赴聖荷西史丹佛大學造訪溫伯格教授。在那方研究室中，加州溫暖金色的陽光從他背後的窗格斜斜地透灑進來。我問說:作為心理學家，為什麼會從事歷史教育研究?他看著我，略帶靦腆地笑了笑:「我大學歷史系畢業後，去中學教歷史，教得也不錯。但我始終不明白，自己教學好在哪裡?學生學了什麼?我覺得無法在歷史學中找到答案。所以我轉去念心理學，想要解決

這樣的問題。」

　　我相信，即使今天臺灣各種教育改革如火如荼之際，溫伯格曾有的困惑，仍然縈繞在許多人心中、許多歷史課堂內；關於為何和如何理解過去，也依然是一道不易化解的難題。期待這本書，能給曾經與他同樣困處於教歷史、學歷史窘境中的朋友，提供一些新的視野。同時，也希望書中溫伯格的探尋與深究，能為許許多多與我一般，總是天真蹣跚地要為臺灣歷史教學摸索出一條更宜人之路的教師同行，帶來更開闊的想像，以及值得思考的方向。

　　這本書歷經波折得以出版，有賴許多朋友襄助。首先要感謝的自然是當初慨然允諾，協助翻譯的蕭憶梅老師、北一女中蔡蔚群老師以及劉唐芬小姐，拜幾位所賜，此書才有機會在華人歷史教育圈露面問世。而當時仍在東吳與我共事的劉靜貞教授，也在百忙之中，翻譯了第五章的若干內容，這份拔刀相助之情，難以鳴謝。十多年前，這本書最初的譯稿整理以及各章註釋繕打工作，多虧當時我指導的碩士生兼助理劉得駿先生的辛苦和付出。最後，催生這本書的最關鍵助力是三民書局蕭遠芬和黃毓芳兩位主編，感謝她們對這本書的青睞以及對我的信任。此外，負責此書編輯的沈敬家小姐以及幫忙克服版權問題、盡心為此書譯文潤稿的幕後工作人員，在此一併致謝。

林慈淑謹識於宜蘭枕山

2020 年 3 月

歷史思考大未來

—— 勾勒歷史教學的藍圖 ——

目　次 | *Contents*

Introduction / **導　論**
認識歷史的理解

請確認下列陳述的來源：

> 在最基本的美國歷史測試中，滿分 100 得分才 33，這種表現沒有一所高中能引以為傲。

前述關於高中學生歷史測試的說明來自：

(a)1987 年拉維奇 (Ravitch) 和芬恩 (Finn) 的 《國家教育進步評估報告書》。其論道：學生測驗分數（的低落）顯見「他們受到無知……之殘害，此種危險將延伸至他們長大成年，成為公民，甚至於為人父母之後。」

(b)1976 年《紐約時報》的美國青年測試，公布於「在最簡單且明確的美國史事實測驗中」的大標題下。

(c)1942 年《紐約時報》歷史測試的報告，這份報告促使阿蘭·內芝斯 (Allan Nevins) 寫下：高中的學生「對美國歷史太過無知」。

(d)以上皆非。

正確答案是(d)以上皆非 。 ❶上述引文既不是來自 1987 年的國家評估，也不是此類更早期的任何報告。它的來源得回溯到 1917 年，那是電視、社會學習課程游說團體、「思考技巧」教學觀念、家庭崩潰現象、網路流行、或任何其他我們平常用來解釋分數低落的因素遠未出現的年代。1917 年，卡雷頓・貝爾 (J. Carleton Bell) 和大衛・麥柯倫 (David McCollum) 測試六百六十八位德州高中學生、並於創刊不久的《教育心理學期刊》發表成果報告，當時他們所得的結論與日後許多相關的評論並無明顯的差別。若將 1917 年時進入高中的人數和今日就學率如此之高兩相比較，學生長久以來的無知表現還真令人吃驚。整個世界都已翻轉，唯獨這件事沒有改變：小孩子不知道歷史。

這或許是一則經久不變的故事，但它也是基礎薄弱的故事。❷我們或許花了太多的時間去發現（只是不斷的一直重複發現……）學生不知道什麼，以致於忽略了其他關於年輕人的歷史知識更有用

---

❶ 原註：見 Diane Ravitch and Chester Finn, Jr., *What Do Our 17-Year-Olds Know? A Report on the First National Assessment of History and Literature* (New York, 1987), 201; *New York Times*, May 2, 1976; Allan Nevins, "American History for Americans," *New York Times Magazine* (May 3, 1942), 6, 28–29; J. Carleton Bell and David F. McCollum, "A Study of the Attainments of Pupils in United States History," *Journal of Educational Psychology* 8 (1917), 257–74.

❷ 原註：心理測量師戴爾・惠廷頓 (Dale Whittington) 根據大規模的實驗結果，挑戰了歷史知識退步的說法。可參見 "What Have 17-Year-Olds Known in the Past?" *American Educational Research Journal* 28 (1991), 759–80.

的問題。例如，學生到底知道什麼樣的過去？除了老師和教科書之外，他們的理解還源自哪些其他的管道？他們如何從複雜的歷史文件中建立意義?他們如何應付來自家裡和學校有關過去的不同意象？他們如何在國家和世界歷史的脈絡下為自己個人的歷史定位？

　　這些疑問很少有人提起。從 1917 年貝爾和麥柯倫的調查到最近的國家評估，為了解孩子們認識多少歷史知識，多是遵循一條早已設定好的路。大人聚集一起決定孩子們應該知道什麼事實，接著進行測試。測試結果發現孩子們所知甚少，他們也很少探問孩子測驗時的想法，或是學生如何詮釋眼前的題意。這種對孩子們心智的思慮有如昆蟲學家般地去凝視螞蟻：螞蟻（小孩）被看成比研究者幼小和低等的類種。❸我們從外面看牠、測試牠，然後給出一個分數。所以一提到年輕學子，我們很容易忽略：從陳述年輕學子不知道我們要他們知道的歷史知識，到總結說他們不知道任何事情，這可是大膽的認定。

　　這種只貼標籤而不是嘗試了解學生歷史知識的做法，造就一些有關教學法的無聊討論。根據一個常見的解釋，如果老師教授更多的內容而非「各種技巧」，學生就會知道更多歷史。對於像亞瑟‧貝斯特（Arthur Bestor，寫於 1953 年），或史恩‧威廉茲（Sean Wilentz，寫於 1996 年）這些評論者來說，導致學童歷史認識不足的惡魔就是「社會學習課程游說團體」（但我們懷疑，1917 年的德州幕後究竟

---

❸　原註：這個比喻是大衛‧歐森 (David Olson) 所提出的。參見他在 David R. Olson and Nancy Torrance, *Handbook of Education and Development* (Cambridge, Mass., 1996) 一書中的導言。

有什麼游說在起作用，貝斯特和威廉茲對此都未曾提及）。❹其他面向的討論則集中於美國歷史課程如何分期或是課綱中如何安排各主題的適切順序。 1987 年布萊德利委員會 (Bradley Commission) 指出，多元是學習的趣味來源。委員會鼓勵教師從各式教學法和技巧組合中選擇援用。但正如歷史解釋並不就是選出對的歷史文件組合，熟練的歷史教學也不只是選擇正確的方法組合而已。

上述這些討論的共同情況是，對學習者以及學習者帶著什麼意念前來接受教導的認識不清。 可以確信的是 ， 如同邁克・修德森 (Michael Schudson) 所說，歷史知識「滲入文化的每個毛孔中」，即便這種知識我們無法從 「17 歲學生的競試中立刻檢測出來」。大規模的測驗或許可以告訴我們年輕人知道什麼，但若認定這些認識就構成了他們歷史知識的全部，那可會阻礙任何對於美國知識生活和文化的嚴肅探討。❺

在聳動和令人不安的新聞之外還存在一個更根本的問題：歷史教學如何有助於民主社會？或者，一如我的同仁蓋亞・賴哈得 (Gaea Leinhardt) 所說，歷史對於社會科素養 (social literacy) 能有什麼貢獻？如果從課程中除掉歷史，哪些思維、寫作和提問的能力也

---

❹ 原註： Arthur Bestor, *Educational Wastelands: The Retreat from Learning in Public Schools* (Urbana, 1953); Sean Wilentz, "The Past Is Not a Process," *New York Times*, April 20, 1996. 威廉茲預測 「今日學生的歷史程度到了下一個世代將更形退步」，而未提及 1917、1942 與 1987 年也曾出現類似的悲觀預言。

❺ 原註： 關於此，見 Michael Schudson, *Watergate in American Memory: How We Remember, Forget, and Reconstruct the Past* (New York, 1992), 64.

會跟著喪失呢？

　　當然這不是個新問題。伍卓・威爾森 (Woodrow Wilson) 已經談及此點，他宣稱：歷史賦予我們「一般稱之為判斷力的那種珍貴的心智能力」，類似意見也迴盪於美國歷史學會每每針對大學在校生所做的各項研究中。❻然而，歷史有助於改變我們如何思考，提升辨識、判斷和警覺的素養，而非認識人名、日期此一作用，並未在公共領域中受到重視。

　　本書的文章始於一項基本假定：歷史教導我們如何抉擇、權衡各種意見、述說故事、並且必要時對自己所說故事有所保留。這種歷史與拉許・林保 (Rush Limbaugh) 的看法立足不同，他說：「歷史是非常簡單的。你知道歷史是什麼嗎？就是發生過的事。」❼

　　林保的歷史觀正切合我讀高中那個年代。歷史就是弄明白考試的主題，以及揣想我的老師 F. T. 彼瑞塔娜的心態，以便構思某份問答題的答案。我在這種體制中表現良好，一直到我念布朗大學 (Brown University) 一年級，修讀雅各・紐斯勒 (Jacob Neusner) 的宗教史課程時，才開始憂心自己身為歷史系學生的能力。紐斯勒（根據一份非正式的課程指引，他的課是不可錯失的經驗）在課程一開始，果如所述。他詢問大家《聖經・創世記》第一章：「這份文本在**做什麼？**」大約一百位同學因此坐立難安。一個個愁眉苦臉的新鮮

---

❻　原註：見第一、三章。

❼　原註：Rush Limbaugh III, October 4, 1994, 引自 Gary Nash, Charlotte Crabtree, and Ross Dunn, *History on Trial: Culture Wars and the Teaching of the Past* (New York, 1997), 6.

人只能摘述《聖經》大意，逼得講臺上的紐斯勒揮舞著拳頭重重捶擊：「是『做』，不是『說』。這份文本在**做什麼**？」

幾年以後，我在國中和高中教歷史，我發現我也能夠敦促學生檢視文本的「爭議性」(polemic)（紐斯勒深深印於我腦海中的一個字眼）。但是除了要學生「再讀一次」這種屢試不爽的教學策略之外（或說：「慢慢讀」、「讀給同學聽」、「分組閱讀」），我始終搞不懂為什麼有些學生可以、有些學生卻無法提出對我來說其理甚明的解釋。

一些談論教學的用書也沒有提供線索。學習心理學的教科書以及教人如何實作的書（像邁克卡奇 (McKeachie) 的《教學提示》），❽大都只關心「技術性」的問題——例如何時在演講中插入實例，如何進行分組，或是如何根據布魯姆分類法 (Bloom's Taxonomy) 的不同層次問問題等。不過，困擾我的不是一般性的問題，我想知道的是歷史文本帶給年輕人什麼樣的挑戰，以及什麼因素阻礙他們進行更具批判力的閱讀。

我大學畢業那一年剛好碰到心理和教育學界興起的「認知革命」。稱霸數十年的行為主義已在 1980 年代早期垮臺了，因為心理和教育學者了解到，藉著檢驗無意義的字詞、音節來理解記憶或是使用抽象邏輯問題來探測推理的性質，都是愚蠢的事。當時我拿著一張宗教史的學士文憑，又從來沒修過一門心理學課程，看起來與史丹佛大學「教育心理研究」的博士班課程不太搭調。不過不知怎的，我的申請書送到了李・舒曼 (Lee Shulman) 的桌上，他卻預期

---

❽ 原註：Wilbert James McKeachie, *McKeachie's Teaching Tips: Strategies, Research, and Theory for College and Universtiy Teachers* (Boston, 1999).

我帶給這個課程的會多過我所欠缺的。

第一學期，我修了一門頗能代表這個領域正在發生改變的課程：「認知科學與教育」。這個課程涵蓋若干新的研究，例如物理系學生的「單純認識論 (naïve epistemologies)」，導致數學系學生發生系統性和可改正性失誤的「錯誤規律 (mal-rules)」，以及生物系學生持有拉馬克❾和抗拒教導 (instruction-resistant) 的信念等等。這門課要求針對學校的某個學科作一文獻回顧。當我向教授報告希望能回溯學習歷史的文獻時，得到的是一個冷冷的回答。「會不會」，她不帶情感的說，「根本沒有可供回顧的文獻。你就從有關閱讀的文獻開始吧。」

責任心使然，我花了兩個星期苦讀音位認知 (phonemic awareness)、全語言教育、閱讀障礙和其他閱讀失能的研究文獻。在最黑暗的時刻，我曾經翻遍了抽屜，想要找回去年丟在一邊的法學院申請書。最後，當我找指導教授諮詢時，對我那有如世界末日般的述說，李·舒曼不為所動，他微笑的說：「既然沒有文獻，你就開創第一個吧。」

這本書中的文章即是代表我對「自開創一個」這個挑戰的回應。自從我接觸認知科學以來，就一直關切如何理解歷史理解 (understand historical understanding)——套用蘇珊納·威爾森

❾ 譯註：拉馬克 (Chevalier de Lamarck, 1744–1829)，法國人，1809 年發表了《動物哲學》一書，系統地闡述他的進化論。他的論點與達爾文演化論在本質上有很大的差異，後者強調的是物競天擇、適者生存，而拉馬克認為生物的特徵可由每一代的學習慢慢累積而成。

(Suzanne Wilson) 的貼切用語——這個問題。 為了避免讀者以為我在探尋問題的過程中忽略了龐大的相關歷史文獻，我得先聲明：從柯靈烏 (Collingwood)、❿赫斯特 (Hexter)、⓫布洛克 (Bloch)、⓬葛茲駕科 (Gottschalk)、⓭伍德華得 (Woodward)、⓮貝克 (Becker)、⓯貝林恩 (Bailyn)、⓰諾維科 (Novick)、⓱金茲伯 (Ginzburg)⓲和其他歷史學者的著作中，我受惠良多。這些著作常常以傳記性和內省的方式，述及書寫者自身在研究者、演說者和教學者的生涯歷程，而且蘊含洞見。不過，它們大體上留意的是已經成熟的歷史研究實務，關注的是歷史認知的最終階段。身為歷史認知研究者，我最感興趣

❿ 　譯註：柯靈烏 (R. G. Collingwood, 1889–1943) 為英國歷史哲學家，著有《歷史的理念》、《自傳》等書。

⓫ 　譯註：赫斯特 (Jack H. Hexter, 1910–1996) 為美國歷史學者，鑽研都鐸時代和十七世紀的英國歷史，對歷史哲學亦有深究。

⓬ 　譯註：布洛克 (Marc Bloch, 1886–1944) 為法國年鑑學派創建者之一，專攻中世紀歐洲的歷史。

⓭ 　譯註：葛茲駕科 (Louis Gottschalk, 1899–1975) 為美國芝加哥大學的歷史教授。

⓮ 　譯註：伍德華得 (Comer Vann Woodward, 1908–1999) 為美國著名的歷史學者，研究美國南方和種族關係的歷史。

⓯ 　譯註：貝克 (Carl Lotus Becker, 1873–1945) 為美國歷史學者，專攻啟蒙時代的思想史，著有《十八世紀哲學家的天國之城》。

⓰ 　譯註：貝林恩 (Bernard Bailyn, 1922–) 為美國歷史學家和作家，專攻美國殖民歷史，曾於 1968 和 1987 年兩次獲得普立茲獎。

⓱ 　譯註：諾維科 (Peter Novick, 1934–2012) 為美國歷史學者，鑽研美國史學史，著有《高貴的夢》。

⓲ 　譯註：金茲伯 (Carlo Ginzburg, 1939–) 是義大利著名的史家，開啟微觀歷史之先鋒，重要著作為《乳酪和蟲》。

的是歷史認知的中間過程：如達到熟練的歷史實踐之前如何中途停
駐、錯誤的起步、半生不熟的觀念，以及徒勞之舉的追查，這些在
歷史學者的各種專著以及為初學者所寫的方法書籍中，多半闕如。

　　既然著意於展示那些在公開呈現之前尚未修飾完整的歷史認
知，我顯然不能倚靠傳統知識庫裡的研究技術。選擇題的測驗只能
告訴我們，塗黑的那個圈圈是正確的答案，但並沒有告訴我們，究
竟哪種思考程序導出這樣的選擇。在我探求歷史理解的過程中，有
時候連續幾個月投身於數百個教室之中，一一的傾聽、觀察、記錄，
並同時與學生和老師談話。其他的時候，為了對歷史思考的展現更
清楚掌握，我也請求歷史學者和學生、老師和家長們，具體表達他
們的想法，另外還請他們一面讀我給他們的資料，一面立即說出他
們讀時的想法。這種「邊想邊說」(read aloud) 是一種得以接近「當
下」(real time) 歷史認知的方法。

　　我讓歷史學者暫時脫離他們所熟悉的研究專業，例如讓中世紀
的專家投入閱讀美國革命文獻，或是讓美國都市發展的專家面對林
肯關於奴隸制的看法等，以此來研究歷史認知如何展開，並評估由
歷史訓練的「附加價值」是什麼。這些歷史學者一旦拋除熟知的專
業文獻知識，面對只有些許認知基礎的資料，就與大學通論性課程
的學生或在進階先修課程測試 (Advanced Placement exam) 中的高
中生盯著閱讀題時的情況無異。如果某人寫了三本關於中國明朝的
專書（最後修習美國史的時間是在大學三年級的課堂上），而想嘗試
了解 1775 年 4 月 19 日萊辛頓綠地事件 (Lexington Green) 時，他會
表現什麼樣的歷史訓練呢？認為因為是歷史學家而必然就表現得比

學生好，這只是想當然耳，不是解釋。當歷史學者「以歷史的方式閱讀」時，他們究竟在做什麼？究竟那些具體的認知行為能夠得出複雜的歷史解釋呢？

　　本書前兩章提供了全書的概述。第一章始於 1980 年代末期和 1990 年代的「歷史戰爭」(History Wars) 脈絡，當時訂定國家歷史課程標準之舉，迫使一個個已然蒙塵的課程議題登上了各大報紙的意見論壇。由於所有的爭論都被「教導什麼樣的歷史」這個問題所攻占（爭論都各自依循著可預期的政治路線），以致於為什麼要教歷史這個最首要的問題卻反而失落不見了。後者就是我研究學生、教師和歷史學者所針對的議題。第二章則是把我的研究計畫放入更大的背景下，檢視歷史教與學方面的更廣泛研究概況。這類研究多數由心理學者主導，但也逐漸有教師和歷史學者從事投入。

　　第二篇集中討論學習歷史的新手所面臨的挑戰。第三章比較高中生與專業史家閱讀相同資料的差異，第四章則以兩所大學未來預備執教的學生的案例探討。第五章鎖定五年級和八年級學生如何從圖繪清教徒、西部的拓荒者和嬉皮來「描繪過去 (pictured the past)」。他們的反應顯示著傳統有關性別認知的一些假定，即使遭遇到學校透過課程設計想要予以壓制，仍有其韌性。

　　第三篇各章探討歷史教學。這三章都來自我參與李‧舒曼在史丹佛大學的「教師評估計畫」的經驗所得。每一章都是與蘇珊納‧威爾森合作撰寫。過去十年來，她激發我熱誠的動力，去理解歷史教學實為一種複雜的知識活動。

　　最後第四篇的兩章尋求歷史教學更廣大的脈絡，亦即審思社會

中其他的「記憶區 (memory sites)」。頭一篇文章的場景雖然是在教室，但很明顯的，高中生會把來自家庭、根深蒂固的故事說法帶到課堂上來。最後一章則描述我嘗試將研究地點延伸到教室和學校以外，去容納家庭、社區、教會以及社會中更廣大的「文化歷史課程」。

　　敏銳的讀者會看出此書所集結各篇在風格、表達和題材的紛歧差異。若干篇章是寫給心理學者看的研究報告，有些是用來訓練新老師的個案研究，另有一些是來自非正式的談話或學術討論會。為吸引更廣大的讀者，我曾改寫過一些篇章，其他則只做簡單的修整。每一章都附有一段簡短的說明文字，敘述各章的緣起並且提示最近相關的研究。

　　這些年下來，我在知識上的師承借取可說多不可數。在有關教學的章節中，我受益於李・舒曼，明顯可見，其實全書都可隱隱見到他的幫助。蘇珊納・威爾森和彼特・賽克斯 (Peter Seixas) 讀過書中每一章的次數多到他們都記不清。華盛頓大學提供我一個完成本書的良好友善的環境。我從歷史系的同仁也學到許多，特別是湯姆・普列斯利 (Tom Pressly) 和約翰・范得列 (John Findlay)，他們兩位對一個認知心理學家究竟會如何談及學習歷史的問題深感興趣，因而邀請我加入他們的研究行列。在教育學院，我與潘・葛羅斯曼 (Pam Grossman) 的友情一直是支撐我的磐石，黛比・克得曼 (Debby Kerdeman) 則一直是一位耐心的朋友和同事。蘇珊・莫娜斯 (Susan Monas) 同樣讀過本書的每一章，告訴我那裡表達不清，她不知道她教我的遠不僅止於寫作。我銘心感謝他們所有人。

1991 年，我在美國歷史學會的《觀點》(*Perspectives*) 雜誌發表這份研究的部分摘要時，我收到了羅伊‧羅森貞威格 (Roy Rosenzenweig) 主動寫來的短箋，正是羅伊的鼓勵才有了這本書。沒有他和天普大學珍妮特‧法蘭山德斯 (Janet Francendese) 的激勵，此書不會面世。

從我獲得博士助理職開始，接著修讀博士和博士後研究，一直延續到「歷史意識形成研究計畫」(Historical Sense-Making project)（參見第十章）贊助，我這些工作都得史賓賽基金會 (Spencer Foundation) 的慷慨資助。基金會前任主席派翠西亞‧亞伯傑‧葛拉翰 (Patricia Albjerg Graham) 對這份研究特別有興趣，並篤信此一「不尋常」的研究途徑一定會開花結果。我衷心感謝史賓賽基金會長期的支持。

1

為什麼要學歷史？

Chapter 1 / 第一章

歷史思考和其他非屬自然的行為

　　二選一的抉擇，看似荒謬之至，但這確是各界爭論國定歷史課程標準的趨向。1995 年，美國國會在爭辯：哪個人物較能展示「兒童所學國家歷史中比較重要的部分？」時，❶參議員斯雷特・戈登 (Slade Gorton) 就提出了這道選擇題：「是華盛頓或辛普森？」。❷在戈登眼中，國定課程標準這項提案如同是對美國文明的一項正面攻擊，是「用意識型態，把反西方文明的標誌，強制變成政治正確的可笑漫畫。」❸最後，上議院以壓倒性的九十九票對一票否決了課程標準。❹

---

❶　原註：引自 Gary B. Nash, Charlotte Crabtree, and Ross E. Dunn, *History on Trial: Culture Wars and the Teaching of the Past* (New York, 1997), 232.

❷　譯註：辛普森 (Bart Simpson) 是美國知名卡通劇「辛普森家庭」主角 Homer Simpson 之子。

❸　原註：Ibid., 234.

❹　譯註：1990 年代初期，為了提升學生的歷史素養，美國「國家人文學科基金會」(National Endowment for the Humanities) 委託 UCLA 的全國歷史中心 (National Center for History) 為全國歷史教育研發課程標準。這套標準共分世界史和美國史兩部分。中譯本可以參見劉德美譯，《美國歷史科——世界史國家課程標準》（臺北：教育部，1996）。

　　但，課程標準的規劃群並不因這項否決而示弱。他們呈給各個討論會和委員會的報告書，大多由蓋瑞・納許 (Gary Nash)、夏洛特・克雷伯特利 (Charlotte Crabtree)、還有羅斯・唐恩 (Ross Dunn) 所組成的工作小組負責整理。這個工作小組隨後提出三百一十八頁的抗議書，內含對戈登和他的主要支持者、時任國家人文學科基金會 (National Endowment for the Humanities) 主席琳恩・錢尼 (Lynne Cheney) 的駁斥，另外，抗議書內也包括了為回應各個保守派聯盟所寫的答辯文，這些保守派多數是社論專欄作家和廣播節目脫口秀的主持人。納許和他的同僚的確承認戈登所指，課程標準中沒有一處明白舉稱華盛頓為第一任總統。但這純屬技術問題。在課程標準中，另有要求兒童：「考察華盛頓總統任期內，這個新生國家當時面臨的主要議題。」同時，在幼兒園至四年級 (K–4) 的課程標準中，❺也有更多地方提及華盛頓是「國父」。

　　另外，錢尼也聲稱：課程標準企圖把李將軍 (Robert E. Lee) ❻和萊特兄弟等這類美國人都排除在外，只因這些美國人很不幸的已經死了，而且更不幸的是生為白人、男性。納許和他的夥伴為了抗衡這種看法，去統計課程標準中，符合錢尼敘述的人物，共超過七百人；他們還宣告說：這個數目是所有以個別名字出現的女性、非裔美國人、拉丁民族和印第安人加起來總數的好幾倍。❼

　　類似上述你來我往的情況，很快的就成了辯論課程標準的標準

---

❺　原註：Ibid., 197.

❻　譯註：李將軍 (Robert E. Lee, 1807–1870) 是美國南北戰爭中南軍司令。

❼　原註：Ibid., 204.

模式。而檯面下的角力更是醜陋難堪的多。每一方都認為有必要把
最低劣的動機強加在對方身上。如對蒲柏‧陶樂 (Bob Dole) 這位
1996 年共和黨總統候選人來說，國定課程標準是比外敵還更可惡的
人製造出來的成品。❽對納許這邊的人來說，批評課程標準規劃的
人，骨子裡是畏懼一個多元化的美國，害怕新的面孔一旦湧入歷史
的舞臺，就會破壞了舊的過去傳統中所維持的安全和平衡。❾這般
吵吵鬧鬧，用坊間的話來說，那些撰寫課程標準的人就是叛國者，
而那些反對的人是種族主義分子。

　　由論辯而引發的憎恨正是產生二分法思考的溫床。試看由學生
聯誼會社 (Phi Beta Kappa)❿正式出版的《美國學者》這份期刊所規
劃的意見論壇。《美國學者》要求十一位著名的歷史學者寫下一千字
來回應以下問題：「什麼樣的歷史是我們的孩子應該學習的？」兒童
應當學習的是「愛國主義、英雄主義和國家的高貴理念」，或者是
「國家領導人和主導階層的不義、挫敗和偽善？」如果參與辯論者
無法針對上述問題回答，他們還會再被問及：「美國代表了歷史上最
成功的故事之一？」或者是代表「優勝劣敗的歷程」？⓫所幸，明智

---

❽　原註：Ibid., 245.

❾　原註：Ibid., 10–11. 正如 Todd Gitlin 所指出的，我們不能將歷史的論爭簡化
　　成一場左右兩派之間的政治角力，它實際上是一場左派內部的慘烈鬥爭。
　　有關 Gitlin 對加州奧克蘭教科書採用過程的論述可見 *The Twilight of
　　Common Dreams: Why America Is Wracked by Culture Wars* (New York,
　　1995).

❿　譯註：「學生聯誼會社」，美國最負盛名的榮譽學會，每年吸收大學四年級
　　學生當中最優秀的學生為成員。該社的格言是：「哲學是人生的導引」。

之士並不匱乏。耶魯大學的愛德蒙‧摩根 (Edmund Morgan)，著有《印花稅法危機》(*Stamp Act Crisis*) 一書，並深諳宣傳話題的手法。他如此寫著：「不管是什麼答案，看起來都必然會更接近宣傳標語，而不是對歷史的理性探求。」他接著冷冷地說：他用不著「花一千字去談這個問題」。⑫

目睹這些辯論樣式，某些人可能會質疑：歷史何以被視為人文學科中的一支？因為凡人文學科總認為理當教導人們拒斥標語、寬待多樣和尊重差異。事實上，伍卓‧威爾森 (Woodrow Wilson) 和其他的「十人委員會」⑬成員在十九世紀末寫到：歷史遠不只是特殊的故事和名字，而是欲達到更高遠的目的，因為它給我們一種「珍貴的心智能力」，也就是我們所稱的「判斷力」，⑭悲哀的是，目前的爭辯已經深陷「哪種歷史」的問題中，而忘記了更為根本的問題：「究竟為什麼要學歷史？」

關於上述被忽略的問題，其答案絕非不證自明。事實上美國人從來沒有全然肯定歷史在課程中的地位。或許此刻歷史教育前所未

---

⑪　原註：*American Scholar* 67 (Winter 1998), 91.

⑫　原註：Ibid., 103.

⑬　譯註：十人委員會 (The Committee of Ten) 於 1892 年 7 月 9 日組成，受美國國家教育協會委任，為當時中學生所應學習的科目訂定相關課程。Woodrow Wilson 是普林斯頓大學的教授，在 1892 年時曾和十人委員會共同商討歷史科的內容和範疇。

⑭　原註：引自 Paul Gagnon, "History's Role in Civic Education: The Precondition for Political Intelligence," 收入 Walter C. Parker, ed., *Educating the Democratic Mind* (Albany, 1996), 243.

有地備受各界關注，但此一關注並非建立在深厚的基礎上。有許多州把歷史學習的要求訂在最低底限。而許多教育院校會為未來擔任數學、科學和文學等科的教師開辦相關教學課程，但我們卻很難在全國中找到幾門課程是專為歷史教學而開。在全國政策辯論中，歷史教育問題屢被論及，但在和學生學習最密切相關的學校中，以及和教師培訓最有關的學院內，歷史的地位絕非穩固。

這一章內，我的焦點不在於討論哪種歷史——勝利者的歷史、失敗者的歷史或更明智的結合兩者的歷史——最好。我倒是要從現在的歷史戰爭中後退幾步，思考另外一個問題：歷史有何益處？為什麼連在學校中都要教歷史？簡單來說，我的主張是，多數人不明白，歷史可以使我們人性化，在學校課程中少有其他學科具備此種潛力。我並無意僭稱這個看法的原創性。但每個時代的確必須重新自問：為何學習過去是重要的事？也必須自我提醒：為什麼歷史可使我們凝聚團結，而不是如最近所見的那樣，撕裂我們彼此。

我的討論鎖定在每當我們面對過去時所有的一種拉力 (tension) 上。這是一種介於熟悉和陌生之間，存在於對我們試圖要理解的人們既感親切、又覺遙遠的拉力。單只拉力的任何一端，並無法顯現歷史的複雜性；片面傾注任何一面，只會磨平歷史的有稜有角，並流於老套和扁平化。成熟歷史思維的養成，端賴我們能夠穿越高低不平的歷史景觀，橫越崎嶇難行的岩群，它們橫亙在熟悉的過去和遙遠的過去這兩個極端之間。

熟悉的一端拉力最是強大。熟悉的過去誘使我們相信，自己能在時間之流中覓得一席之位，並以此強化我們在現實中的認同。亦

即藉由連結我們自己的故事和先前之人,過去成為日常生活中有用的資源,也成為一座倉庫,裝載著無窮無盡、未經加工的素材,這些素材為迎合現實需要,可被捏塑或彎曲。確實,在時間中尋求定位乃是人類基本的需要,若不如此,就不可能在這個地球中賦予一己生命的意義。

但是,把過去視為有用之物、不需任何媒介或轉譯就可直通我們,這最終只不過把過去當成了提供快速消費的商品。我們因此捨棄或根本忽略了過去之中,那一大段與我們現實需要相牴觸、或無法相互契合之處。有用的過去保有某種幻想,那是一種跳蚤市場式的幻想,想像過去中陳列著一長排俗麗而老舊的玩物。由於我們早在進入這種過去之前,多少已知道自己搜尋所在,這種和過去的邂逅因而不太會改變我們,或激使我們重新反思自己。過去成了我們掌中把玩的泥土。我們不是為了從學習過去的過程中擴增理解力,反之,我們控制過去,將之套入早已編派好、預定好的意義中。

拉力的另一端是過去的奇特性,它可能引出震懾和驚嘆,在會晤那些人、時、地的過程中,或會促使我們重新思考:如何界定生而為人的自己。與這樣的過去相逢,能夠達到「增長心智」這個詞彙的最高層意義。然而,這一方向如果走到極端,也會帶來問題。「專屬於自身」的過去,一旦和我們現在的環境、關切和需要脫勾,經常就變成某種神秘的異國之物。這正如印象中,當代歷史的常規就是通過閱覽一些文獻專論探究過去,而多數這些專業性的作品或可吸引一小撮專業人士的注意,卻不能引發其他人的共鳴。❶❺

---

❶❺ 原註:見 T. S. Hamerow 在 *Reflections on History and Historians* (Madison,

存在熟悉的過去（與我們現在的目的有關）以及奇特、難以親
近的過去（它的適用性無法立即顯現）兩者間的拉力，並無輕易化
解之道。拉力所以存在，是因著歷史的這兩個層面各有其必要，也
無法加以消減。一方面，我們需得與所研究對象保持親近感，正因
此才使我們投注興趣，並讓我們感知相連相繫。我們視自己是某個
傳統的承繼者，這個傳統提供停泊和安身之處，以對抗現代世界中
的短暫無常。

然而這只是事實的一部分。如欲完全了解歷史的人性化力量，
套用戴格樂 (Carl Degler) 的話，欲讓歷史發揮「擴大我們對『人』
的意義之觀念和理解」❶這種能力的話，我們必得去正視「遙遠的」
過去。這個過去離我們之遠，不在於時間的距離，而在於它的思想
模式和社會結構。這個過去一開始讓我們深感迷惑，或更糟的是，
簡直讓我們倍感無趣。但也是我們所需，如果我們真想理解：每個
人都可以超越出生時那些貼在自己身上的種種標記的話。不斷正視
較為陌生的過去，會教導我們，這一趟短暫寄寓地球之旅所可能有
的種種限制，並讓我們成為人類整體中的一環。很弔詭的是，過去
與現在的關連性正萌生於那初始看來的無關之中。

在此，我不是以歷史學家的方式來探究這些議題。歷史學家通
常費時使用文件，以之重建過去。我是以心理學家的方式，藉由設
計研究項目和訪談，以闡明我們如何知道自己是誰的過程。同樣的，

1987) 一書中的犀利評論。

❶ 原註：Carl N. Degler, "Remaking American History," *Journal of American
History* 67 (1980), 24.

我的資料並不藏在檔案堆裡，而是從和形形色色不同生活型態的人們坐下來晤談所開創出來的，這些人包括教師、從事研究的歷史學家、高中生和父母。以下三個小節即是我研究計畫的體驗所得。第一節來自一位高中生閱讀美國獨立戰爭的原始材料。第二節始於描述一個小學校長閱讀十八世紀末某個助產士的日記。第三節是關於一位歷史學家看待若干闡述亞伯拉罕·林肯種族觀點的文件。

　　在這幾節中，我試圖呈現：最深刻意義的歷史思考既非自然而然所產生，也不是能從心理發展過程中自動湧現出來。我要辯明的是，歷史思考的養成，事實上是與日常思考相抗頡的，這也是為什麼學習人名、日期和故事容易的多，而要改變我們掌握過去意義時習慣持有的心態結構，殊為困難的原因之一。在迪士尼卡通和 MTV 主宰的世界中，要達到成熟的歷史理解誠然不易，但也正因有當前這些運用過去的方式，使得其他以不同的目的理解過去者，意義更為重大。

一、難以跨越的盧比孔河 (Rubicon)

　　先從德瑞克 (Derek) 看起。他 17 歲，是歷史的進階先修課程班 (Advanced Placement)❼學生 (後來他還代表畢業班在畢業典禮上致詞)。德瑞克參加我早期從事的一項研究，讓我記憶深刻。因為我在此所提的一些問題最初即是萌生於和他的合作。❽

---

❼　譯註：「進階先修課程」，簡稱 AP，是美國大學委員會為高中生提供的先修課程，課程程度相當於大學科目。這種課程的考評成績共分五級，學生若在課程考評中獲得 3–5 級分，進入大學後將可抵修該科學分。

德瑞克參與的是一項讓高中生（加上專業史家）閱覽一系列關於萊辛頓戰役❿原始資料的研究。德瑞克讀到，英軍與殖民兵兩軍相互對峙於萊辛頓綠地上。他也留意，參戰兩方人力懸殊的問題，根據資料，英國正規軍列隊約數百人，相對的，殖民兵約為七十人。德瑞克還注意到，交戰後，八個殖民兵身亡，而英軍這邊只有一名人員傷亡。德瑞克因此推論，這次交鋒極可能是一面倒的情況，不太能用一般所謂「戰爭」來稱之。這些觀察頗為敏銳，顯示德瑞克才智敏捷，難怪能在同儕中出類拔萃。不過，當我們要求德瑞克選出一幅圖畫，這幅畫最能表現文字證據中的記載時，他並未選擇那幅描繪殖民兵亂成一團的畫，照道理說，那應該是較合乎他先前的觀察。德瑞克反去選擇一幅描繪殖民兵躲在牆壁後，重新上膛步槍，並瞄準英軍的畫作。德瑞克相信這幅圖的描繪最是精確，他的理由是：

> 它把殖民兵放在……一個較有利的位置上，就是他們在一個
> 小山坡上，我猜想那邊某處有道牆，我猜……殖民兵會匍匐
> 前進，然後會藏在柱子和任何東西後面，而不是留在原處與

---

❽ 原註：見第三章。所有引用的文獻資料可參見 Samuel S. Wineburg, "Historical Problem Solving: A Study of the Cognitive Processes Used in the Evaluation of Documentary and Pictorial Evidence," *Journal of Educational Psychology* 83 (1991), 73–87.「德瑞克」與其他參與者的名字皆係假名。

❾ 譯註：萊辛頓戰役發生於 1775 年 4 月 19 日麻薩諸塞州的萊辛頓村莊中，是美國獨立戰爭的第一場戰役。

英國人面對面……你知道那邊應該有個小山坡，殖民兵會想到要找地方躲藏起來，然後準備殺敵，而不會是地勢較低的地方，不然會被打到。如果他們就直挺挺站著，像這樣（那幅描繪殖民兵亂成一團的畫）等著被狙擊，那這種心態也未免太可笑了。❷⓿

　　如果從一般認為孩子在歷史課堂中應有的表現這個標準來評量的話，德瑞克的閱讀當可列為模範。依照布萊德利委員會的報告所說（這個報告引領當前歷史教育改革運動），學生應該有如「進入一個劇場中，拋卻所知的結局，以便去感知一個時代——這種神入感能讓學生透過那個時代人們的眼睛去觀看。」❷❶而德瑞克不但試著透過他者之眼去觀看，他還試圖重建時人的世界觀與「心態」。

　　然而，除非那時的人也和德瑞克同樣，具有現代戰場合理性的觀念——亦即認為面對強敵時，應該逃到牆垣後面，進行游擊戰，那麼德瑞克的重建才有意義。德瑞克的閱讀經驗引出一個顯然存在的弔詭。他根據一般人如何行動的一些假設去看這件事情，而這些假設反過來壓制了他自己在閱覽書面證言時所得來的真正的觀察。矛盾的是，在戰場中德瑞克所認為合理的行為，卻被第一次遭逢這種戰鬥型態的清教徒斥為卑劣的行徑。至十六世紀時，歐洲戰爭型

---

❷⓿　原註：Ibid., 79.

❷❶　原註：Bradley Commission on History in Schools, *Building a History Curriculum: Guidelines for Teaching History in Schools* (Washington, D.C., 1988).

態演變成了一種高度複雜的紳士之爭：交戰雙方白天作戰，晚上共餐，這類事情時有所聞。戰場中常需配合一套繁複的禮儀，其中包括一些非常累贅的系列動作，光是射擊和重新上膛步槍，就有多達四十二個步驟。❷❷

但這種大規模的戰爭文化，則和清教徒常在新英格蘭沿岸一帶所遇到的印第安人的習俗相牴觸。例如佩科特人 (Pequots)❷❸還保留著帶有象徵意義的軍事文化行為。他們一般不採面對面大舉廝殺，而是小範圍的襲擊，然後向對方索取象徵性的贖金，以解決爭端。這種傳統的衝突一旦彼此相遇時，往往導致毀滅性的結果。如同1637 年，清教徒包圍神秘河 (Mystic River) 岸邊整個印第安村落，並將之焚毀殆盡。至 1703 年時，所羅門・史記塔 (Solomon Stoddard)❷❹寫信向約瑟夫・德雷 (Joseph Dudley)❷❺解釋這件事情：

假如印第安人如同其他民族一樣，而且完全依照其他民族的

---

❷❷　原註：Adam Hirsch, "The Collision of Military Cultures in Seventeenth-Century New England," *Journal of American History* 74 (1988), 1187–1212.

❷❸　譯註：佩科特人為印第安族之一，住在康乃狄克州泰晤士河谷。十七世紀時約有兩千兩百人，1637 年因一名虐待佩科特人的白人遭到暗殺，引發和英國移民之間的戰爭。佩科特人戰敗，族人或遭殺害或被擄獲，降為奴隸，投降者則被送往其他部落，備受凌辱。之後殖民地政府將這些人置於管轄下，但佩科特人的人數急遽下降，至二十世紀晚期僅餘兩百人左右。

❷❹　譯註：所羅門・史記塔 (Solomon Stoddard, 1643–1729) 為一牧師，是當時殖民地重要的宗教和世俗領導人物。

❷❺　譯註：約瑟夫・德雷 (Joseph Dudley, 1647–1720) 是麻州殖民政府的首長。

方式進行戰爭，那麼用這種違反基督教教義的方式去追殺他們，確實可能會被視為不人道。……但他們是小偷和謀殺者……他們不光明正大的在戰場中宣戰，還殘酷地對待那些落入他們手中的人。……他們的行動如狼，因此應該要用對付狼的方式來對付他們。❷❻

　　至此，問題顯然不是出在德瑞克的閱讀不夠謹慎，相反的，他的閱讀流暢，對自己認知深層的自我檢視能力（心理學家稱為「後設認知」(metacognition)）也令人激賞。但是，就德瑞克的所有表現來看，與十八世紀文件的相遇，並未引發他任何疑惑。也就是說，殖民地居民的行為未曾促使他後退一步並說：「哇！多麼奇特的民族！究竟什麼原因讓他們有這樣的行為？」這樣的反應才可能刺激他去深思那些是他身處世界中極為奇特陌生的行為準則：義務、榮譽、捨身。上述文件並未讓德瑞克提出新的問題，或以新的角度思考人類的經驗，反倒是他既有的信念凌駕於他所面對的訊息之上，是新的酒裝入了舊的瓶子中。德瑞克雖然閱畢這些文件，但他從中所學甚少。

　　德瑞克的閱讀引出了歷史理解中的核心問題：我們既有的信念總是根深蒂固，那麼究竟要如何收斂已知，便於了解過去人的所思所想？這實非一樁易事。閱讀某些字句時，以為我們可以卸除原先的想法，能夠抑制記憶的「激發擴散」(spread of activation)，❷❼這

---

❷❻　原註：1703 年 10 月 22 日所羅門・史記塔致約瑟夫・德雷，引自 Hirsch, "Collision," 1208.

讓人想到亞蘭・梅吉爾 (Allan Megill) 提出的「詮釋時的天真」，或者「完美的感知」❷❸等警語。關於這個問題及後續的看法，漢斯・喬治・高達美 (Hans-Georg Gadamer) 的見解比其他哲學家更具啟發性。他問道：如果這些思想模式正是開啟一切理解之鑰，我們又該如何克制既有的思想模式？❷❾我們與我們所研究的對象，都是歷史性的存在，欲把過去所知全然丟棄，以便注目「真正的」過去，就好像要我們用沒有眼珠的眼睛考察細菌一般。我們所要放棄的，正是我們賴以觀看的工具。

以上立場大不同於從柯靈烏等一些古典歷史主義者的看法。對柯靈烏而言，「所有的歷史都是思想史」，史家需有能力讓他（或她）自己進入凱撒的心智之中，「擬想……凱撒所面對的情境，想像凱撒對情境的考量，以及他可能的處理方法。」❸⓪柯靈烏相信我們多少可以「了解凱撒」，因為人類思想的路徑，以某種深沉且基本的方式，能夠超越時空而類同。

---

❷❼ 譯註：是一種記憶的模式，由柯林斯和羅芙特斯 (Collins & Loftus, 1975) 提出，它是假設在語意記憶網路中，各個項目的距離愈近，激發的愈快，這個模式告訴我們，欲想起某個概念，由相聯的字或提示 (prime) 激發，而愈近的聯結，激發愈快。

❷❽ 原註：Allan Megill, "Recounting the Past: 'Description,' Explanation, and Narrative in Historiography," *American Historical Review* 94 (1989), 632.

❷❾ 原註：見 Hans-Georg Gadamer, "The Problem of Historical Consciousness," 收入 Paul Rabinow and William M. Sullivan, eds., *Interpretative Social Science* (Berkeley, 1979).

❸⓪ 原註：Robin G. Collingwood, *The Idea of History* (Oxford, 1946), 215.

　　且慢，當代史家卻這麼說。試看卡羅・金茲伯 (Carlo Ginzburg) 這位傑出的義大利史家，以及暢銷書《乳酪和蟲》(*The Cheese and the Worms*) 的作者所言：

> 史家的工作和大多數人被教導去相信的恰恰相反。他必須摧毀以為我們和過去之人非常接近的這一錯誤意識，因為過去的人生活於和我們極不相同的社會中。我們對他們的心智世界探索得愈深，應該愈會震驚於今人和古人之間的文化距離之遙。❸❶

　　還可參照《貓大屠殺》(*The Great Cat Massacre*) 這本得獎作品的作者羅勃・達頓 (Robert Darnton) 的話：

> 他者就是他者。他們無法如我們所想。假如我們要了解他們的思想方式，就該具備掌握差異性 (otherness) 的念頭……我們常常需要去拋掉過去是親近的感覺，並承受一次又一次的文化衝擊。❸❷

　　或如研究西方歷史的學者理查・懷特 (Richard White) 所說：

---

❸❶　原註：Jonathan Kandell, "Was the World Made Out of Cheese? Carlo Ginzburg Is Fascinated by Questions That Others Ignore," *New York Times Magazine* (November 17, 1991), 47.

❸❷　原註：Robert Darnton, *The Great Cat Massacre* (New York, 1985), 4.

所有好的歷史都始於陌生意識。過去不該是讓人怡然自在的。
過去不應是我們所熟知的現在的回響，如果我們感覺過去一
切很熟悉，那又何須重訪？過去應該是陌生的，你才因此好
奇：你以及你所知所愛的人，如何從那樣的時空中而來。㉝

　　在了解我們和凱撒多麼不同之餘，我們可能如他了解自己、或
如他那個時代的人了解他的方式那般去了解凱撒嗎？即使我們相信
這個可能，我們從何知道（除了訴諸靈異的方式外）我們已經做到
了？換言之，當代史家的論點似乎與早先所引述──「歷史理解的
目的應該是以當時之人的眼睛去透視」──剛好相反。假如金茲伯
和其他當代史家的意見是對的，那麼歷史研究的目的倒該是教導我
們：哪些是我們無法看到之處，去熟知我們視角上的那些先天障礙。
　　甚至另一個觀念也面臨挑戰：歷史知識應該是各種例證的儲存
庫，好作為思考現在問題之用。但歷史哲學家路易斯・明克 (Louis
O. Mink) 聲明，我們知道過去愈多，我們愈會對「類比過去」這件
事更加謹慎小心。依明克之見，歷史知識能夠斷除我們與過去的連
結，讓我們看到我們與所研究的人之間的斷裂。例如洛克 (John
Locke) 不再會因為他對政府和人類行為動機的理解類似「現代」，
而被當成當代人。相對的，我們明白與洛克之間的斷裂，促使我們
去調和這兩個衝突的拉力：一方面我們與寫《政府論二篇》(*Second
Treatise on Government*) 的洛克在知識上的親近，另一方面我們與

㉝　原註：Richard White, *Remembering Ahanagran: Storytelling in a Family's Past*
　　(New York, 1998), 13.

反經驗論者洛克——同時是那本很少被閱讀的《論基督教的合理性》
(*Essay on the Reasonableness of Christianity*) 的作者之間知識上的
疏離。

閱讀洛克時，他既符應我們的印象，同時也複雜化我們的印象，
我們得以知道一個有更多面向的人物。洛克也不再成為我們觀點的
投射。明克寫道：「新的洛克，遙遠而奇特，也平易近人；正因他是
脾氣壞的喀爾文主義者，讓我們原來對他種種觀點的理解有了改變，
雖然也打破了我們的幻想：以為在政治和哲學的討論中，我們可以
與洛克一如與當代人那般的心靈相通。」❸❹再看一個不同的例子。
當我們想到埃及的圖畫和畫中視角的呈現時，再不能「假想埃及人
如我們所見去見，而只是畫不出我們所畫而已。」❸❺甚至，我們必
須考慮這個可能性：他們之所以畫得跟我們不同，是因為他們所見
不同，而且對我們來說，這種觀看方式有部分已經流失而難以復原
了。如此說來，即使我們努力以赴，我們從不能跨越那道隔在我們
的心智與凱撒之間的盧比孔河。

二、延續和變遷

我們有多大意願來面對這個問題？在人類經驗的長河中，上個
月已經令人感到陌生，那去年不就算是遙遠了嗎？確實，認為和過
去之間沒有連結的想法，如果推到極端，其錯誤之甚猶如認為過去
是現在的反照一樣。大衛・羅文陶 (David Lowenthal) 提醒我們，過

---

❸❹　原註：Louis O. Mink, *Historical Understanding* (Ithaca, 1987), 103.

❸❺　原註：Ibid.

去是一個「陌生的國度」。❸但注意：是陌生的國度，不是陌生的星球。放棄天真的歷史主義，代以極端嚴格的斷裂觀點，不過是玩起心智上的搶椅子遊戲，只是用另一個簡化理論取代前一個簡化理論罷了。

歷史思考要求我們調和這兩個衝突的立場。首先，我們既有的思想模式是傳承而來，我們的確無法擺脫。其次，如果不設法超脫，我們必定會變成麻痺無知的現在主義 (presentism) 者，只圖把「現在」所知灌入「過去」之中。正是這個矛盾，將我引向烏爾蕾克 (Laurel Thatcher Ulrich) 的《一個助產士的日記》這本書。此書陳述助產士馬莎・巴樂德 (Martha Ballard, 1735–1812) 的生平事蹟。如同卡爾・戴格樂 (Carl Degler) 在寫這本書的評論時所說，烏爾蕾克「披露了一個奇特社會的生活景象，那對我們而言是如此陌生又如此熟悉。」❸

就在我閱讀這本書的時候，明尼蘇達的一個教育工作團體，要求我舉辦一個聚焦於歷史之為一種「致知方式」的工作坊，希望能超越州內一般所見「成果導向教育」(Outcome-Based Education) 趨向下，歷史淪為人名和日期表列的現況。❸在那兩天的工作坊中，

---

❸ 原註：David Lowenthal, *The Past Is a Foreign Country* (Cambridge, England, 1985).

❸ 原註：關於 Degler 的引言見於：Laurel Thatcher Ulrich, *A Midwife's Tale: The Life of Martha Ballard, Based on Her Diary, 1785–1812* (New York, 1990).

❸ 原註：此工作坊的理念為 Randy Schenkat 的獨創，他並與密西根州立大學的 Kathy Roth 教授（一名生物學教學專家）合力教學。此工作坊的目的在

我選擇兩種學習歷史的途徑作為對照：一是從烏爾蕾克這類的書，一是從多數參與者熟悉的歷史教科書。

歷史教科書若被當成建立歷史理解的媒介，會引來一些難以迴避的挑戰，並產生一連串特有的問題。教科書的編寫形式經常具有羅蘭・巴特 (Roland Barthes) 所提到的「參考假象」，此概念指事情被敘說的方式正就是事情本身。❸❾而為了促成這一假象，教科書必需利用不同的語言慣例。首先，教科書必須消除「後設論述」(metadiscourse)，或是說消除文本中含有的立足點，這是教科書作者介入並標示立場和態度所在。「後設論述」在歷史學家各自的寫作中時常可見，但在他們為學校兒童所寫的作品中，這部分卻被刪掉了。❹❶此外，關於教科書這份文本如何形成的一些線索，也同樣被隱藏或抹去痕跡。教科書一般甚少引用文件記錄，若出現原始材料，典型的安排方式是置於邊欄，以免干擾了主要的課文敘述。最後，

提供一個科際整合的教學模式，一方面能合不同學科之力，一方面又得以保有這兩個不同學科在看待同一問題時的獨特視角。參見 Roth 對 K–12 教育體系（相當於幼兒園至高三）中傳統科際教學課程模式的批評："Second Thoughts about Interdisciplinary Studies," *American Educator* 18 (1994), 44–48.

❸❾ 原註：Roland Barthes, "Historical Discourse," 收入 Michael Lane, ed., *Introduction to Structuralism* (New York, 1970), 145–55.

❹❶ 原註：Avon Crismore, "The Rhetoric of Textbooks: Metadiscourse," *Journal of Curriculum Studies* 16 (1984), 279–96. 亦可參見 Richard Paxton, " 'Someone with Like a Life Wrote It': The Effects of a Visible Author on High School History Students," *Journal of Educational Psychology* 89 (1997), 235–50.

教科書多半以無所不知的第三人稱發話，讀者面對的不是一個明確的作者，相反的，是一群集體作者，並居於高位、以超然的角度言說。

在明尼蘇達的討論會中，我先讓二十二位學員選讀溫索波・喬登 (Winthrop Jordan) 的《美國人》(*The Americans*)，這是一本十一年級學生普遍使用的美國史教科書。❹喬登描述的殖民經濟時間約當馬莎寫作日記時。他的焦點是「三方貿易」，亦即在殖民地、西印度和非洲之間交換奴隸、蔗糖、甜酒的連結網絡。這段課文置於粗體標題「北方的商業與城市發展──糖蜜與甜酒」的架構下，女性則只出現在名為「家庭農場」的那一節內。以下引文是關於女性在經濟活動中的角色。這段摘錄成為我們兩天會期中試圖發展理解力的試金石，也是我們在工作坊最後嘗試改寫的文本：

> 任何曾居住於家庭農場內的人都知道，這類生活型態下的每個人都必定是工時冗長，工作辛勞。兒童打從看得懂如何剝豆子、剝玉米或拾薪火的年紀開始，就得多少做些零工。女性則被無止盡、周而復始的工作所累。她們用架在開敞式火爐上的金屬鍋子煮飯，把煙囪內的中空間隔當作烤爐烘焙麵包。她們紡織粗布，為全家人縫製衣服；用自製的肥皂在木盆內清洗衣物和被墊。❹

---

❹ 原註：此書由多人合著，主要出於史家 Jordan 之手，以及兩名合作伙伴：Winthrop D. Jordan, Miriam Greenblatt, and John S. Bowes, *The Americans: The History of a People and a Nation* (Evanston, Ill., 1985).

❹ 原註：Ibid., 68.

　　查閱過這個段落和相關敘述後，我們接著讀烏爾蕾克的書。此部作品作為探索歷史思考的文本依據，當可提供多元的切入角度。書中每一章開始都是好幾頁馬莎日記之摘錄，很完好保有十八世紀的拼字和語文習慣。烏爾蕾克讓讀者先對她已考察過的這些證據有所感覺後，才進而探討從馬莎生活中所浮現的主題和時代動向。以下這段日記是學員所研讀材料的例子之一：

11 月 15 日星期五　　在帕克先生和霍德曼太太這兒

天氣陰冷　　在霍德曼太太這兒做一件長袍。幫班傑明太太裁製一件斗篷。做完後去波里羅斯特那裡。下午我被叫去帕克先生家。巴樂德先生好一些了……

11 月 17 日星期日　　在笛托和布耳斯先生家，接生第四十七個孩子，是女兒。也到船長美羅斯那兒

天氣雨天　　我在清晨兩點從帕克家被叫到布耳斯先生家。我到達時，佩吉醫生已經被請過來了。我用力拉出孩子，是女孩。醫生負責密合生殖器官。我在清晨八點回家。得到六塊錢的酬勞。巴樂德先生 & 艾分參加禮拜，在朵利 & 莎莉那兒。查理斯和約翰考克斯在這兒吃晚餐。晚上十一點我被叫去船長美羅斯那兒。下雨。接生布耳斯先生的女兒，已收錢。❸

---

❸　原註：Ulrich, *Midwife's Tale*, 162.

上述引文是我們探究的一部分。我們也考察烏爾蕾克從馬莎日記中所排列出的生產日期表，並和詹姆斯・費林頓 (James Farrington, 1824–1859) 這位醫生的統計資料相互對照，費林頓是生於馬莎之後的世代，那時助產士地位已經降至谷底，而醫生在接生過程中已採用放血並且使用麻醉藥物如鴉片酊。❹看到人們對待助產士的態度似乎歷經重大改變，令人深思。十八世紀末，馬莎還可以站在醫生旁一起處理屍體解剖，不到二十年的光景之後，一位哈佛的教授如此說道：「在醫學科學的領域內，我們沒法像教導男人那樣去教導女人。我們無法將女人帶入解剖室內……否則將會破壞助產士和女性在工作中所必要的那些品行道德」。❺

透過修正和擴充教科書原有的記述這個練習，我們意在質疑那些主導教科書的書寫卻未曾明說的假設。當我們把教科書和烏爾蕾克的敘述擺在一起，這些隱含的假設便昭然可見了。烏爾蕾克的身影在她所述說的故事裡時時顯現，她不吝透露自己如何從晦暗模糊的參考資料中，拼湊出新英格蘭殖民地複雜難解的社會關係；她如何投身草本醫學的世界中，以破解對於傳統醫療法的一些暗喻影射。而為了要了解馬莎的先生艾分的工作，她又是如何研究十八世紀和十九世紀鋸木工廠的實景。

在深入馬莎的世界和工作中時，我們很難不去思考如烏爾蕾克這般歷史學家的世界及其工作，我們會讚嘆史家在面對「這本書何時完成」這個恆常問題時的剛毅堅定。❻我們發現，要了解馬莎，

---

❹ 原註：Ibid., 251.

❺ 原註：Ibid.

就必須研究烏爾蕾克。慶幸的是，史家並未企圖隱藏自我。事實上，烏爾蕾克把自己全然投入文本之中，例如她描述其他的歷史學家認為馬莎的日記「瑣碎而無關緊要」。在她看來，如果這樣的觀點是出自十九世紀的男性之筆，尚可理解。但如果是一本 1970 年代女性主義者所寫的歷史，也把這本日記形容為「滿載瑣碎」的話，烏爾蕾克認為那就太過分了。她說：

> 馬莎的書真正的力道在於展現實實在在的日常生活，那也是疲累的、不斷重複的日常生活。如果只看到當時渡河一事，卻未注意天冷時他們如何耗用步行穿的長襪，又或者只注視出生問題，卻忽略漫長的秋天時節，他們如何捲紡線、製醃肉、挑揀甘藍菜，這樣根本是把這份誠摯、堅定、合宜、勇敢的記錄切斷成碎片。……當馬莎悸動於、或生氣勃勃地生活於歷史學家所鄙棄的那些「瑣事」時，她不是以一個追尋靈魂的清教徒方式發聲，也不是一個多愁善感的人在文學上追求自我意識的表現，而是用一種平凡的、實事求是、最後令人難以忘懷的聲音說話。在那二十七年多的時間裡，精確的說是九千九百六十五天，她忠實的維持著她的記錄。……「而今，這一年是要劃下休止符的了。」她於 1800 年的 12 月 31 日寫道：「如果我們確實作了明智的改善，那真令人高興。」對她來說，生活的標記在於做事，沒有什麼是瑣碎的。❹⁷

❹⁶　原註：Ibid., 41.

　　這篇簡短的引文見證了過去半個世紀以來歷史寫作上的深刻變化。❹歷史敘述不再侷限在偉大的治國策略，如今含括了日常的行為如生育，以及平民大眾為了維持生計而有的例常瑣事。這些段落不只顯示了社會史和女性主義的影響力，同時也標註史家在陳述過去時，所發揮更新、更為積極的作用，這正是使烏爾蕾克的作品大有別於工作坊學員最熟悉的教科書課文之因。說故事的烏爾蕾克沉浸在她的故事的深刻厚實之中，並不吝於和讀者分享她對先前史家輕視馬莎日記的氣憤。她認同她書中主角的耐心和毅力，而當馬莎的生命走到盡頭時，她也明白表達她的悲傷。在呈現助產士馬莎‧巴樂德的同時，烏爾蕾克也展現了自己。當朗讀這段引文時，從烏爾蕾克鏗鏘有力的述說，到馬莎活力充沛的精神力量，讓許多學員動容落淚。

　　柯蓮 (Colleen) 是其中的一名學員，在小學當校長，從高中讀完歷史後，她從未再接觸過歷史。柯蓮由於她的學校正要發展學科整合的課程而報名工作坊，她想了解歷史和其他學科合作的可能性。工作坊開始時，柯蓮坦承自己「記性不好」，她以為擁有記憶力是學習歷史最重要的特質，因此表達出自己這點是個缺憾。但是，她對工作坊的目的感到驚訝。她很快的就受到這些文件的吸引，深深同情馬莎日復一日忙於家庭內外的工作中，以及馬莎身兼母親、職業婦女、妻子、社群領袖等多重角色的分身乏術。對柯蓮來說，研讀

---

❹　原註：Ibid., 9.

❹　原註：見 Peter Novick, *That Noble Dream: The "Objectivity Question" and the American Historical Profession* (Cambridge, England, 1988).

原始材料是一項新的嘗試，而且給她帶來極大的震撼。兩天的工作坊當中，她是那些最勇於發言和熱情參與的學員之一。

兩天會期結束之前，我們要求學員「重寫歷史」，把他們所學寫成一段關於女性經濟角色的敘述，時間是美國殖民地時期和後革命時代。他們可以選擇修補喬登那本教科書的選文，或是另起爐灶、重新撰寫。柯蓮選擇重新撰寫。她首先提起筆來，火氣十足的潦草寫下數行，低聲咕噥她對教科書的憤怒，接著揉掉那張紙，又重新開始。這一次她沒有間斷的寫了三十五分鐘。

大家或許預期柯蓮的短文會滿載情緒，表露感情——那是她於展讀文件過程中所萌生的認同、覺醒到生氣痛恨。但是，情況卻非如此。柯蓮的書寫仍然巍巍顫顫的仿效她原想要摧毀的那些教科書課文，她將自我的情感完全從中抽離。柯蓮以第三人稱自居，記述力求客觀，或如她後來說的：「不涉入自己的情感」。在她寫的兩頁歷史中，沒有「我」這個字眼，更看不到顯露作者偏向、判斷或懷疑的任何蛛絲馬跡。當然，她所談論的內容已不相同。從柯蓮的撰寫中，我們得知女性可以如馬莎・巴樂德那樣，身為助產士，卻可藉由從事小型紡織品生產、飼養家禽以及無數的其他活動，對殖民時代的經濟有所貢獻。但是，柯蓮書寫的事實雖然改變了，行文之間所隱含的知識論立場依然延續如舊。

柯蓮如同德瑞克，面臨了兩種經驗的衝突：她閱讀這些文本的最近經驗以及她先前的經驗，尤其是她始自高中時代的記憶。她一方面相信教科書對女性的蔑視，一方面又認為書寫歷史應該保持冷靜、不帶情感、運用科學精神和維持客觀。當她提筆為文卻無法找

到解決她這兩種衝突信念之法時，她的挫折感達到了最高點。在重寫歷史時，柯蓮雖然面對了她自己，不過她並未把自我釋放出來，使之成為她故事中的一部分。相反的，她把自己的工作定義為淨空自我，亦即把自己的情感、憤怒、甚至她身為母親的經驗都從故事中排除出去。結果在她的創作中，我們找不到柯蓮其人。

情感若不加以約束的確會扭曲我們所欲敘說的故事，而為了維持觀點的不偏不倚，我們必須退後幾步，從不同角度看待事情。這真是一件困難的事，尤其當胸中憤怒之火幾乎難以澆熄時。但是，柯蓮卻走入另一個極端。她不是用和讀者分享的方式來彌補她具有主觀這個事實，而是企圖去建立一個沒有說話者的故事；她處理自己內在情感的辦法是假裝它們並不存在。最後，馬莎·巴樂德這個在原始材料中活潑生氣的人物，到了柯蓮創作的文字段落間，變成了一段寂靜而死板的生命。

於是非常弔詭的，柯蓮所寫的敘述像極喬登的那本《美國人》，更甚於烏爾蕾克《一個助產士的日記》。換言之，對柯蓮和其他工作坊學員而言，教科書以及它所有的表徵不只是傳達過去之事的一種方式，而且是唯一的方式。

三、編織脈絡

我們如何化解熟悉感和奇特感之間的緊張衝突？當我們接納和「過去」共有的一些事情時，又能如何敞開心胸，接受那些讓人驚異、刺激我們重新反省人之意義的面向？遙遠的過去中，古埃及的葬禮儀式、中世紀的醫療工作、賽倫地區的吊死女巫，這些奇特之

事無一不和我們的認知扞格。但是，與我們較接近的過去也是這樣的嗎？這個過去裡有電視機、收音機、汽車和飛機，除了老式的衣服和髮型之外，其他看起來與我們形貌相同。那麼我們又該用哪種角度探測這樣的過去，而不致讓這樣的過去只成為現在的一個過時翻版而已？

這個問題後來在我去訪問一所西雅圖高中、觀察他們的某門課時浮現出來。在這堂課中，學生們觀賞公共電視 (PBS) 紀錄影片 "Eyes on the Prize"。❹我到達那天，學生們看了州長羅斯・班奈特 (Ross Barnett) 試圖阻止詹姆斯・梅里蒂斯 (James Meredith)❺在密西西比大學註冊這件事的報導。接下來的討論中，教師問學生為什麼班奈特拒絕梅里蒂斯入學。一個男孩主動舉手發言：「偏見」。老師頷首點頭，繼續進行討論。

然而，這麼簡單的「偏見」並未讓我釋去疑惑：四百年來的種

❹　譯註：這是美國公共電視製作的報導性影片（內容包括紀錄片剪輯、檔案資料以及訪問當事人的口述歷史），共有十四集，前六集是關於 1954 至 1965 年美國爭取公民權的歷程，後八集是 1965 至 1985 年間美國的種族問題。

❺　譯註：梅里蒂斯是在 1962 年 9 月 10 日獲得最高法院的支持，成功申請進入密西西比大學就讀的黑人學生。但是儘管有最高法院的保證，他的就學仍然引發當地激烈的反對浪潮。州長班奈特更利用他身為該大學註冊審查人的權力，阻止梅里蒂斯入學就讀。至 9 月 30 日，司法部長出面和州長班奈特交涉，班奈特才同意放行，允許梅里蒂斯進入校園。但當地反對者早已聚眾兩千人群集於校園內，因此和官方派出保護梅里蒂斯的大批軍警發生衝突，最後並造成兩人死亡、二十八名將官被槍擊、一百六十人負傷。1962 年 10 月 1 日清晨，梅里蒂斯終於進入密西西比大學就讀，並於 1964 年畢業。

族歷史可以化約成兩個字的答案？**㉑**我因此驚疑，在我們開始用歷史的角度去思考如「偏見」、「種族主義」、「寬容」、「公平」和「平等」等這些觀念之前，我們需要先有什麼認知。要到什麼時候，我們才不會把這些抽象語彙當成脫離時空的超越性真理，而是視之為深植於特定歷史時期的思想模式；這些思想模式會發展、成長、並以新的形式再現於後來的世代中，即使仍保留它們先前的些許特質？**㉒**如果說班奈特的問題來自於他有偏見，這些學生和他們的老師又會如何看待林肯？因為林肯在不同的社會氣氛和現實需要下曾分別被冠上「偉大的解放者」或「白種優越論者」之名。**㉓**

　　為了研究這個問題，我收集了一系列的資料，包括林肯自己的

㉑ 原註：英國航海家約於 1550 年之後抵達西非的海岸。見 Winthrop D. Jordan, *White over Black: American Attitudes Toward the Negro, 1550–1812* (New York, 1968) 第一章。

㉒ 原註：見本書第四章。我對這些問題的構思實受惠於此文：David Lowenthal, "The Timeless Past: Some Anglo-American Historical Preconceptions," *Journal of American History* 75 (1989), 1263–80. 亦可參見 Ronald T. Takaki, *A Different Mirror: A History of Multicultural America* (Boston, 1993).

㉓ 原註：關於歷史上人們看待林肯的各種觀點，可參見 Merrill Peterson, *Lincoln in American Memory* (New York, 1994). 關於林肯在種族問題上的見解，參見 Arthur Zilversmit, *Lincoln and the Problem of Race: A Decade of Interpretations*, Papers of the Abraham Lincoln Association (Springfield, Ill., 1980), 22–45. 關於 1960 年代黑權運動 (the Black Power movement) 鼎盛時期人們對林肯的看法舉隅，參見 Lerone Bennett, Jr., "Was Abe Lincoln a White Supremacist?" *Ebony* 23 (February 1968), 35–42.

演說和他同時期的人的一些陳述：如 1858 年和林肯競爭參議員席位、來自伊利諾州的史蒂芬‧道格拉斯 (Stephen Douglas)；訴諸《聖經》以證明奴隸制度合理存在的宗教種族主義者約翰‧羅賓森 (John Bell Robinson) 和約翰‧艾佛瑞 (John Van Evrie)；為奴隸解放運動辛勤奔走的支持廢奴者威廉‧蓋里森 (William Lloyd Garrison)。❺❹ 在這一套檔案中我放入三份林肯自己所留的文件，這每份文件都反映了他不同的人生階段：一是 1841 年時，他作為敏銳的觀察家，在旅行期間，沿著密西西比河而上，目睹了奴隸被鐐銬在一起「有如釣魚繩上許多的魚」的記錄；一是他以候選人的身分和道格拉斯辯論，那是在伊利諾州渥太華地區一群支持道格拉斯的群眾前。另外一個是他身為總統，受到圍攻、厭倦戰爭時的一場演講，時間是在 1862 年，林肯向一群獲得解放的奴隸說明：在中美洲建立自由人殖民地的可能性。

我將這些文件交給一群修習五年制儲備公立學校教師學程的大學生閱讀，其中有主修歷史，也有非主修歷史者。我要求他們讀畢這些文件，並且告訴我他們對林肯的某些思想有何意見。雖然參與者的反應差距甚大，仍可歸納出兩種大致的趨向。一種是從字面價值看待林肯的話，他們把這些話語當成進入林肯心靈的直接窗口，完全不受說這些話語時的特殊情境、或 1860 年代和今天時間上已然轉換等這些因素的困擾。因此，在這類看法中，林肯是一個純粹而

---

❺❹　原註：在這項活動中，我所以將林肯置於其同時代人之中，此一靈感乃來自此書：George M. Fredrickson's *The Black Image in the White Mind* (New York, 1971).

全然的種族主義者。另一種讀者較為小心，他們承認必須要參考說
這些話時的背景。不過，他們倒不是從這些文件所提供的原始素材
形塑脈絡，反而是從自己當代社會世界裡借取所需脈絡。

　　面對林肯的立場似乎出現不一致的現象時，我們經常訴諸現今
社會中隨手可得的各種記者招待會、政治顧問、即時民調等憑藉和
機制，以此來快速化解衝突的資訊。而就算我們意識到 1860 年和今
天的政治發展在技術方面已有很大改變，我們還是經常會認定：思
維方式能夠穿越時間而始終如一。因此許多大學生的閱讀心得中，
林肯和道格拉斯成了戴著高帽子的當代人，很像是詹姆斯・密薛尼
(James Michener) 這位美國作家小說中的人物：偶爾打扮可笑、但
行為舉止如同我們的隔壁鄰居。

　　換言之，「現在主義」，也就是從「現在」的鏡片中透視過去的
行為，並不是什麼我們無意間染上的惡習，它是我們常有的心理狀
態，是一種無須費力、自然而來的思考習慣。如果林肯似乎說法不
一致，人們會解釋成是因為他面對不同的群眾。的確在我們的世界
中，布希 (George W. Bush) 一會兒向堪薩斯的小麥農說這樣，一會
兒又向紐約城的股票經紀人說那樣。也就是說，為了解決林肯話中
的矛盾，我們習於把他變成我們當中的一員，說他的目的是獲得選
票，他也有政治顧問在背後幫忙。❺❺

---

❺❺　原註：持平來說，這名學生的閱讀是屬於等第較高之列。在 *The American
　　 Political Tradition and the Men Who Made it (New York, 1948) 一書中，
　　 Richard Hofstadter 即懷疑林肯的心理是否如「一間自我分裂的屋子。無論
　　 如何，我們不難見到這些都是一位專業政治家為了尋求票源而有的行為。」

後來我把這份研究擴大，請求許多歷史研究者閱讀同樣的資料。有些歷史學者對林肯很熟悉，也寫過相關的書。有些學者則對林肯所知甚少，最多只能在大學通論性課程中做幾次講說而已。❺❻蒲柏・艾爾斯敦 (Bob Alston) 這位中年的高加索裔美國人屬於後一類學者。他和他的許多同事一樣，都在大學部教授美國通史等這類通論性課程，但在其他更高層次和研究所的課程中教別的專業領域。艾爾斯敦過去在大學念書時，曾經修過包括南北戰爭在內的歷史，只是自那時至今，他從未再對這段時期做過廣泛的研究。

這份測試讓艾爾斯敦倍感困難。初始他的閱讀方式幾乎和那些表現較好的大學生並無兩樣。打從第一份資料開始，也就是道格拉斯在渥太華辯論的那個開場白，艾爾斯敦就一直關注自己知識背景不足的問題：

> 我原本以為我知道林肯的觀點，但我現在覺得我並不清楚。我是指當我閱讀這份文件，感覺道格拉斯把自己的意見強套在林肯身上時，我並不十分有把握這樣的看法，也不知道林肯是否就是如此。道格拉斯讓大家以為，林肯好像相信黑人和白人在任何實際層面上都是平等的，但我並不了解林肯對此究竟相信或不相信到什麼程度。我只知道他切實關切把白

(p. 116)

❺❻ 原註：關於這些文獻的副本請見第四章。有關方法論的完整描述請見 Sam Wineburg, "Reading Abraham Lincoln: An Expert-Expert Study in the Interpretation of Historical Texts," *Cognitive Science* 22 (1998), 319–46.

人和黑人連結一起,讓他們此刻彷彿在同一個社會中平等立足。我對林肯的觀點所知有限,除了做此判斷外,實無法再提出其他的了。

第二份文件是林肯對於道格拉斯的駁斥,林肯說明他「無意鼓吹種族之間政治和社會的平等」。艾爾斯敦在此停頓一會兒:「我重讀這句話,也試著再思考:道格拉斯說,林肯認為兩個種族之間是平等的,這個話如果不是放在林肯所謂政治和社會平等的意義中來談論,還會有什麼道理。」瀏覽七行之後,艾爾斯敦又打住:「我翻到前面,重讀那些句子。這些十九世紀的演說家用相當複雜的語句說話,他們不習慣直接了當。我很好奇林肯說『外觀不同』時話中的意思」:

假如黑人擁有「生活、自由和追求幸福的自然權利」,人們會假設所謂自由和追求幸福意指他們不能同時被奴役。同樣的,如果黑人「有權享用自己勞動而得的麵包」,那就是有權支配工作所得,有權追求幸福生活或自由,不管以哪種形式。如果這就是自然權利,那麼奴隸制度就違反了這些自然權利。

若是大學生再看到林肯的這些話,多半會把前後的矛盾歸於林肯本人,或以此建造出多個林肯,「他們」面對不同的人說著不同的話。但艾爾斯敦的反應是去留意這個矛盾,而非化解矛盾。在閱讀後來的五份資料時,艾爾斯敦彷彿在做一個漫長的「詳列不知」的

測驗。他平均對每份文件問出 4.2 個問題，總共標記出十四個不懂的地方並在旁邊加上註解如：「我必須了解更多」、「我看不出任何意義」。只有在這個工作的最後，艾爾斯敦才提出一個比較類似解釋性質的看法，是為了回應羅賓森以上帝之名合理化奴隸制的言論。艾爾斯敦的評論如下（字體變化的地方是指他在該處回溯先前的資料）：

> 林肯……說黑人擁有來自上帝所賜予的某些事情，但是「被當成奴隸」或者奴隸的身分並不包括在他說的這些事中。（我）回頭去看先前（的文件）。想找到他（有關）兩個種族之間外觀不同的討論，以及他對自然權利的論證，依此觀察林肯是否確實將這一切都歸於上帝。我看到是道格拉斯把林肯對黑人的信念拉向上帝和《獨立宣言》的。就此來說，林肯於回覆時——我試圖在其中找尋他提及上帝的線索，但並未有任何發現，不過我還未完成搜尋——提到的只是《獨立宣言》。倒是在給瑪莉・史彼德 (Mary Speed) 的信箋內，他確實說過「上帝使人類最糟的境遇都可被人寬容接受，這是多麼真實的道理啊。」但根據林肯之言，上帝並未讓奴隸制成為黑人必須接受的情況。在這些事情上，林肯始終另有其意，他談的是《獨立宣言》，談的是自然權利——雖然我不確定他這部分的心思源自何處，他還談到的是種族間的天生不同。他並未把上帝扯進來，除了說上帝促使、允許人們容忍人類最壞的狀況之外，而這在林肯看來，上帝是出於憐憫之意，不是對人們的地位或行為的強加限制。我認為，儘管道

　　格拉斯譴責林肯藉《獨立宣言》和上帝之名倡導黑人具有平
等的權利，但林肯從未說到這些。（他並未說到）上帝，每當
言及此時，他只談到《獨立宣言》和自然權利，不管他所說
的自然權利來自何處。

　　這是一段意義深厚的摘錄，值得稍作解釋。由於羅賓森訴諸上
帝證明奴隸制合理性的這個說法，讓艾爾斯敦有了釐清困惑的機會。
他於是回頭審視林肯對道格拉斯的答覆，想要蒐尋林肯是否也曾經
求諸上帝。艾爾斯敦只找到一條談及《獨立宣言》的線索，這位史
家乃轉回道格拉斯那次辯論的開場白。之後又尋回 1841 年林肯寫給
瑪莉・史彼德的信，信中確實出現「上帝」一字，但那個字所包含
的意義大不同於羅賓森的用法。艾爾斯敦又從這封信返回第二份文
件，也就是林肯對道格拉斯的回覆陳述上，再次思索其中所提的《獨
立宣言》和「自然權利」。

　　艾爾斯敦在這樣反覆追尋的評論過程中，總共有八次提到過去
的文件。他因此從中得知：羅賓森託上帝之名，證明奴隸制是適合
較低等人類的一種體制；林肯卻是藉助上帝之名，以共通的人性統
合各個族群。艾爾斯敦並且透過文本之間的對照建構，了解林肯非
以上帝的名義證明非洲人尋求平等的合理性，他訴諸的是「自然權
利」。此一對林肯的看法明顯屬於理查・韋佛 (Richard Weaver) 所說
的「定義論證」式解釋。❺❼❺❽雖然艾爾斯敦進行這項工作之初充滿

---

❺❼　原註：Richard M. Weaver, *The Ethics of Rhetoric* (Chicago, 1953).

❺❽　譯註：Richard Weaver 把論證形式作了各種分類，如相似論證、因果論證、

困惑，疑問連連，最後他卻對林肯的立場有了細緻而豐富的了解。

但艾爾斯敦此處所為，不應該被誤解成是一種將林肯「放入」或「嵌入」時代脈絡中的概念。「放入」或「嵌入」這兩個動詞總令人想起記憶中的拼圖遊戲，把一塊塊小拼圖擠塞入原有的架構內。時代脈絡並不是被「發現」才有的，也非能被「安插」進去，而語詞同樣不是被人「置入」脈絡之中的。脈絡 (Context) 來自拉丁文 contexere，意指編排在一起，共同參與一個將事情連結成某種樣式的動態過程。艾爾斯敦最終獲得了新知，是由於他投入文件之中、勇於面對自己不懂之事物，而得到了前所未有的了解。

艾爾斯敦所提的問題都是能夠引發創造思考的憑據，這些問題存留在他現有的知識和過去的時空環境之間。毫無疑問，艾爾斯敦是專家，但不是指這個語詞經常被使用的那種意義。他的專業並非表現在對這個課題的廣博知識上，而是他有能力從困境中爬起，去了解他所不知道之處，從而開創出一條有方向的路線，藉此得到新知。正由於艾爾斯敦這份能力，使他能回溯最初的印象，反思自己跳躍太快的心智，掌握自己的問題，凡此都為他開闢出達到新知的路徑。這種探究方式需要技能、技術以及知道如何進行的各種方法，但是，成熟的歷史認知需要的更多：那是一種心靈投入與感知的行為。

譬如，當艾爾斯敦看到林肯向獲得自由的奴隸說出「我們讓人……能如白人那樣的思考」這樣的語句時，他不僅為此感到困惑，而且明顯受到撼動。但他解決自己困擾的方式並不是去歸結林肯為

結果論證、情境論證以及定義論證等。定義論證必須在論證過程中建立類別。

種族主義者，反而是在展讀多份資料的過程中，時時不忘這一困擾。當他搖著腦袋說：「我不知道林肯在說什麼」時，並非指他真的被書頁上的字詞給弄糊塗了，他心中困惑的其實是更大的事情，是這些話語所引出的那個世界，那個世界中，一個人可以在市場買下另一個人。那麼，林肯的話在那樣的世界中代表著什麼意思？❺❾而他這位活在現代的史家，到底還缺乏哪些知識，以致於讓他無法全然進入林肯的世界中？

　　艾爾斯敦的閱讀過程中表現出一種面對自己當代經驗有限時的謙虛，以及面對人類歷史源遠流長時的開放態度。如果我們有所覺知，我們未必能如了解自己那般輕易的去了解過去之人。我們如能對可以理解古人一如理解我們自己那般容易這點，抱持懷疑的話，過去之人就不會蒙受冤屈。我並不是說我們不能評斷過去──這恐怕是很難禁絕的事，而是意指我們不能輕率下判斷。其他的讀者利用這些文件來強化他們先前之見，他們以現在之心面向過去，為過去貼上刻板的標籤。艾爾斯敦則面向過去，並且從中學習。

四、是獨角獸或是犀牛？

　　許多年前，我去看《辛德勒的名單》。我老早就熟悉史蒂芬史匹柏的作品（很多父母不都是這樣？），所以有些戒心。但我一下子就被這部電影吸引住了，只不過多年後存留在我心中的，竟是當螢幕最終播放演員名單時的事。當時我看到坐在我前面的男人轉頭向他

❺❾　原註：關於此點請特別參見 Quentin Skinner, "Meaning and Understanding in the History of Ideas," *History and Theory* 8 (1969), 3–53.

太太說：「直到現在之前，就在此刻之前，我從來就不了解那時發生的事情。現在，我知道了。」

　　我無意對這個男人的評論多加探究，我注意的是在波蘭的克發柯夫 (Kraków)❻⓪這個地方發生的一段當代史事，竟能開啟此人的理解。那時我坐在戲院內，思緒落到義大利化學家布萊摩・李維 (Primo Levi) 曾經指出的理解困惑的問題上。李維撰寫的有關種族屠殺的作品，令人感動、扣人心弦，而且充滿機鋒洞見。李維說：「人們向我們提出的各種問題中，有一個是永遠不會被遺漏掉的，真的，隨著時間的流轉，那個問題更被人不斷的、持續的陳述出來，甚且以一種愈來愈不加掩飾的譴責語氣。」 ❻①李維所提到的問題實際上包含了三個層面：

　　1.你為什麼不逃走？

　　2.你為什麼不反抗？

　　3.你為什麼沒有躲避而讓他們逮到你？

李維描述到有次他向一群小學五年級學生演說時發生的事：

　　有個一臉伶俐樣的學生，看來像是這個班級的班長，他就問我這個慣常的問題：「你怎麼不會逃走呢？」我試著跟他說明我在書裡寫的一些情況。他並未完全信服。他要求我在黑板上畫出集中營的輪廓，並標示塔哨、大門、有倒鉤的鐵絲網、還有發電廠的位置。我在三十對眼睛的監看下，盡我所能的

❻⓪　譯註：辛德勒居住的城市。

❻①　原註：Primo Levi, *The Drowned and the Saved* (New York, 1989), 150–51.

畫出來。我的這位對談人研究這張草圖一會兒，也向我問明
一些問題，然後他把他已經擬好的計畫指給我看：晚上的時
候，在這裡，你把守衛的喉嚨割斷，然後穿上他的衣服；之
後，你馬上跑到發電廠那邊，切斷電源，這樣探照燈就不會
照過來了，高壓電籬笆也會失效。之後你就可以安全的離開。
這個孩子還嚴肅的叮嚀：「如果再有這樣的事情發生在你身
上，記得照我說的話去做，你就會知道一定可以辦到的。」㉖

　　這個男孩表現的完全如我們對學生的期望那樣，他全心投入這
個課題中，利用他既有的背景知識，擬定問題並提供解決的辦法。
很多人也許把這個男孩的問題歸因於他的年輕，但我們應該記住，
那些年紀更大、識見更多的人也常提出這類問題。對這孩子而言，
其實對我們當中許多人也一樣，李維的經驗招致了不可置信感，這
位年輕學子無法相信，竟有這麼多人錯過逃走的機會，而這在他看
來是非常容易的事。
　　李維對這件事的思索，正回應了我在此探討的中心主題之一：
完全用我們經驗中的各種生活面向去理解過去的人，這是很難抵擋
的誘惑。但李維指出，這還不只涉及歷史知識的問題而已。他解釋
說，我們「無法去感知別人的經驗」這句話不只適用於過去，也同
樣適用於現在。㉗於是乎，在現今各式各樣的議題占據全民關注之
際，學習歷史對我們而言，就變得相當重要。欲了解他人，無論這

㉖　原註：Ibid.

㉗　原註：Ibid., 151.

個他是住在道路的另一邊，或是住在千禧年的那一頭，我們都得訓練自我的感受力。歷史，如果教得好的話，正能給我們這個訓練的機會。在這個訓練中，我們會面臨這樣一個弔詭：只有當我們不相信自我有認識別人的能力，也就是懷疑自己是否具備超凡的建構意義的能力、足以去詮釋周遭的世界時，那麼我們才能真正認識他者。

或許，不斷懷疑自己思索的結果，這有時會讓人陷入犬儒主義(cynicism) 或唯我論當中。但情況也不是必然如此。我們如能對自己看待他人時所存在的矛盾情結明白透徹，當可增強自我了解，如此才能培養出知識上的寬容態度，也因而能抗衡自戀主義式的理解方式。自戀者用他自己的形象來看待世界——不管是過去或者現在。而成熟的歷史認知教導我們的卻是相反之事：超越我們自我的形象、超越我們有限的生命，還有超越我們所生的這個人類歷史中那些瞬間即過的時刻。因此，歷史「教育」（拉丁文的意義是「引導向外」）具有最深刻的意義；在所有世俗化的課程中，歷史最能教給人們那曾經屬於神學教育的德性——謙卑面向我們有限的認知能力，敬畏面對人類歷史的悠遠綿長。

威尼斯旅行家馬可波羅進入印尼的貝斯曼 (Basman) 探險時，他誤信那是蘇門達臘。在那裡，他遇到一隻從未見過的動物：犀牛。但他並不是這樣去看牠。誠如他在日記中所寫，他把牠看成：

> 獨角獸，多半比大象還大。牠們有水牛般的頭髮……（還有）一隻很大的黑色的角長在額頭中間。攻擊對手時不是用角，而是用舌頭和膝蓋，因為牠們的舌頭擁有長而銳利的刺

毛……牠們看起來實在是非常醜陋的牲畜，一點都不像是我
們所描繪的被少女擄獲的那種溫馴動物。❻❹ ❻❺

　　面對歷史時，我們也面臨了選擇：究竟要學習的是犀牛，或是
獨角獸。我們很自然傾向獨角獸，因為牠們比較漂亮而且溫良，但
是犀牛能教給我們的遠比我們想像的更多。

後　記

　　本章以 1997 年 1 月在紐約所舉行的美國歷史學會年度會議中
的講詞作為開頭。此篇講稿刊行於 *Phi Delta Kappan* (March 1999)。
在寫作的過程中，我試圖做到以下兩件事情，其一是將我自 80 年代
晚期以來所從事有關歷史教學與學習的實務工作概念化，其二則是
加入舉國喧騰的「(歷史教學授課) 標準之戰」。前此的版本除了必
須感謝 Peter Seixas、Peter Stearns、Susan Mosborg、Debby
Kerdeman、David Lowenthal、Veronica Boix Mansilla、Howard
Gardner、Chris Browning、Kent Jewell 等人的指教，亦受惠於 1997
至 1998 年在海法大學 (University of Haifa) 所舉辦之「歷史認知的

---

❻❹　原註：Marco Polo, *The Travels* (Suffolk, England, 1958), 253. 感謝 Mike
　　Bryant 指出此段文字。

❻❺　譯註：中世紀和文藝復興時代的歐洲盛行著獨角獸的神話傳說，傳說中獨
　　角獸原本自由倘佯在山間野外，對人類十分友好。後來單純善良的獨角獸
　　被兼具純潔和邪惡的少女所迷惑，成為少女的擄獲物。少女斬下獨角獸那
　　神奇的角，從此獨角獸失卻了魔力，只能任人無情的宰殺。

各種面向」研討會上與會人士溫和而具洞察力的見解。任職 *Kappan* 的 Risë Koben 提供了寶貴的編者的評語和鼓勵。我由衷地感謝他們。

版權聲明

歷史教學的心理認知基礎

　　為學習歷史提供最有說服力的理由的，並不是歷史學家，而是政治學家。約當耶穌誕生前一世紀，西賽羅向羅馬元老院演說，他如此宣稱：「一個人如果不知道自己出生前發生的事情，這個人永遠都是小孩。」早在二十世紀初開始時，學者已經嘗試去了解學習歷史和教導歷史的獨特性以及挑戰性。後來探究這些問題的學者經常對前人研究成果所知甚少，而如孩童般地蹣跚探索那些原可以從過去之人的思考之處得到助益的議題。

　　在此，我的目的是考察歷來學者在歷史教和學的研究，以抒解上述困境。❶不知是好事或是壞事（多半是壞事吧），過去這類研究

---

❶　原註：雖然我將討論的焦點限於以英文出版的作品，但我肯定其他語種也有重要著作。如見 J. Pozo and Mario Carretero, "El Adolescente Como Historiador" [The adolescent as historian], *Infancia y Aprendizaje* 23 (1983), 75–90; Bodo von Borries, "Geschichtslernen und Persönlichkeitsentwicklung" [The learning of history and the development of self], *Geschichts-Didaktic* 12 (1987), 1–14; V. A. Kol'tsova, "Experimental Study of Cognitive Activity in Communication (with Specific Reference to Concept Formation)," *Soviet Psychology* 17 (1978), 23–38. 有關中東與歐洲歷史教學潮流的概觀，可見 Bodo von Borries, ed., *Youth and History: A Comparative European Survey on*

多由心理學家主導。即使曾有歷史學家或那些具有歷史意識的哲學家們，嘗試從事實證性的研究，他們的探索取向也都深受著心理學的研究方式和他們的核心設想所影響。❷或許，未來有關歷史教與學的研究真能擺脫心理學的庇蔭，獨立而行。即便如此，我們仍得熟稔這樣的過去：了解這一遺緒乃是開啟通往未來探究的中心要事。

以為心理學對歷史的探究工作是一個前後一貫的事業，那就會犯了如在物理學界一項著名的專門研究中新手會犯的錯誤：僅從表面的相似性、而不是用更深層的結構來分門別類。❸實際上，本文所談的研究，彼此間的相同之處毋寧只在處理資料數據時所用的關鍵字，而不是有所謂共同的觀念聚焦。倒可以把這些與歷史有關的探究對比於「莎士比亞玫瑰」(Shakespeare's rose)。❹儘管「歷史」

Historical Consciousness and Political Attitudes Among Adolescents (Hamburg, Germany, 1997).

❷ 原註：如，Michael Frisch, "American History and the Structure of Collective Memory: A Modest Exercise in Empirical Iconography," *Journal of American History* 75 (1989), 1130–55; M. M. Miller and Peter N. Stearns, "Applying Cognitive Learning Approaches in History Teaching: An Experiment in a World History Course," *History Teacher* 28 (1995), 183–204; Peter Seixas, "Historical Understanding Among Adolescents in a Multicultural Setting," *Curriculum Inquiry* 23 (1993), 301–27; and Peter Seixas, "When Psychologists Discuss Historical Thinking: A Historian's Perspective," *Educational Psychologist* 29 (1999), 107–9.

❸ 原註：Michelene T. H. Chi, Paul J. Feltovich, and Robert Glaser, "Categorization and Representation of Physics Problems by Experts and Novices," *Cognitive Science* 5 (1981), 121–52.

這個字眼出現在所有這類報告中，它們卻很少是指涉相同的事情。在各研究者眼中，理解歷史的意義可以從專指記住一系列的年代，到掌握一組邏輯關係；從能背誦出一套大家共認的史實，到處理定義不清的問題並對抗單一解釋。這些多樣化的「歷史」和各有其名的實證性研究，不只呈現了參與研究的學生、教師，還道出了研究主持者的想法。從這個角度來說，心理學對歷史的整體探究本身便代表著一個非常有趣的記錄，它有如一個包羅各種型態的地理景觀，驗證了：探究過去的方式是如此多元多樣。

我的鋪陳分為三個部分。第一部分討論美國早期心理學家鑽研歷史的成果。這些研究的貢獻和缺憾、所達成的目標和未竟之處，顯露出我們當前的景況。第二部分我考察的是英國方面的研究。雖然這一研究可以上溯至二十世紀初期，我則選擇從英國心理學家循著皮亞傑 (Piaget) 學說的傳統所開啟的研究計畫談起。❺ 在最後的部分，我回顧的是當代的研究實務，那是興起於行為主義的式微，以及由認知探究學習的背景中。

---

❹ 譯註：此詞出自莎士比亞的「羅蜜歐與茱麗葉」劇中，茱麗葉所說的話：「一個名字包含的是什麼？那個我們稱為玫瑰的東西，換了其他任何名字，也是聞之亦香。」

❺ 原註：前一個典範之下的英文著作舉隅，見 Frances Collie, "The Problem Method in the History Courses of the Elementary School," *Journal of Experimental Pedagogy and Training College Record* 1 (1911), 236–39; and R. E. Aldrich, "New History: An Historical Perspective," in Alaric K. Dickinson, Peter J. Lee, and Peter J. Rogers, eds., *Learning History* (London, 1984), 210–24.

一、對歷史的研究：一些早期的考察

教育心理學的創建者對歷史這個課題的關切，理論重於經驗探索。愛德華‧索恩戴克 (Edward L. Thorndike) 在他那本四百四十二頁的 《教育心理學——簡論》 (*Educational Psychology—Briefer Course*) 中，隻字未提歷史，僅在某處說到：歷史的表現會因性別而異 （且男孩表現較佳）。 ❻直到他寫 《教育：一本入門之書》 (*Education: A First Book*) 時 ， 才對歷史投以較多關注。 在這本書內，索恩戴克曾在某處停頓去思索當時最熱門的問題：歷史教學究竟應該採「回溯式」，亦即以現在為起始、往前回顧較早的事件，或者採傳統以來按照時序而前進的方式，才最適合年輕學子的能力和閱讀習慣？對此問題，索恩戴克心中已有既定之論，儘管缺乏資料驗證：

> 尋找現況原因，接著是這個原因的原因，其教育價值遠優於去解釋一個已知事情的虛假推論，……採用逆向式的時間次序來安排歷史課程，……值得慎重考慮。❼

如同索恩戴克， 斯坦利‧霍爾 (G. Stanley Hall) 這位當代首屈一指的發展心理學家也對思索歷史教學興趣濃厚。霍爾特別留意性

---

❻　原註： Edward L. Thorndike, *Educational Psychology—Briefer Course* (New York, 1923), 345.

❼　原註：Edward L. Thorndike, *Education: A First Book* (New York, 1912), 144.

格的發展問題，無怪乎他把學習歷史當成一項工具，幫助學生將事件置於「時間的角度下，亦即視之為成長和發展的產物」，而在青少年階段，歷史應納入那些能「激發最高貴的社會服務和無私理念的課程之中。」❽霍爾心中的歷史既不是可以讓各種解釋相互競爭的戰場，也不是充斥著各種有待辨疑的問題的匯聚所，當然更不是培養批判思考的基地，而是具有統整性的道德力量，「一個寶庫，充滿了啟發人心的道德例證，以顯示所有人最終如何得到應有的報償。」❾

　　在這批早期的教育心理學家當中，芝加哥大學的查爾斯・朱德 (Charles Hubbard Judd) 看待歷史最為精闢透徹。他在《中學科目中的心理學》 (*Psychology of High-School Subjects*) 書內專章處理歷史，範圍之廣令人印象深刻。他以二十九頁的篇幅討論：時序思考 (chronological thinking) 的性質、因果判斷的困難（在歷史中比在科學中「更為複雜」）、以戲劇方式重演過去的危險、歷史證據所引發的心理認知困難、以及社會史（當時稱工業史）中個人動機的角色問題。❿雖然朱德多少曾擷取他人之長，包括七人委員會，⓫和五人委員會，⓬他的討論仍包含他自己出色的洞見。試看名為〈複雜

❽　原註：G. Stanley Hall, *Education problems*, vol. 2 (New York, 1911), 285–86.

❾　原註：Ibid., 296.

❿　原註： Charles Hubbard Judd, *Psychology of High-School Subjects* (Boston, 1915), 384.

⓫　原註： Committee of Seven, American Historical Association, *The Study of History in Schools* (New York, 1899).

⓬　原註： Committee of Five, American Historical Association, *The Study of*

的道德判斷〉的章節內，朱德處理現在主義 (presentism) 在心理運作上的無可避免性，以及用過去的角度理解過去的困難（甚至應該根本不可能）：

> 現在的學生……進行判斷時受到既有思想模式的主導……尤其是他自己的世代。我們有某些觀念……完全不同於那產生自英國和美國殖民地對立時期的觀念。……當（學生）在歷史課程中突然被帶回去某個完全不同於他現在所面對的情境時，他可能帶去一些他在今日所承襲而擁有的判斷標準，以及道德思想原則，卻渾然不知自己在這過程中的推理謬誤。❸

　　在這簡短的評論中，朱德彷彿預示了直到二十世紀最後數十年，研究者仍主要持續關注的議題。

　　1917 年，也就是美國參與第一次世界大戰這年，歷史這個議題登上了有十年之久的 《教育心理學期刊》 (*Journal of Education Psychology*)。卡雷頓・貝爾 (J. Carleton Bell) 當時擔任期刊的主編，也是布魯克林教師培育學校的教授。他以一篇題為〈歷史感〉的評論作為他任期之始（剛巧第二篇評論考察的是心理學和軍事問題的關係）。貝爾論道：學習歷史可以提供思考和反省的機會，然而許多教學現場所行方式與此背道而馳。無論如何，貝爾對有意朝此崇高目標前進的教師提出兩個問題：「什麼是歷史感？」、「如何培養歷史

　　History in Secondary Schools (New York, 1911).

❸　原註：Judd, *High-School Subjects*, 379.

感?」❹他繼續說，這樣的問題不僅與歷史教師密切相關，也是「教育心理學者的興趣所在，更是有責任加以回答的課題。」❺

貝爾提供了一些線索說明如何產生「歷史感」。他讓學生接觸一組原始材料，結果有個學生可以提出首尾一貫的記述，另一個學生就只能把各式各樣的事實拼成大雜燴。❻究竟是什麼因素和思想方式能夠解釋這樣的差別？同樣的，有些大學一年級生「對於歷史資料的整理排序展現出高度的技巧」，相對的，也有一些學生「無法衡量各種陳述的輕重，……而且面對繁複的細節只能束手無策。」❼貝爾質疑，上述發現究竟是意味人的歷史能力本來天賦不同，或者那是特殊訓練過程的結果？這樣的問題開啟了教育心理學新領域中，「一個令人神往的探究園地」。❽

貝爾觸及了至今為止仍然盤據在我們心中的一些問題：什麼是歷史理解的本質？哪些因素讓我們能夠從容面對那些不只一個正確答案的課題？在學生思考能力的進展上，教學扮演什麼樣的角色？看到這份具有前瞻性的研究項目，我們更需嚴正考察它在實務上如何開展。貝爾在這篇論評中有一部分是關於他和他的伙伴大衛·麥柯倫 (David F. McCollum) 從事的實證研究。他們首先概述評估歷史

---

❹ 原註：J. Carleton Bell, "The Historic Sense," *Journal of Educational Psychology* 8 (1917), 317.

❺ 原註：Ibid., 317.

❻ 原註：Ibid., 318.

❼ 原註：Ibid.

❽ 原註：Ibid.

理解的不同方向：❶

1. 「藉由過去理解現在事件的能力。」❷

2. 對各式文件記錄——新聞報紙的記述、各種傳聞、黨派攻伐
   的記錄、當代記述——進行篩選過濾，並「從這些混亂雜沓
   的文件堆中建構一套簡單又可能近於事實的記述」的能力。
   此點非常重要，尤其因為這是許多「大學院校中能力強又敬
   業的歷史教師」追求的目標。❸

3. 欣賞一段歷史敘述的能力。

4. 能對某一歷史情境所引發的「思維問題」具有反思和辨識的
   回應能力。❹

5. 能回答關於歷史人物和事件這類事實性問題的能力。

貝爾和麥柯倫承認：最後一點是「最狹隘的，而且在一些作者
的評價中，也是最不重要的一種歷史能力。」但很不幸的，它也是
最容易被測試的能力。❺然而，一個關鍵的轉折，兩位作者宣稱，
他們將選擇考察學生回答事實性問題的能力作為目前的研究主
題。❻在決定研究計畫的路線時，並非優先從這門學科的理解屬性

---

❶ 原註：J. Carleton Bell and David F. McCollum, "A Study of the Attainments of
Pupils in United States History," *Journal of Educational Psychology* 8 (1917),
257–74.

❷ 原註：Ibid., 257.

❸ 原註：Ibid.

❹ 原註：Ibid., 258.

❺ 原註：Ibid.

❻ 原註：Ibid.

去考慮，而只圖測試上的方便，貝爾和麥柯倫算是首例，但絕不會
是絕響。

貝爾和麥柯倫設計的測驗包含了名字〔例如約翰・伯高納 (John
Burgoyne)、❷亞歷山大・漢米爾頓 (Alexander Hamilton)、❷西魯
斯・麥柯米克 (Cyrus H. McCormick)❷〕、日期（例如 1492 年、
1776 年、1861 年）和事件〔例如反托拉斯法 (Sherman Antitrust
Law)、❷逃亡奴隸法 (Fugitive Slave Law)、❷史考特裁決 (Dred
Scott decision)❸〕，這些都是教師眼中每一個學生應該知道的重要

---

❷ 譯註：約翰・伯高納 (John Burgoyne, 1722–1792) 為英國將軍，曾參與七年
戰爭 (1756–1763)，功勳卓著。1777 年率加拿大遠征軍赴往美洲。

❷ 譯註：亞歷山大・漢米爾頓 (Alexander Hamilton, 1757–1804) 為美國政治
家，曾參加北美獨立戰爭，成為華盛頓的高級副官，後並擔任美國財政部
長 (1789–1795)。

❷ 譯註：西魯斯・麥柯米克 (Cyrus H. McCormick, 1809–1884)，美國發明收割
機者，1831 年時首次製造出成功的模型。

❷ 譯註：反托拉斯法 (Sherman Antitrust Law)：美國國會為抑制貿易壟斷和維
持市場多元競爭，乃於 1890 年通過此一反托拉斯法案。違法者將處以罰款
和監禁。此法實施之後成效不彰，唯對工會的成長造成阻礙。

❷ 譯註：逃亡奴隸法 (Fugitive Slave Law)：美國國會於 1793 年和 1850 年通過
有關提拿及遣返越州逃亡或逃入聯邦區域內的奴隸的法令。北方許多州強
烈反對此法令，甚至制定人身自由法來阻止這一聯邦法的施行。直到 1864
年此法才被廢止。

❸ 譯註：史考特裁決 (Dred Scott decision)：Scott 是一個奴隸，因曾被主人從
施行蓄奴的密蘇里州帶到自由的伊利諾州，1846 年他以自由人身分向密蘇
里州法院申訴，由於他曾居於自由州，他要求成為自由人。法院駁回他的
申訴。此案後來提交美國最高法院，但 1857 年最高法院裁決：Scott 不具有

事實。他們以此施測於小學高年級生（五到七年級）、中學生和大學
生，共一千五百名。高年級的小學生的答對率為 16%，高中生（上
了一年的美國歷史）為 33%，大學生（已是第三度接觸歷史）則為
49%。貝爾和麥柯倫以一種向來只屬於鄉區教士、而最近也會出現
在教育官員和報紙專欄作家口中的語氣，指控教育體制及其政策：
「在最基本的美國歷史測試中，滿分 100 得分才 33，這種表現沒有
一所高中能引以為傲。」 ❸

　　六年之後， 1923 年愛肯伯利 (D. H. Eikenberry) 用較小規模的
測試結果，如出一轍。 ❸ 他發現三十四個大學四年級學生中沒有一
個能記得墨西哥戰爭期間的總統詹姆斯‧波克 (James K. Polk)，而
能記得南部邦聯時期的總統傑弗遜‧戴維斯 (Jefferson Davis) 的學
生不及半數。類似狀況也出現於 1940 年代《紐約時報》一份針對七
千名學生的歷史知識調查上。根據當代《國家教育進步評估報告書》
(*National Assessment of Educational Progress*) 的美國史測驗， ❸ 自

　　同於美國公民一樣的要求權利的資格。對 Scott 的裁決引起北方反奴人士的
　　強烈抗議，間接促成 1861 年內戰的爆發。

❸　原註：Ibid., 268–69.

❸　原註： D. H. Eikenberry, "Permanence of High School Learning," *Journal of
　　Educational Psychology* 14 (1923), 463–81.

❸　原註： Allan Nevins, "American History for Americans," *New York Times
　　Magazine* (May 3, 1942), 6, 28–29; cf. Bernard DeVoto, "The Easy Chair,"
　　Harper's Magazine (June 1943), 129–32; Diane Ravitch and Chester E. Finn,
　　Jr., *What Do Our 17-Year-Olds Know? A Report on the First National
　　Assessment of History and Literature* (New York, 1987).

彼至今，得到的結果殊少改變。

　　若從歷史的角度來看，這些近期的研究成果，很難證明某些人所宣稱的此為「文化記憶的逐漸崩解」。❸相反的，這些研究結果的一致性證實的是一項特殊的美式娛樂：每一世代都習慣地對年輕人進行測試，只為了發現——以及再發現——年輕人令人「可恥的」無知。❸但誠如戴爾・惠廷頓 (Dale Whittington) 所示，以二十世紀早期的測試成果和最近的研究比較一下，我們知道，學生的歷史知識並未隨著時間而有明顯的變化，❸儘管這個世紀以來，高中入學率已大幅擴張成長。真要說這些測試結果的一致性有些意義的話，那就是讓人對於曾經有個記憶事實的黃金時代這一說法開始起疑。一些人訴求的這個時代，不過是國家傳說的素材，以及對某個時刻的懷舊渴望，而且只能發現於檔案記錄中提及國家歷史之處，卻從未實質存在過。

　　貝爾在布魯克林教師培訓學校的同事蓋瑞・麥爾斯 (Garry C.

---

❸　原註：Chester E. Finn and Diane Ravitch, "Survey Results: U.S. 17-Year-Olds Know Shockingly Little About History and Literature," *American School Board Journal* 174 (1987), 32.

❸　原註：此一「可恥的」說法係出自 Ravitch and Finn, *17-Year-Olds*, 201. 有關加拿大的類似例子，見 Jack Granatstein, *Who Killed Canadian History?* (Toronto, 1998). Granatstein 未能在一個比較的脈絡中考量他的發現，對此的精闢分析見 Chris Lorenz, "Comparative Historiography: Problems and Perspectives," *History and Theory* 38 (1999), 25–39.

❸　原註：Dale Whittington, "What Have 17-Year-Olds Known in the Past?" *American Educational Research Journal* 28 (1991), 759–80.

Myers) 對歷史知識的探索則取徑不同。麥爾斯更有興趣的是學生的錯誤答案，而不是正確答案。❸他詢問一百零七個學院女生，讓她們就五十五個歷史人物說出每個人的一件事情。他發現大家能夠正確記得的人名不到 50%，其他的 40% 則 「失落在熟知與記得之間」。❸但，是失落不是記憶磨滅。麥爾斯注意到，錯誤的答案往往是對事實連結的錯誤陳述，那是他們頗為努力去跟隨一套辨認模式的結果。❸例如，腓力普・舒勒 (Philip John Schuyler) 是革命戰爭期間國會任命的四個少將之一，卻被受訪者想成和法國、印第安的戰爭乃至美國內戰有關，不過他的少將身分倒沒被誤認。又如主張廢除奴隸制度的威廉・蓋里森 (William Lloyd Garrison) 被混同於發音相似的姓名，例如威廉・哈里森 (William Henry Harrison) 總統。還有會把姓氏相同者和其他字形相似的人名搞混，例如發明收割機的西魯斯・麥柯米克 (Cyrus McCormick) 被當成以民謠享譽二十世紀的愛爾蘭低音抒情歌手約翰・麥科美克 (John McCormack)。麥爾斯於是主張：「錯誤的答案值得好好深究」。這預示了未來的研究者對犯錯分析的重視。「而且，比起傳統從正確答案切入研究，這可以提供教師有關自己教學方面更多更有效的資訊。」❹

　　麥爾斯的研究旨在抵拒輕率的分類，他一方面承認人類面對一

---

❸　原註：Garry C. Myers, "Delayed Recall in History," *Journal of Educational Psychology* 8 (1917), 275–83.

❸　原註：Ibid., 277.

❸　原註：Ibid., 282.

❹　原註：Ibid.

個情境時，習於做出某種回應，這點預示了十五年之後，英國社會
心理學家法蘭西・巴特列特 (Sir Francis Bartlett) 「追求意義」 之
說。❹另一方面，當他警示教師「要盡全力去留意……確保學生正
確的背誦」，好讓學習者能將「知識的各個部分不斷地和其他相應的
知識連結一起」，❷他又和日耳曼心理學家赫曼・艾賓豪斯 (Herman
Ebbinhaus) 的聯想主義 (associationism) 聲氣相通。但是麥爾斯心中
所想的記誦並不是機械性的死背，而是要孩童在學習過程中「認清
事實之間的正確關係」，不管利用的是什麼標示柱，或者分區記憶的
方式，學習者必須將這點時時謹記在心。❸麥爾斯此處運用了包含
最重要和次重要之點的認知等級制，令人想起稍早時的赫巴特
(Herbartian) 傳統，❹同時也預示了後來由大衛・奧舒貝勒 (David
Ausubel) 和其他認知革命的先驅普遍推展的認知組織 (cognitive
organizer) 的概念。❺

---

❹ 原註：Garry C. Myers, "Confusion in Recall," *Journal of Educational
Psychology* 8 (1917), 174; Francis C. Bartlett, *Remembering: A Study in
Experimental and Social Psychology* (New York, 1932).

❷ 原註：Myers, "Confusion," 175. 關於 Ebbinhaus 觀點的概述，見 Gordon H.
Bower and Ernest R. Hilgard, *Theories of Learning*, 5th ed. (Englewood Cliffs,
N.J., 1981).

❸ 原註：Myers, "Confusion," 175.

❹ 譯註：此處應指德國心理學家赫巴特 (Johann Friedrich Herbart, 1776–1841)
的思想影響。赫巴特把心理學界定為「心的機械學」，所謂心智狀態乃是各
種思想的互動。心理學被視為科學，赫巴特對這個觀點的形成有決定性的
影響。

❺ 原註：David P. Ausubel, "The Use of Advance Organizers in the Learning and

　　並非所有的心理學家都如同麥爾斯對錯誤答案、或貝爾對歷史感那般鍾情。巴金漢 (B. R. Buckingham) 是《教育研究期刊》的編輯、伊利諾大學的教授，他對測試事實性知識遭指斥為沒能緊扣歷史認知中最重要的層面這點，大感不平。他怒責「反對記憶這件事情已經說得過頭了。」「甚至當我們自認正運用某種更高層次的思考時，我們真正只是在從事較高層次的記憶而已。」❹為了證明此一宣稱，巴金漢從「凡韋巨納 (Van Wagenen) 歷史資訊和判斷測試題庫」中擇取若干問題，檢測小學和中學生，並且發現了這個測試法中的事實性項目和「思想性」項目之間，有四成的連帶關係。❹巴金漢並不是去總結，事實性知識和歷史推論之間關係密切，反而提出更大膽的主張：人們所稱的「歷史推論」不過就是事實性知識而已！巴金漢藉由分析「凡韋巨納測試題庫」中屬於「思想性」的項目來辯證所言：

　　　　（思想等級中的）第一個問題如下所述：「蒸汽船尚未被發明
　　出來之前，人們習慣以帆船航行於海中。直到歐洲人定居於
　　美洲很長一段時間之後，蒸汽船才終於問世。你認為這些早

Retention of Meaningful Verbal Material," *Journal of Educational Psychology* 51 (1960), 267–72.

❹　原註：B. R. Buckingham, "A Proposed Index in Efficacy in Teaching United States History," *Journal of Educational Research* 1 (1920), 164.

❹　原註：M. J. Van Wagenen, *Historical Information and Judgment in Pupils of Elementary Schools* (New York, 1919).

期的歐洲移民如何來到美洲？」此題被認可的答案是「用帆
船」，而這是一個事實。所以，這個問題是一個事實性問題，
儘管題幹是問「你認為……如何……？」❹

　　巴金漢相信較高形式的歷史理解應可從凡韋巨納等級中的事實
性項目推導出來，「這是確切無誤的，**不需藉助其他的測試。**」❹ 巴
金漢甚且斷言，正由於事實性測試和較高層次的歷史心智能力之間
有這種關係，當我們執行事實性測試時，我們其實是「在激發這些
高層次能力的訓練」。❺

　　巴金漢此一脆弱的邏輯論證並未能躲開當代人的側目。《教育研
究期刊》下一期即刊載了坎伯 (F. S. Camp) 一篇簡短但措辭強烈的
回應。坎伯是康乃狄克州斯坦福市的學校督察，他自我挖苦自己是
「一名業餘（研究）人士」，但「不是歷史教學圈今日在乎的那種業
餘人士」。❺ 坎伯質疑凡韋巨納分級的有效性，尤其是觸及歷史思考
方面。他以歷史老師的親身經驗確知，藉由問題擬定去檢測學生深
度思考歷史的能力，是可行之事。例如「假定張伯連 (Champlain)❺

---

❹　原註：Buckingham, "Proposed Index," 168.

❹　原註：Ibid., 170, 原文強調。

❺　原註：Ibid., 171.

❺　原註：F. S. Camp, "Wanted: A History Scale Maker," *Journal of Educational Research* 2 (1920), 517.

❺　譯註：張伯連 (Samuel de Champlain, 1567–1635) 是法國至北美移民的先驅，以及魁北城的建立者、法屬加拿大首任總督，有「新法蘭西之父」之稱。1608 年時，他率少數法國移民到魁北克定居，並與北方的印第安人結盟，

有機會在 1608 年成為印第安馬赫克斯人 (Mohawks, Iroquois) ❺❸的朋友，那麼 1758 年法國在紐約的那次戰役 ❺❹可能會有什麼結果？」❺❺坎伯論道：這個問題的答案需以事實為根據，但學生在思考如何回應時，「必須考察、評估、接受或拒絕某些事實；接著他必須組織整合。這些都得用到紮紮實實的思考。」❺❻

坎伯的思慮可能對其他歷史教師很具說服力，然而似乎對於研發測試者的影響極微。當研究主力逐漸傾向於等級發展和精細化時，在貝爾和麥柯倫眼中有如無所不包的歷史知識「菜單」，危險地窄化成專指他們的一道主菜——回答關於歷史人物和事件等事實性問題的能力。❺❼而隨著教育評量研究的進展，跟著而來的是對歷史課內

與 Iroquois 人征戰，確保法國與印第安人的牛皮貿易順利進行。

❺❸ 譯註：馬赫克斯 (Mohawks) 人是北美印第安的一個部落，是 Iroquois 聯盟的東部成員，有三個村落。他們和其他 Iroquois 部落一樣採半定居生活方式。歐洲人移民來到後，人口銳減，二十世紀晚期人口總數約五千人。

❺❹ 譯註：此指 1758 年 8 月的鍾琴戰役 (Battle of Carillon)，是法國印第安戰爭（1754–1763 年）中最血腥的衝突之一，也是英國人一次重大失敗。英軍於 1758 年發動攻勢，作戰地點在尚普蘭湘南端沿紐約和佛蒙特州交界之處。此戰中英軍試圖奪回法國人的戰略要地，卻大舉失敗。

❺❺ 原註：Ibid., 518.

❺❻ 原註：Ibid.

❺❼ 原註：例如 C. L. Harlan, "Educational Measurement in the Field of History," *Journal of Educational Research* 2 (1920), 849–53; C. W. Odell, "The Barr Diagnostic Tests in American History," *School and Society* 16 (1922), 501–3; and L. W. Sackett, "A Scale in United States History," *Journal of Educational Psychology* 10 (1919), 345–48.

傳統考核方式的某種反感，比如申論題。❸根據某項研究，申論題
不僅學生討厭，也不得老師的歡心，因為「幫學生批閱作品、給分、
訂正，是教師最頭痛的事。」❹有沒有可能證明書寫型態的作業除
了費時耗力之外，裨益甚少，或更糟糕的，有沒有可能寫作問答所
產生之害不亞於其好處？❺這正是高曼 (F. R. Gorman) 和摩根 (D.
S. Morgan) 以三堂美國歷史課所進行研究的主張。

　　這些課程皆由同一位教師教授，他分別指定分量不等的書寫作
業。第一班有「三份」作業，第二班「一份」，第三班沒有任何作
業。結果第三班確實在事實性成就測試中表現最佳（以 181 分相對
於第一班的 175 分）。不過，作者並未考慮測試前學生知識程度的巨
大落差問題。甚且，研究者所出的家庭作業看來多半像是讓學生忙
碌，而不是要求他們寫出有思考性的回答（例如「列出林肯的閣員
以及他們的各自任職」，或如「列出美國南北時期南方十一州退出聯
邦的次序及時間」等問題）。❻眼見高曼和摩根總結說，書寫作業在
教師間普遍流行，可能是錯把有效的學習過程和讓學生勞累這兩件
事搞混了，❼我們不免懷疑真正弄混的究竟是誰：是糊塗的老師，

❸　原註：見 R. B. Weaver and A. E. Traxler, "Essay Examinations and Objective
　　Tests in United States History in the Junior High School," *School Review* 39
　　(1931), 689–95.

❹　原註：F. R. Gorman and D. S. Morgan, "A Study of the Effect of Definite
　　Written Exercise Upon Learning in a Course of American History," *Indiana
　　school of Education Bulletin* 6 (1930), 80–90.

❺　原註：Ibid., 90.

❻　原註：Ibid., 81.

或那些狂熱的不顧一切想要證明書寫功課沒有效用的研究者？

　　心理測量領域的演進刺激了追求客觀測試的趨向，如同兩次世界大戰期間橫掃美國學校的泰勒主義 (Taylorism) 精神。❻❻不過，若以為求取「客觀」化測試這一運動只限於教育上，那可錯了。以事實為主的歷史知識之想像和歷史學科內流行的有關知識的看法相互應合。當教育心理學家致力於建立可靠的、客觀的歷史測試分級時，大學內的歷史學家同樣做的是斷除他們自己人文學科的根柢，以便以科學家現身，而科學家，一如俗諺所說：「大費周章，只為證明某個逗點」。❻誠如諾維科 (Peter Novick) 的論證，這種固執於追求事實的取向，能夠讓專業史家和他們的業餘同僚區別開來。他們認為，如果歷史想要躋身成為學術社群中發展健全的一員的話，這樣的區別當有必要。❻所以，沙克特 (L. W. Sackett) 在《教育心理學期刊》內發表：如何改進世界史測量分級，使能「在進行歷史評

---

❻　原註：Ibid., 90.

❻　原註：Raymond Callahan, *Education and the Cult of Efficiency* (Chicago, 1962).

❻　譯註：泰勒主義也可說是技術官僚主義，此把社會看成是一個大工廠般，應該被安置在技術官僚的管理下，技術專家憑其科技能力和條件有計畫地治理社會，他們屬於知識菁英，應該擁有權力與道德上的優勢地位。對企業來說，泰勒主義強調，要提高生產力，最重要的是使生產合理化、有效率以及有計畫。

❻　原註：Peter Novick, *That Noble Dream: The "Objectivity Question" and the American Historical Profession* (Cambridge, England, 1988), 23.

❻　原註：Ibid.

量時，盡可能消除主觀因素」，❻❼同時，《美國歷史評論》提出的編
輯政策是：在期刊中剔除「意見性的內容」，採納「能夠用任何方式
測定的事實性的內容」，❻❽這兩件事絕非偶然的巧合。在那個時代，其
特色並不在學校和學術間的涇渭分明，反而是兩者緊密的交織相依。

一次世界大戰之後，隨著行為主義竄升為美國心理學家研究的
主流典範，貝爾或者坎伯的關切所在幾乎全被摒棄。❻❾即使某些涉
及歷史的零星研究，也往往都把焦點放在如何安排事實、以利加強
記憶上。❼⓪而朱德先前對歷史科獨有的心理特性這種關注，在號稱
可以適用所有領域的學習理論那股威力的橫掃下，也顯得黯淡無光。
時至 1970 年代，心理學家羅勃・蓋納 (Robert Gagné) 如此輕鬆宣
稱：學習這件事並無各學科之別，根本「沒有合理完整的基礎可以
確認有『數學學習』、『科學學習』、『語言學習』或者『歷史學習』
等這類實體存在」，唯一區別的是學校每日課表或每個學期中給予這
些科目不同的時間而已。❼❶遲至十年之後，上述的立場才在主流的

---

❻❼ 原註：Sackett, "A Scale," 348.

❻❽ 原註：引自 Novick, *Noble Dream*, 200.

❻❾ 原註：M. Clark 的作品是這些稀疏而一時的例外之一："The Construction of
Exercises in the Use of Historical Evidence," in T. L. Kelly and A. C. Krey,
eds., *Tests and Measurements in the Social Sciences* (New York, 1934), 302–39.

❼⓪ 原註：H. F. Arnold, "The Comparative Effectiveness of Certain Study
Techniques in the Field of History," *Journal of Educational Psychology* 33
(1942), 449–57.

❼❶ 原註：Robert M. Gagné, "The Learning Basis of Teaching Methods," in N. L.
Gage, ed., *The Psychology of Teaching Methods: Seventy-fifth Yearbook of the*

學習心理學界內遭遇重大的挑戰。

這裡有個弔詭，亦即朱德所歸納的學習歷史時獨具的特質，或正導致研究者不看重歷史學習。在歷史學中，對正確答案缺乏共識，這點往往使得如何評量學習成果變得複雜，因為如果研究者認定事實性測驗繁瑣細碎，而學期報告（那通常是展現大學生歷史理解的程度）又不好操作，他們勢得面對另闢全新測驗模式的可怕情況。當然，還有其他因素的影響。例如美國境內社會學習課程 (social studies) 的興起後，給研究者帶來新的挑戰，亦即那些在觀念和知識論並不相同的學科自此都被納入這把大傘之下。再者，與數學科做比較，這個科目有活力十足的學科研究團體和課程專家，他們一方面借取心理學理論，一方面也以研究回饋之。但在社會科的教育學者之間並無這樣的群體存在。社會科教育學者所主持的研究經常是單面向的，亦即只借取心理學觀念，卻相對的很少提供回報。這些因素（毫無疑問不只這些）造成一次世界大戰到認知革命來到之前的這段時間內，歷史學習和教導的研究相對地不受重視。

二、英國的發展：皮亞傑、皮爾以及其他人

美國研究者聚焦於配對聯結以及測試老鼠奔跑穿越迷宮的表現察看學習問題，英國的心理學家則採取了不同的路徑。從 1950 年代末至 1970 年代，讓‧皮亞傑 (Jean Piaget) 的學說為想要理解學校課程的人士提供了基礎。1955 年之後的二十八年內，根據皮亞傑觀點探討歷史學習的論著和學位論文不下二十篇。❷儘管近來英國對歷

National Society for the Study of Education (Chicago, 1976), 30.

史的鑽研已經開發出不同的方向，但若不回顧皮亞傑的扎根工作，
恐很難知曉目前情況。

在那些最具雄心壯志的研究項目中，有一項與皮爾 (E. A. Peel)
密切相關。他曾任英國心理學會會長，也是伯明罕大學教育心理學
的教授。在皮爾看來，皮亞傑理論乃是了解學生在學校表現的重要
憑藉，也可藉此方法歸納和統合各科目特屬的不同形式的思考。皮
爾注意到，皮亞傑的探索是針對數學和科學，他因此試圖將此理論
拓展至學生對文本的推論方面，尤其是學生在英文和歷史科中對文
字資料的理解。根據皮爾之見，歷史理解的基本要素無法從事實序
列去發現，而是在綜合性的思考中，比如能夠把握「原因和結果，
可以讀懂一段延展的論證，以及評斷的能力。」❼❸

皮爾儘管在他的理論著作中經常談及歷史，❼❹但真正能依循皮

---

❼❷　原註：Martin B. Booth, "Skills, Concepts, and Attitudes: The Development of
　　　Adolescent Children's Historical Thinking," *History and Theory* 22 (1983),
　　　101–17. 有關英國方面的最新發展概況，見 Booth, "Cognition in History: A
　　　British Perspective," *Educational Psychologist* (1994), 61–70. 以及 Peter Lee,
　　　"History Education Research in the UK: A Schematic Commentary." 本論文發
　　　表於 1999 年於紐澳良所舉辦的美國教育研究協會的年會。

❼❸　原註：E. A. Peel, "Understanding School Material," *Educational Review* 24
　　　(1972), 164.

❼❹　原註：如 E. A. Peel, "Some Problems in the Psychology of History Teaching:
　　　Historical Ideas and Concepts," in W. H. Burston and D. Thompson, eds.,
　　　Studies in the Nature and Teaching of History (London, 1967), 159–72; and E.
　　　A. Peel, "Some Problems in the Psychology of History Teaching: The Pupil's
　　　Thinking and Inference," ibid., 173–90.

亞傑傳統、推動歷史研究最力的，當數他的學生哈蘭 (Roy N. Hallam)。❼❺哈蘭以三段教科書課文包括瑪麗‧都鐸 (Mary Tudor)、諾曼人入侵、以及愛爾蘭內戰，以及一些對應的問題，讓一百名英國中學生閱讀回答，這些學生的年齡從 11 歲到將近 17 歲。譬如學生閱讀完有關諾曼人入侵後，必須回答：威廉摧毀北英格蘭是對或錯？哈蘭最後依據皮亞傑智識發展的類型將學生的答案分類。那些無法將問題對應資料的學生被評為「前運思期」(preoperational thinking)；學生的答案條理分明，但無法超出文本者歸於「具體運思期」(concrete operational)；能夠提出假設、超越文本，並以文本比對檢視假設的，則評定為「形式運思期」(formal operational)。

哈蘭測試的一百名青少年中，只有兩名學生的答案始終落在最高等級上，也就是「形式運思期」。這一發現，再加上皮爾其他同行得出的相似結果，讓哈蘭歸結：在歷史學科中，系統性思考的發展比數學或科學來得慢。❼❻哈蘭思索原由，認為學生於歷史中面對的「某一情境」充斥著成人的各種內在動機，那些人可能生活在另外的時代，他們的價值習俗大不同於二十世紀。❼❼歷史學的這種抽象

---

❼❺ 原註：Roy N. Hallam, "Logical Thinking in History," *Educational Review* 19 (1967), 183–202.

❼❻ 原註：如 D. Case and J. M. Collinson, "The Development of Formal Thinking in Verbal Comprehension," *British Journal of Educational Psychology* 32 (1962), 103–11; 見下文所徵引的其他參考文獻 E. A. Peel, "Experimental Examination of Some of Piaget's Schemata Concerning Children's Perception and Thinking, and a Discussion of Their Educational Significance," *British Journal of Educational Psychology* 29 (1959), 89–103.

特質，「連最聰敏的大人都感到困惑難解。」❼❽哈蘭如此論證。

其實，回頭看看哈蘭研究的架構和執行方式，有益於了解其最後結果為什麼必然如此。首先，學生被問到的問題和他們在課堂中所學幾無關連。而如果測試要求側重的是形式上的歷史推論層面，那麼學生可能會有怎樣的表現，這問題有待討論。第二，哈蘭的問題可能會令學生混淆。❼❾試舉一個與瑪麗‧都鐸的課文有關的問題以供思考：「瑪麗‧都鐸認為上帝要她把英國帶回天主教教會內。那麼⒜上帝對她所用的方法會作何感想？⒝妳能不能夠想出任何理由解釋，為什麼瑪麗‧都鐸應該用這樣的方法讓人民追隨她的宗教信仰？」❽⓿學生究竟要如何回答這些問題？就此來看，哈蘭以下的發現：對不及 14 歲的學生來說，歷史「應該不能在形式上太過抽象，也不應該包含太過複雜多樣的內容」。❽①也僅僅是某種不確定的說法而已。

---

❼❼ 原註：Hallam, "Logical Thinking," 195.

❼❽ 原註：Ibid.

❼❾ 原註：見 Martin B. Booth, "Ages and Concepts: A Critique of the Piagetian Approach to History Teaching," in Christopher Portal, ed., *The History Curriculum for Teachers* (London, 1987), 22–38.

❽⓿ 原註：引述自 Booth, "Skills, Concepts, and Attitudes," 104.

❽① 原註：Roy N. Hallam, "Piaget and Thinking in History," in M. Ballard, ed., *New Movements in the Study and Teaching of History* (London, 1970), 168. Peter Lee 近來提醒我們 Hallam 的研究計畫中同時涵括了歷史與宗教性的思考，這點當足以均衡此處對 Hallam 作品的批評。見 Peter Lee, "History Across the Water: A U.K. Perspective on History Education Research," *Issues in Education: Contributions from Educational Psychology* 4 (1998), 211–20.

　　採皮亞傑理論進行探究的學者，企圖單獨思考學習歷史時所牽涉的基本心理歷程，不免帶來了挑戰。有個問題是，如何盡量減低學生既有知識的影響，因為既有知識被視為會讓試驗結果產生不想要的變動。馬格列德・裘德 (Margaret F. Jurd) 即欲解決此問題。他創作了三個虛構國家的 「歷史」 情境 ： 阿達茲 (Adza)、 穆爾巴 (Mulba)、諾查 (Nocha)，❽並提供學生一份對照表，裡頭同時羅列其中兩個國家的事件，然後學生必須預測第三個國家可能會發生什麼情況。例如在穆爾巴國內，「理查成為獨裁者」是在「理查率領人民戰勝入侵者」這件事之後。而在阿達茲這邊，亨利成為國王，是在他父親去世之後。❽學生隨後拿到一張列有諾查這個國家五件歷史事件的表單，其中包括了軍事費用的籌備以及生活水平的降低。他們被要求利用、比較穆爾巴和阿達茲的資料，然後將諾查的五個事件排出正確的順序來。裘德運用皮亞傑的語詞解釋學生的表現。表現優異的標準在於能 「辨識出……一個或更多的變數，以及這些變數之間被認為可能存在的關連性。」 ❽學生若只能辨識出一個變數，又無法加以歸類，則被歸入「前運思期」；若學生能統合多個變數，而且可以同時參照其他的定數，他的思考就會被列屬形式運思期的評等。

---

❽　原註：Margaret F. Jurd, "Adolescent Thinking in History-Type Material," *Australian Journal of Education* 17 (1973), 2–17; and Margaret F. Jurd, "An Empirical Study of Operational Thinking in History-Type Material," in J. A. Keats, K. F. Collis, and G. S. Halford, eds., *Cognitive Development: Research Based on a Neo-Piagetian Approach* (New York, 1978), 315–48.

❽　原註：Jurd, "Operational Thinking," 322.

❽　原註：Ibid.

　　裴德、哈蘭還有其他人，欲藉由創造出虛構的國家或者將歷史
資料限定在簡短的課文等方式，試圖控制學生先備知識的影響。對
歷史這樣一個強調脈絡至為重要的領域來說，把這些歷史事件去除
脈絡（或者創造虛擬的歷史），卻是有些怪異。❽經由皮亞傑的眼光
淅瀝出來的歷史推論，變得和自然科學的教科書版本中，那些「假
設─演繹式」的推論極為相像，都是要在形式上運用演繹和歸納技
巧，要採用統合和分類變數的策略。最終，那些有關歷史推論的描
述，對心理學家的說服力遠比對歷史學家還要大。❾因為在這樣的
研究中，歷史簡化為一套套邏輯關係和對假設的測試，它和人們所
熟知的那個飽含敘述、闡釋、運用想像力以重建過去等豐富特質的
學科，已無多少相似之處了。

　　要去發掘這類不切實際、以剔除歷史脈絡力圖得到歷史認知的
方式有何缺失，並不困難。但如此的批判不應抹煞這個事實，即皮
爾、哈蘭、裴德還有其他人，是自貝爾以來第一批重拾「歷史感」
問題的心理學家。他們的努力提醒了研究者，最能顯示兒童歷史推
論過程的，不是他們選出對的答案，不是「只要複述學過的事實」，
而是在於兒童推論的本質、他們連結觀念的能力，以及他們為自己

---

❽　原註：見 James West Davidson and Mark Hamilton Lytle, *After the Fact: The Art of Historical Detection* (New York, 1982); 亦見有關情境脈絡的延伸性討論於 J. H. Hexter, *The History Primer* (New York, 1971).

❾　原註：見 Bernard Bailyn, "The Problems of the Working Historian: A Comment," in Sidney Hook, ed., *Philosophy and History* (New York, 1963), 93–101; and Louis O. Mink (Brian Fay, Eugene O. Golob, and Richard T. Vann, eds.), *Historical Understanding* (Ithaca, N.Y., 1987).

結論提出的驗證。**❽**雖然這些研究者在資料不足下所作之論有過當之嫌，他們為這個領域的確注入了活水，並且開創研究計畫，影響延續至今，仍有其貢獻。

這裡還有一個問題，是關於皮亞傑式地研究歷史對教學實務帶來什麼樣的衝擊。英國南區考試局的前任秘書亨利・麥金托許 (Henry G. Macintosh) 認為，皮亞傑式的探究導致許多教師「低估自己學生的能力，且（使之）確信自己的教學方法是（讓）歷史成了一則自我應驗的預言而已。」**❽**歷史教育學者約翰・范斯 (John Fines) 亦有同樣的觀察。他斷言整個世代的教師「都受到皮亞傑式的威脅」。**❽**這些聲明的正確性也許不易評估，但無疑的，皮亞傑的研究的確支持了歷史學家艾爾頓 (G. R. Elton) 所稱：嚴肅的歷史研究工作只有在學生進入大學之後才能開始的說法。**❾**同樣明顯的是，這些悲觀的評斷也激發了其他研究者的努力，特別是那些志在為學生的歷史能力找回一些光明面的探究。

這正是「學校歷史科委員會 13–16 計畫」 (Schools Council History 13–16 Project) 的成員所面對的挑戰。這個計畫於 1973 年成

---

❽ 原註：Hallam, "Logical Thinking," 198.

❽ 原註：Henry G. Macintosh, "Testing Skills in History," in Portal, *History Curriculum for Teachers*, 184.

❽ 原註：John Fines, "Introduction," in Denis Shemilt, ed., *Schools Council History 13–16 Project* (Edinburgh, 1980), iii. Peter Lee 相信 Piaget 對英國歷史教學的影響被誇大了。參見他的 "History Across the Water," 211–20.

❾ 原註：G. R. Elton, "What Sort of History Should We Teach?" in Ballard, *New Movements in the Study and Teaching of History*.

立於里茲大學，參與的學校總數近六十個，而在十年內更成長到包括全英國中學的 20%。❾這個計畫的最初任務是去重新思考歷史的特質，以及中學階段歷史和現實的關連性。不過整體來看，這個計畫倒為這個學科內容提供了一套完整的心理學研究典範。❾

這個計畫主要借重保羅・赫斯特 (Paul Hirst) 的理論：各個專業學術各有其知識形式。赫斯特相信，各個學科不只是相關主題的集成而已，而是由基本不同的認知方式所構成。❾據此，所有的知識形式都展現四個特色：(a)一套觀念和關鍵概念──共同的語彙；(b)連結這些觀念和概念的獨特方式──這些語彙的句法規則；(c)確保論斷真實性的特有方法，例如心理學家憑藉實驗室，歷史學家援引文獻記錄；(d)獨特的探究形式，例如化學家使用 X 光照射，或者物理學家使用直線加速器。

「13-16 計畫」的發起人論道，傳統的歷史教學被視為是一種資訊形式，而不是一種知識形式。學生也許對於某些公認的敘述嫻熟有加，但卻缺少任何方法去評量、決斷那些或其他的敘述是否牽強或真確。負責評估這個計畫、後來也是這個計畫主導者的丹尼斯・

---

❾　原註：H. Dawson, 微引於 L. W. Rosenzweig and T. P. Weinland, "New Directions of the History Curriculum: A Challenge for the 1980s," *History Teacher* 19 (1986), 263–77.

❾　原註：Denis J. Shemilt, *History 13–16: Evaluation Study* (Edinburgh, 1980).

❾　原註：Paul H. Hirst, "Liberal Education and the Nature of Knowledge," in R. S. Peters, ed., *Philosophy of Education* (Oxford, 1973), 87–101. 校務委員會的創始者也同樣受到「學科結構」這類想法的影響，詳見 Jerome Bruner's *Process of Education* (Cambridge, Mass., 1961).

施密特 (Denis Shemilt)，曾經將傳統歷史課的學生比擬為能夠「頭頭是道」地談論李爾王中的不同場景和角色，卻並未真正了解戲劇本質的戲劇課學生。」❾❹換句話說，這類學生知道很多擷取而來的歷史訊息，但全然不知這些訊息來自何處。

學校委員會的三年課程設計始於八年級。此課程不用嚴密的時序架構 (nonchronological) 呈現歷史，而改以名為「什麼是歷史」這個課作為起始，向學生介紹歷史證據的特質、根據證據所得出推論的特性，以及從有限、紛雜的證據中重建過去的問題。課程的其他部分是帶領學生投入歷史研究計畫，讓學生就選出的若干主題（例如伊莉莎白時代的英國、1815 至 1851 年時期的英國、美國西部拓荒、共產中國的崛起、以阿衝突），進行深度的探究。課程中還納入其他主題如醫療史，因為可向學生展露那些在習俗、信仰、思考方式上不同於他們自己時代的歷史。

這個計畫的評估工作自 1970 年代末期開始，總共包含了三個部分：⒜以五百名計畫組學生和五百名控制組學生共同接受一系列有關歷史觀念的測試，並進行比較；⒝挑選七十五名計畫組學生和七十五名控制組學生，配對（成員根據性別、IQ、和社經地位）比較他們在其他觀念的測試結果；⒞選出七十八對配對組，每組兩人，由研究者進行口訪，探知他們對歷史研究性質的看法。❾❺但是，在

---

❾❹　原註：Denis J. Shemilt, "The Devil's Locomotive," *History and Theory* 22 (1983), 15.

❾❺　原註：Shemilt, *History 13–16*. 所謂「配對組」的規劃乃是將一位新課程出身的學生與一位能力及背景均相似，但研習傳統課程的學生配成一對。這

比較計畫組學生和控制組學生的反應之前，計畫人員先得研擬步驟、設計分類標準，以便捕捉學生看待歷史這種知識形式的概況。例如兩組接受口訪配對的學生對歷史性質的看法，乃依據歷史觀念表現範疇的四個等級一一歸併。水平一的反應表現出「就是如此」的特性，認為一連串事情發生是因為就會這樣發生；除了時間前後的排列之外，事情之間並無內在邏輯。水平二的反應是以一種「單純的、喀爾文式的邏輯」看待歷史，將歷史的建構視同把一個個拼圖的單片置入早已存在的模板中。❾❻水平三的青少年對歷史敘述和「過去」之間的不一致這點，初具認知；能夠明白歷史敘述包含選擇和判斷，永遠無法全盤反映「過去」的複雜性。而水平四階段，學生已經超越了尋求概括性的歷史法則，已能了解到：歷史解釋受到脈絡制約，也受到脈絡激發。

在這套歸類系統中，能達到最高的後兩個水平的學生，計畫組共有 68%，控制組有 29%。最低水平的學生在計畫組中占 1%，相對於控制組的 15%。在三個部分的評估中，計畫組學生的表現優於來自傳統課程下的控制組學生。例如有 50% 的控制組學生無法分辨科學和歷史知識的差異，相對的，在計畫組中只有 10%。而當學生被要求去比較歷史和數學的不同時，83% 的控制組學生認為數學比歷史還難，而只有 25% 的計畫組學生做如此想。如控制組有位學生說，「歷史，你只需查找，但數學，你就必須去計算。」另一位控制組學生補充說：「從數學的某個公式，你可以推論出三或四個其他的

是心理學實驗中普遍採行的一種研究方式。

❾❻　原註：Shemilt, "Devil's Locomotive," 7.

公式，但歷史並無模式可言。」 **97**

　　從評估工作所浮現的整體形象支持了以下看法：青少年學生的確能夠經由教學而了解到歷史是一門複雜的知識形式。但施密特的評估研究倒不是一個百分百的成功故事。如他所留意，控制組和計畫組學生之間的不同，其實可以類比成「這樣的不同：一個是多石荒涼的廢棄地，只勉強供養得起幾株零零落落的雜草；一個是耕耘過了但還凌亂無序的花園，那兒有著幾株亮麗的花兒正努力從一大片豐茂的雜草堆中冒出頭來。」 **98**

　　即使如此，計畫組學生呈現的青少年推論的表現，與皮亞傑研究中青少年推論能力低落的現象，形成強烈的對比。范斯也注意到這樣的差距。他在評估報告的導言內寫道，計畫組學生「初步看來似乎比皮亞傑實驗學生表現的更有潛力」。 **99** 不過，施密特儘管小心翼翼區隔學校委員會的著力之處和皮亞傑取向的研究，學校委員會計畫——從測試性質、到成就分級的方式，甚至到成果的繪製設計來看——很難可以和過去那個研究傳統的概念範疇切割。我們感覺到皮亞傑的身影顯現在每個環節中，有時他是試驗的標準，其他時候他是挑唆者，其餘時候他又如默許的觀察家；他總在一旁，就算沒被注意到。

　　當然，施密特承認有許多方面借取自皮亞傑，甚至對皮亞傑式概念的應用表明某種樂觀態度，認為只要能夠先精確修整、以配合

97　原註：Shemilt, *History 13–16*, 20.

98　原註：Ibid., 14.

99　原註：Fines, "Introduction," ii.

歷史的需要即可。⑩然而，施密特未曾承認的一點是，他的評估工作在研究取向上和一般所稱皮亞傑－皮爾－哈蘭這一脈傳統間的相似性。⑩這兩份探究有個共同的趨向，就是強使兒童扮演小小哲學家的角色，問一些和形上學而不是與歷史更為相關的問題（例如：「說一件事情必然會發生，是意指我們無法控制它嗎？」「如果一件事情能被更改，就是它如果能被改變的話，又怎麼說它必然會發生？」）。⑩無疑，這些問題多少與歷史理解有關，但是把學生對這些抽象探問的反應，等同於他們處理具體歷史資料時的方式，這麼做是危險的。誠如心理語言學家告誡，正確無誤的使用過去完成式，和解釋我們如何使用該文法，是兩回事。

整體而論，歷史 13–16 計畫評估研究在青少年歷史推理方面，提出了至今所見最為深刻的見解。但基於所描述課題的複雜性，我們或也期待那影響歷史推論要素的另一個面向也得到同樣關注和著力——參與這個計畫的教師他們的知識、理解和教學實況。唯評估工作就此提供的慧見甚少。如同過去施行過的許多前測或後測，此評估研究對學生測試初始時的情況提供若干判斷，也對實驗最後學生的變化提供證據。但除了歸諸課程中給予的文字資料，研究中卻沒有其他對學生思考變化所做的解釋。在一個學生全都屬於水平一

---

⑩　原註：Shemilt, *History 13–16*, 50–52.

⑩　原註：見 Matt T. Downey and Linda S. Levstik, "Teaching and Learning History," in James P. Shaver, ed., *Handbook of Research on Social Studies* (New York, 1991), 400–410.

⑩　原註：Shemilt, *History 13–16*, 14.

的班級內，教師究竟「做」了什麼？而如歷史理解這樣複雜的概念
又是如何轉化成課堂活動、教師的解釋以及學生的指定作業？在通
往較高層次理解的路途上，關鍵的轉折站究竟在哪兒？

歷史 13-16 計畫對這些問題的解答甚少。再者，教師因應這套
課程應該知道哪些事情，在計畫中也未說明。事實上，有跡象顯示，
計畫內某些教師的程度更相近於表現水平一和水平二的學生，而不
是水平四的學生。而且，幾乎占半數的老師在回應問卷選項時表示，
相信原始材料「一定比二手資料來的可靠」，還有 16% 的老師同意
以下的陳述：「過去的人思想和行動與今人相差無幾，只不過環境不
同而已。」 ⑩ 所以，施密特宣稱關鍵不在「教師自身需先熟知整個
計畫的理論和目標」，真是弄錯了重點。⑩ 關鍵的問題在於：如何改
變教師那些根深蒂固的歷史觀念？我們能夠改變他們嗎？

三、認知革命：發展和可能性

每一個革命都開啟了新的希望，「認知革命」也不例外。⑩ 這些
關於學校學習所產生的新圖像，有望為科學心理學開創以來讓學者
困擾、甚至是從人類自我提問，何謂致知何謂學習就已存在的問題，

---

⑩　原註：Ibid., 76.

⑩　原註：Ibid.

⑩　原註：一般普遍認為 「認知革命」 (cognitive revolution) 一詞是 Howard
　　　Gardner 所創造的。其所著之 *The Mind's New Science: A History of the
　　　Cognitive Revolution* (New York, 1985)，描繪了由行為主義轉向認知主義的
　　　歷史發展，內容頗具可讀性。

找到解答。1970 年代和 1980 年代期間，研究認知的學者闡明學校
學生在各科目的思考，這些科目包括傳統的算術、生物、物理和幾
何學，以及新納入課程中的學科如電腦、經濟學。然而，在這片百
花齊放的研究園地中，歷史被遺漏了。真的，查證一下艾倫・蓋納
(Ellen Gagné) 那本算是第一批企圖把學校學習的新研究匯聚成書
的 《學校學習的認知心理學》 (*The Cognitive Psychology of School
Learning*)，書中收納超過四百個參考書目，無一涉及於歷史。 **⑩**

　　不過，這種情況在 1990 年代有了重大的轉變。認知研究者彌補
了先前的缺漏，致力於各種主題的考察：從兒童錯誤的歷史概念，
到他們閱讀歷史文本的問題，從教師的學科內容知識，到歷史教學
中的專業評估。以下的討論旨在概述這些相關發展。

㈠學習方面

　　從認知角度探索學習問題關鍵的洞察是：學習者接受教導時是
夾帶著各種念頭和概念而來，那些想法有的正確，有的是根深蒂固
的錯誤，新的訊息則會經過固有概念的篩選。雖然先前的研究已在
兒童歷史思考的某些層面上勾勒出輪廓，尤其是時間和時序概念部
分，晚近的研究則探索更廣泛的主題和概念。 **⑩**

---

⑩　原註：Ellen D. Gagné, *The Cognitive Psychology of School Learning* (Boston,
　　1985).

⑩　原註：Gustav Jahoda, "Children's Concepts of Time and History," *Educational
　　Review* 15 (1963), 87–104; R. N. Smith and P. Tomlinson, "The Development
　　of Children's Construction of Historical Duration," *Educational Research* 19

蓋樂・西娜特拉 (Gail Sinatra)、 伊莎貝樂・蓓克 (Isabel Beck) 以及瑪格利特・馬吉翁 (Margaret McKeown) 的研究， 對於一般五年級學生接收歷史教學時所帶進的背景知識，有所刻畫。❿這些學者先口訪三十五名尚未學過美國史的五年級學生，接著口訪三十七名正在上美國史的六年級學生。詢問他們：「為什麼我們要慶祝 7 月 4 日？」「我們的國家如何成為一個國家？」 以及 「曾有這樣一句話：『無代表，不納稅』，你認為那是什麼意思？」等問題。學生的回答普遍不完整，即使是上過一年的課程：74% 的五年級生和 57% 的六年級生在應答中沒有提到大英帝國和殖民地的戰爭；所有受訪者中，有 60% 的學生無法提出有關獨立戰爭原因的任何訊息。

但是，學生絕非純白的紙片。7 月 4 日這個問題經常引發他們想到「陣亡將士」紀念碑。同樣的，在《獨立宣言》的問題上，也引發了奴隸解放到《五月花號公約》等回應。就如同其他科目的認知探究，以及麥爾斯早期所從事，西娜特拉和她的研究伙伴，不再拘泥於考察正確／錯誤的答案，而是去探查學生回答中的系統、模式。

布魯斯・馮斯萊特 (Bruce VanSledright) 和傑瑞・布洛飛 (Jere Brophy) 也從事小學生歷史觀念的調查。 他們以美國史的重要主題

(1977), 163–70. 亦見 Downey and Levstik, "Teaching and Learning History," 400–410.

❿ 原註： Gail M. Sinatra, Isabel L. Beck, and Margaret G. McKeown, "A Longitudinal Characterization of Young Students' Knowledge of Their Country's Government," *American Educational Research Journal* 29 (1992), 633–62.

口訪十位四年級生。⑩雖然馮斯萊特和布洛飛同樣發現學生對有關這些主題的知識相當貧乏，但也注意到某些兒童會去為他們所知甚少的事件建構敘述。譬如 10 歲的海倫 (Helen) 很有說故事的天賦，她編織了清教徒的故事：這些清教徒乘著一艘名為五月花號的船（她附帶說：「因此我們有『四月的雨帶來五月的花』這樣的說法。」），來到了普利茅斯岩，大概是位在密西根上半島那邊。⑪有些兒童在建構故事的過程中，會把他們在學校裡學到的不同歷史事件的資訊併在一起，然後將這個混合的記憶體和他們得自卡通節目或者文化節慶如感恩節的點點印象，連結起來。馮斯萊特和布洛飛總結說，兒童不但能夠建構關於過去的充滿想像力的故事，而且能夠在這些故事中看出一些規則、在悲劇和不確定的情節中找到貫穿其中的主軸。⑪單就此點，年幼學生在重建 (reconstruction) 敘述時的表現，也許可以被看成是專業史家陳述過去歷史時，需要運用到的「布局」(emplotments) 能力的早期形式。⑫

兒童那種想像性的闡釋可歸類為大衛‧柏金 (David Perkins) 所

---

⑩　原註：Bruce VanSledright and Jere Brophy, "Storytelling, Imagination, and Fanciful Elaboration in Children's Historical Reconstructions," *American Educational Research Journal* 29 (1992), 837–61.

⑪　原註：Ibid., 846.

⑪　原註：Hayden White, *Metahistory: The Historical Imagination in Nineteenth Century Europe* (Baltimore, Md., 1973).

⑫　原註：David N. Perkins and R. Simmons, "Patterns of Misunderstanding: An Integrative Model for Science, Math, and Programming," *Review of Educational Research* 58 (1988), 303–26.

稱「內容架構」(content frame)，那包含著一連串有關美國史特定時期和史事的誤解。⓭蘿莎蓮・艾許碧 (Rosalyn Ashby) 和李彼得 (Peter Lee) 則進一步探究柏金所說的 「認識的架構」 (epistemic frame) 問題，亦即兒童解釋過去時所用到的更普遍、更具影響力的想法。這兩位學者捨棄他們早期研究時採用的口訪方式，⓮改讓青少年學生分成三人一組，去討論有關盎格魯撒克遜人誓約聯盟以及神判 (the ordeal) 習俗的文件，並全程錄影各組的互動情形。艾許碧和李彼得從數百個小時的錄影帶中，將兒童「歷史的神入」以及「面對一套……未必是他們具有的信念和價值時」的「智識表現」，建立一套標記兒童思考的類型。⓯能力較低的學生，把歷史看成「有缺陷的過去」(divi past)（這是來自英國俚語，指「愚蠢、遲鈍或心智缺陷」），並且用一種 「惱怒不解和輕蔑鄙視」 的方式看待那個課題。⓰類型中屬於中等思考水平的學生，開始把歷史看成一套解釋

⓭　原註：Rosalyn Ashby and Peter J. Lee, "Children's Concepts of Empathy and Understanding in History," in Portal, *History Curriculum for Teachers*, 62–88.

⓮　原註：見 Alaric K. Dickinson and Peter J. Lee, *History Teaching and Historical Understanding* (London, 1978); and Alaric K. Dickinson and Peter J. Lee, "Making Sense of History," in Dickinson, Lee, and Rogers, *Learning History*, 117–54. Peter Lee, Rosalyn Ashby, and Alaric Dickinson 等人發起了一項針對孩童歷史推理能力的大型研究。見 Peter Lee, Alaric Dickinson, and Rosalyn Ashby, "Just Another Emperor: Understanding Action in the Past," *International Journal of Educational Research* 27 (1997), 233–44.

⓯　原註：Ashby and Lee, "Children's Concepts," 63.

⓰　原註：Ibid., 68.

體系，但很少試著從過去的角度理解過去。只有到最高層次的學生，才能開始認識到過去和現在思維模式上的差異，也就是時代精神與群體心態所歷經的改變。艾許碧和李彼得將這套歸類系統作為他們描繪兒童看待過去的特有方式，或許他們也同時掌握了一般成人的思考特質。的確有證據顯示，許多大學生懷抱著那種「無時間性的過去」，亦即以為用現在的觀念可以輕易地回到過往時空中的想法——無論是主修歷史或非主修歷史的都一樣。⓱

⒟閱讀歷史教科書

近來學者另一個研究重心是放在學生對歷史教科書的理解上。這個領域中的早期研究是從文本設計原則去分析教科書的書寫。⓲邦尼・阿姆拉斯特 (Bonnie Armbruster) 和湯姆・安德森 (Tom Anderson) 發現正統的教科書無法提供讀者「貼心」的服務，或者說，這些教科書的解釋無法幫助讀者決定(a)一個行動或事件的目標，(b)達到這個目標的計畫，(c)所因應的行動，(d)結果。⓳根據阿姆拉斯特和安德森，假如一個文本無法陳述上列議題，就不能「稱得上

⓱ 原註：David Lowenthal, "The Timeless Past: Some Anglo-American Historical Preconceptions," *Journal of American History* 75 (1989), 1263–80.

⓲ 原註：例如 Bonnie J. F. Meyer, *The Organization of Prose and Its Effects on Memory* (New York, 1975); and T. A. van Dijk and Walter Kintsch, *Strategies of Discourse Comprehension* (New York, 1983).

⓳ 原註：Bonnie B. Armbruster and Tom H. Anderson, "Structures of Explanations in History Textbooks, or So What If Governor Stanford Missed the Spike and Hit the Rail?" *Journal of Curriculum Studies* 16 (1984), 247–74.

是歷史的解釋」。 ⑫伊莎貝樂・蓓克 (Isabel Beck) 和她的同事則透過範圍更大的研究而得到類似的結論。 ⑫他們從五年級的教科書中發現,大多數兒童缺乏學習課本內容所需要的背景知識。如同阿姆拉斯特和安德森,蓓克的團隊提出重寫教科書的計畫。他們自述,要使用「因果／解釋」來串連,也就是將事件及其原因和影響連接起來。

蓓克和她同事的工作立足於文本分析上,去編寫能夠符合創作文本的認知原則的課文。他們主持一項實驗:把原始的課文段落拿來和據此重寫的段落,兩相比較。 ⑫例如,他們將一段解釋與法國和印第安人戰爭的課文:「在 1763 年時英國和殖民地結束了一場與法國及印第安人的七年戰爭。」重新改寫,加入的素材如脈絡說明,並為各個句子加上邏輯串連。新的段落這樣開始:「大約二百五十年前,英國和法國都宣稱在北美這裡擁有一些土地。」 ⑫

研究者指定八十五個四至五年級的學生閱讀原始和修正版課文,並且比較他們回想兩份資料呈現內容的能力。結果學生的回想在統計學上出現了有意義的差距 (一百二十四份原始版單元中十七

---

⑫　原註:Ibid., 249.

⑫　原註:Isabel L. Beck, Margaret G. McKeown, and Erika W. Gromoll, "Learning from Social Studies Texts," *Cognition and Instruction* 6 (1989), 99–158.

⑫　原註: Isabel L. Beck, Margaret G. McKeown, Gail M. Sinatra, and J. A. Loxterman, "Revising Social Studies Texts from a Text-Processing Perspective: Evidence of Improved Comprehensibility," *Reading Research Quarterly* 26 (1991), 251–76.

⑫　原註:Ibid., 257.

份有記憶，一百二十四份修正版單元中二十四份有記憶），這多少支持了以下這一觀念：教科書經過修正，可以讓學生持有更多的史實訊息。而進一步的研究顯示，在某次試驗性質的課堂發表中，「提供一些背景知識」予四十八位五年級學生後，他們對修正版課文的了解更甚於原始版。❹這些發現肯定此說：當讀者面對結構嚴謹的文本時，背景知識的裨益甚大。

　　上述有關文本設計和分析的探究，證明使用認知原則可促使歷史教科書較為「貼心」。而更有力的改進學生理解之道，大概就是教導學生如何面對不很貼心的文本。阿馮・克莉斯摩 (Avon Crismore) 比較歷史教科書和學術歷史著作後發現，「後設論述」(metadiscourse)，或說那些可以標示作者的判斷、側重、不確定之處的線索，經常出現於歷史著作中，但在教科書內一般卻被剔除。❺例如，歷史學家會相當倚賴「防範性語詞」來表示不確定性，譬如借用情態助動詞 （「可能」、「大概」）、特定動詞 （「建議」、「看起來」、「似乎」）以及修飾詞（「或許」、「也許」），來表達歷史知識的不確定。但克莉斯摩發現，教科書一般而言都消去這些防範性的語彙。她認為，教科書這樣的寫作方式也許是較為「貼心」，但也造成這個結果：學生屢屢把知道歷史和「知道事實」劃上等號，❻而且

❹　原註：Margaret G. McKeown, Isabel L. Beck, Gail M. Sinatra, and J. A. Loxterman, "The Contribution of Prior Knowledge and Coherent Text to Comprehension," *Reading Research Quarterly* 27 (1992), 79–93.

❺　原註：Avon Crismore, "The Rhetoric of Textbooks: Metadiscourse," *Journal of Curriculum Studies* 16 (1984), 279–96.

還以這樣的單一心態去閱讀教科書。⑫如同克莉斯摩的觀察：

> 如果遲至成年之後，才知道有暗示態度的後設論述的存在，
> 以及，在閱讀過程中，讀者未被引導成為積極的參與者時，
> 還說什麼批判性的閱讀？……年輕的讀者必須在年幼時就去
> 察覺作者的偏見，而且去評價它們；教科書和老師必須教導
> 學生如何進行這個工作。⑫

---

⑫ 原註：有關此一觀點的進一步闡述，見 Robert F. Berkhofer, Jr., "Demystifying Historical Authority: Critical Textual Analysis in the Classroom," *Perspectives: Newsletter of the American Historical Association* 26 (February 1988), 13–16; Carl N. Degler, "Remaking American History," *Journal of American History* 67 (1980), 7–25; James L. Lorence, "The Critical Analysis of Documentary Evidence: Basic Skills in the History Classroom," *History Teaching: A Journal of Methods* 8 (1983), 77–84.

⑫ 原註：J. D. McNeil, "Personal Meanings Versus Test-Driven Responses to Social Studies Texts," *Reading Psychology* 10 (1989), 311–19.

⑫ 原註：Crismore, "Rhetoric of Textbooks," 296. Richard J. Paxton 開啟了一項研究計畫，檢視學生們對於寫作方式更近似真實歷史著作的歷史課本，有何反應。見 Richard J. Paxton, " 'Someone with Like a Life Wrote It': The Effects of a Visible Author on High School History Students," *Journal of Educational Psychology* 89 (1997), 235–50; and Richard J. Paxton, "A Deafening Silence: History Textbooks and the Students Who Read Them," *Review of Educational Research* 69 (1999), 315–39.

㈢教學方面

1950 至 1975 這二十五年間，有關課堂教學的研究多半具有濃烈的行為主義的 (behaviorist) 色調，重心主要放在個別的教學行為上，例如增加課堂提問的頻率、增強教師回答的品質。這種探究方式有個核心：假設學校各科目之間基本上是相似的。至於內容的不同則被冠以「脈絡上的變數」(context variables)，這頂多在極少數（如果有的話）簡單論及研究發現的限制時才會出現。整個 1960 和 1970 年代，教學研究的最成功之處，在個別的教學技巧上，如教師以具體的成果檢視學生理解程度，然後以類似的問題和練習引導學生。但巴拉克・羅森山 (Barak Rosenshine) 於分析某堂由時任教育部長的威廉・班內特 (William Bennett)❿教授有關〈第 10 號聯邦論〉(Federalist No. 10)❿的歷史課時，所留意到的，教學技巧的研究對於如何教導內容幾乎沒有觸及：「我們甚至沒有好的名詞來稱

---

❿　譯註：威廉・班內特 (William Bennett, 1943–)，1985–1988 年間由雷根總統任命為美國教育部長。

❿　譯註：《聯邦論》(*Federalist Paper*) 是十八世紀 80 年代數位美國政治家在制訂美國憲法的過程中所寫的有關美國憲法和聯邦制度評論文章的合集，共收有八十五篇文章。這些文章首先連載於紐約地區的報紙，之後在 1788 年首次出版此合集。此書是研究美國憲法最重要的歷史文獻之一。〈第 10 號聯邦論〉是由麥迪遜 (James Madison) 所寫，提倡建立一個強大的、包括各黨派的共和國，此文章發表於 1787 年 11 月 22 日。這篇文章被認為是聯邦文件中最知名的文件之一。麥迪遜擔任第四任美國總統，且常被後人稱為美國憲法之父。

之……究竟該要如何教導這些內容和概念？技巧模式對我們的幫助甚少。」❸

　　史丹佛大學的李・舒曼 (Lee Shulman) 把這種缺乏內容教學法的研究稱為「遺失的典範」(missing paradigm)，並且規劃一個研究計畫處理這個問題。❸這個名為「教學中的知識成長計畫」(1983–1989 年) 是一個縱向性的研究，旨在追索教師從培訓教育課程開始，直到他們成為正式教師的第一年和第二年期間知識上的變化。由這個計畫得出的第一批研究報告中，其中一篇是考察四位歷史／社會科教師的知識成長（詳細內容可參考本書第六章）。

　　探查學科內容知識和教學關係，也延伸到另一個系列：「實務智慧」(Wisdom of Practice) 的研究上，這是觀察十一位現職教師如何教授美國革命的某一單元。教師們也都接受數次的訪談，包括他們自身的「知識歷程」，亦即他們必須重建自己從高中到大學院校受教過程中的重大關鍵點，此外，還有參與經過修正的「邊想邊說」測試，說出他們閱讀華盛頓告別演說、〈第 84 號聯邦論〉（漢米爾頓對一份權利宣言的辯駁），❸以及其他原始文件後的想法（這個研究詳

---

❸　原註：Barak Rosenshine, "Unsolved Issues in Teaching Content: A Critique of a Lesson on Federalist Paper No. 10," *Teaching and Teacher Education* 2 (1986), 301–8.

❸　原註：Lee S. Shulman, "Paradigms and Research Programs in the Study of Teaching: A Contemporary Perspective," in Merlin Wittrock, ed., *Handbook of Research on Teaching*, 3rd ed. (New York, 1986), 3–36.

❸　譯註：漢米爾頓 (Alexander Hamilton, 1755–1804) 為美國政治家、新聞業者，他所執筆的〈第 84 號聯邦論〉發表於 1788 年 5 月 28 日。他在這篇文

見本書第八章）。

　　蓋亞・賴哈得 (Gaea Leinhardt) 是第一批將認知原則應用於教學研究上的學者之一，另也對我們了解歷史教學所需技巧這方面貢獻甚大。❶❸❹賴哈得有項個案研究，針對一位資深的歷史教師，共進行七十六次以上的課程觀察，評估其在美國史的大學先修班 (Advanced Placement) 課程中的表現。❶❸❺賴哈得的焦點放在教師的歷史解釋上，他從中梳理出兩種主要的型態。一種是「封鎖式解釋」(blocked explanation) 類型的教師，他們提供給學生一套獨立自足、高度模塊化的解釋。而屬於「編織式解釋」(ikat explanation)❶❸❻類型的教師，則是給學生一段簡短的記述，或者向學生簡單地提到某些事情，稍後再進行延伸或闡述。這位教師在學年之初，會提供幾乎所有的解釋，而學生便在有關美國憲法批准問題、或者畢爾德 (Beard)❶❸❼觀點與霍夫史塔德 (Hofstadter)❶❸❽觀點的相互衝突中，辛苦

　　章中主張新的憲法不必要納入權利宣言的觀念。

❶❸❹　原註：Gaea Leinhardt, "Expertise in Mathematics Teaching," *Educational Leadership* 43 (1986), 28–33; Gaea Leinhardt and James G. Greeno, "The Cognitive Skill of Teaching," *Journal of Educational Psychology* 78 (1986), 75–95.

❶❸❺　原註：Gaea Leinhardt, "Weaving Instructional Explanations in History," *British Journal of Educational Psychology* 63 (1993), 46–74.

❶❸❻　譯註：ikat 是流行於東南亞和中南美洲某些地區的一種編織方式，編織用的經線或緯線先經過染色的過程，再編出各種圖案。

❶❸❼　譯註：畢爾德 (Charles Beard, 1874–1948) 是美國二十世紀初期著名的歷史學家。他是美國史傳統上主張「進步學派」的核心人物之一，他將經濟自利和經濟衝突的解釋引入美國歷史發展的解釋中，例如認為美國內戰的原

的面對各種因果關係。而到了學年當中，教師會逐漸引導學生朝向建構解釋方面的學習。教師是否成功，可從學生和老師談話比率檢測出來。學年初時大約 40%，然後到第十三週增加了幾乎四倍。

學生參與情況增加，也同時具有質的意義。學生們不只是對教師的解釋回應更多的話，他們回應的內容還明顯地日益複雜。賴哈得所分析的學生之一保羅 (Paul)，他在 1 月時，就可以把以棉花為主的經濟為什麼沒落，連結到英國的貿易政策、亞洲殖民地的探勘行動以及南方領導者未能辨識大不列顛公共輿論的風向等因素。因此，學生學習到的不只是一組事實材料，還有如何使用這些材料、自己組構出一套環環相扣的歷史解釋。❿

對教師知識的探求代表著深具意義的起始，脫離了 1970 年代和 1980 年代初期那時教學研究特有的路徑。如今研究者放棄行為主義

因是來自工業的東北部、農業的中西部以及南部的種植業者之間的利益衝突。

❸ 譯註：霍夫史塔德 (Richard Hofstadter, 1916–1970) 以研究美國史聞名，任教於哥倫比亞大學。他挑戰以經濟差距的角度解釋美國史的進步論觀點，而強調開國先鋒們的潛意識動機、對自身地位的焦慮、非理性的憤恨等內在的衝突。

❿ 原註：從這篇評論原先出版之後，Gaea Leinhardt 又寫了數篇關於熟練的歷史教學的重要分析。例如見 Kathleen M. Young and Gaea Leinhardt, "Writing from Primary Documents: A Way of Knowing in History," *Written Communication* 15 (1998), 25–68; and Gaea Leinhardt, "Lessons in Teaching and Learning History from Paul's Pen," in Peter N. Stearns, Peter Seixas, and Sam Wineburg, eds., *Knowing, Teaching, and Learning History: National and International Perspectives* (New York, 2000), 223–45.

的觀察策略,改以密集的口訪和焦點觀察一小群教師。在教室中的觀察也不再是每隔六個月抽取一到兩個小時的簡短樣本,而是要試著去保存教學流程,這通常花費超過一個單元所需時間,甚至在賴哈得的案例中,有時幾乎長達半年之久。這份工作也深入探索新的方法學領域,借用和修正的方法不限於心理學的實驗室,經常更多是出自人類學者或社會語言學者的工具箱。這些探查不再是要形成一套適用所有學科的教學理論,而旨在產生中等規模、比較狹小、也更屬特定範圍的理論,此類理論應用於某個特定學科的教學上,但也許可以、也許也無法對教授物理學或物理教育有所影響。❶此一研究重心並不是把教師行為與教師思想脫鉤,反而是放在教師所知以及他們所為之間的深層而根本的關連上。

這個研究對於教學模範提出具有說服力的闡述。不過,其優勢之處——即它有關知識如何運用在行動上刻畫入微的記述,或也是其弱點所在。如同博物館中的陳列品般引人奪目,讓人聚焦於它的此時此刻,上述研究呈現的意象訴說的多半也是「其然」而不是「其所以然」。這些教師的學科知識是大學訓練時的結果或者之後的變異,這些教師如何習得讓學生接受歷史是一種認知方式的方法?他們的失敗情況如何?他們從中學到什麼?由於沒有教師能夠在參加兩天的發展歷史解釋的工作坊之後,馬上就成為一個專家,那麼我們要如何轉變教師那些深植心中、關於歷史性質的知識論信念?最後這個問題具有特殊意義,因為上述新的教學探究有個核心假設:

❶ 原註:Robert K. Merton, *Social Theory and Social Structure*, 3rd ed. (New York, 1968).

從專家學來的經驗教訓可用來教導新手教師。但究竟如何將卓越的
經驗闡述轉化成可以發展的計畫項目？這些正是從近來研究歷史教
師學科知識中衍生而出、卻未能得到解答的部分問題。

四、結 論

　　當代研究歷史教和學的顯著特色是考察取向的多樣化，這反映
著認知探究的活力。在許多領域中，歷史並不是最後坐等接收其他
學科研究所開創出的卓見果實，反而是這些洞見的最早萌芽和紮根
之處。

　　有許多理由相信，這股對歷史新產生的興趣不只一時流行而已。
教育者和決策者已逐漸承認，歷史解釋問題中所包含的影響力早已
越出歷史課程界線之外。⓭歷史為我們備妥一座收藏著複雜而多樣
問題的寶庫，類如我們在日常的社會世界中所面臨的種種。欲探查
這些問題，需要具備一種敏銳的解釋力，這得超越許多學校課堂上
主要訓練的那種「從文本中找出資訊」的技巧。能理解學生如何處
理這種複雜的課題、教師又是如何從中給予幫助，不但能增補我們

⓭　原註：如 Bradley Commission on History on Schools, *Building a History Curriculum: Guidelines for Teaching History in Schools* (Washington, D.C., 1988); California State Department of Education, *History－Social Science Framework for California Public Schools, K－12* (Sacramento, 1988); Bernard R. Gifford, *History in the Schools* (New York, 1988). 有關純熟的文本詮釋技巧之探討，近來的一個研究案例可參見 Joan Peskin, "Constructing Meaning When Reading Poetry: An Expert-Novice Study," *Cognition and Instruction* 16 (1998), 235–63.

改進學校歷史課所需的知識基礎，還可以充實閱讀理解的理論，此類理論對於如何面對複雜的書寫文本、並形成解釋的這個過程，竟多沉默不提。⑭

另外還有三個發展會促使歷史成為聚光焦點所在。其一是近來對於敘述 (narrative) 特多關注，亦即把敘述視為一種「認知表現」(cognitive achievement)，⑭並因為將範疇擴展到歷史敘述的形成方面，而成果豐碩。⑭而專業歷史學家由於日益增強的自覺，也已著手鑽研這個課題，而心理學家對此方面的努力應能給予頗多助益。⑭其二是新的技術如超媒體 (hypermedia)、電腦資料庫 (data bases) 也為歷史開創出許多可能性，這是數年前所難以想像的。關於技術對提高歷史理解所能扮演的角色，這方面的探索也在進行中。⑭最後

---

⑭ 原註：見 I. Athey and Harry Singer, "Developing the Nation's Reading Potential for a Technological Era," *Harvard Educational Review* 57 (1987), 84–93; and Walter Kintsch, "Learning from Text," *Cognition and Instruction* 3 (1986), 87–108.

⑭ 原註：見 David R. Olson, *The World on Paper* (New York, 1994).

⑭ 原註：見 E. B. Freeman and Linda S. Levstik, "Recreating the Past: Historical Fiction in the Social Studies Curriculum," *Elementary School Journal* 88 (1988), 329–37; and Linda S. Levstik and Christine C. Pappas, "Exploring the Development of Historical Understanding," *Journal of Research and Development in Education* 21 (1987), 1–15.

⑭ 原註：例如 Tom Holt, *Thinking Historically: Narrative, Imagination, and Understanding* (Princeton, 1990); and William Cronon, "A Place for Stories: Nature, History, and Narrative," *Journal of American History* 78 (1992), 1347–76.

一點，歷史已成為新近開展的關於學生和教師評估的重鎮，而且可望在未來持續成為一個繁榮的發展基地。 ⑭

　　傳統以來，對歷史有興趣的心理學家都是藉助於龐大的史學作品群籍，從中尋找歷史思考特質的線索。這些累積可觀的文章和專書多半出自歷史家和歷史哲學家之手，他們端視的不在這些歷史著作中披露了多少 1812 年戰爭的發展、中世紀的日常生活、法屬印度支那的瓦解等問題，而是在那些作品中透露的一般性的歷史認知。 ⑭

---

⑭ 原註：例如 Jon Nichol and J. Dean, "Computers and Children's Historical Thinking and Understanding," in R. Ennals, R. Gwyn, and L. Zdravchev, eds., *Information Technology and Education: The Changing School* (West Sussex, England, 1986), 160–76; Gavriel Salomon, "Transcending the Qualitative-Quantitative Debate: The Analytic and Systemic Approaches to Educational Research," *Educational Researcher* 20 (1991), 10–18; and Katheryn T. Spoehr and Luther W. Spoehr, "Learning to Think Historically," *Educational Psychologist* 29 (1994), 71–77. 關於科技與歷史之間關係令人振奮的發展，參見 http://historymatters.gmu.edu，亦可見 Randy Bass and Roy Rosenzweig, "Rewiring the History and Social Studies Classroom: Needs, Frameworks, Dangers, and Proposals" (U.S. Department of Education, Washington, D.C., 1999).

⑭ 原註：見 Martin B. Booth, "A Modern World History Course and the Thinking of Adolescent Pupils," *Educational Review* 32 (1980), 245–57. 亦見 Eva Baker, "Learning-Based Assessments of History Understanding," *Educational Psychologist* 29, no. 2 (Spring 1994), 97–106.

⑭ 原註：例如 Carl Becker, *Everyman His Own Historian* (Chicago, 1935; reprint ed. 1966); Berkhofer, "Demystifying"; Marc Bloch, *The Historian's Craft* (Manchester, England, 1954); Cronon, "A Place for Stories"; Davidson and

的確，藉由仔細檢閱歷史論著、以及從中推論學者所經歷的過程，
這個辦法可以獲得許多深刻之見。但運用這種探測方法去建立一套
有關教和學的理論，會遇到的問題是：最後達成的歷史思考，也可
以解釋成是完全不同的中間過程產生的結果。❹史學著作教導我們
辨識什麼是熟練的認知，不過卻幾乎沒有提到如何才能達成。

Lytle, *After the Fact*; Degler, "Remaking American History"; David Hackett
Fischer, *Historians' Fallacies: Toward a Logic of Historical Thought* (New
York, 1970); Louis Gottschalk, *Understanding History: A Primer of Historical
Method* (Chicago, 1958); Hexter, *History Primer*; Allan Megill, "Recounting
the Past: 'Description,' Explanation, and Narrative in Historiography,"
American Historical Review 94 (1989), 627–53; Novick, *Noble Dream*; W. J.
Dibble, "Four Types of Inferences from Documents to Event," *History and
Theory* 3 (1963), 203–21; William H. Dray, *Philosophical Analysis of History*
(New York, 1966); Haskel Fain, *Between Philosophy and History: The
Resurrection of Speculative Philosophy of History Within the Analytic Tradition*
(Princeton, 1970); Maurice Mandelbaum, *The Problem of Historical Knowledge*
(New York, 1938); Mink (Fay, Golob, and Vann, eds.), *Historical
Understanding*; Jörn Rüsen, *Studies in Metahistory* (Pretoria, South Africa:
Human Sciences Research Council, 1993); Quentin Skinner, ed., *The Return of
Grand Theory in the Human Sciences* (Cambridge, Mass., 1985); Michael
Stanford, *The Nature of Historical Knowledge* (New York, 1986).

❹ 原註：見 K. Anders Ericsson and Herbert A. Simon, *Protocol Analysis: Verbal
Reports as Data* (Cambridge, Mass., 1984); Jill Larkin, "Teaching Problem
Solving in Physics: The Psychological Laboratory and the Practical Classroom,"
in David T. Tuma and F. Reif, eds., *Problem Solving and Education: Issues in
Teaching and Research* (Hillsdale, N.J., 1980), 111–25.

　　關於了解歷史思考是何意涵，還有第二種方法，但不像史學著作的傳統發展得那麼久遠。這種探究方法考察歷史解釋和歷史結論形成中的程序或錯誤的步驟。這項工作由學者主持實證性研究，探知學生、教師和歷史專家如何理解歷史。❿他們詢問的是：人們知道什麼、如何知道。此種切入角度會拉進高端的知識論問題，並將這些問題轉成他們實證研究的具體目標。❶

　　這類研究讓人彷若回到二十世紀之初，那時美國心理學會和美國哲學學會經常聯手舉行會議，因為心理學家和哲學家多半重疊不分。依研究策略來說，前述探究所回溯的知識源頭將不會是對於哲學問題缺乏耐心的索恩戴克 (Edward Thorndike)，❷而是威廉・馮特 (Wilhelm Wundt)。馮特最廣為人知的是他身為實驗主義者，決意去建立心理學，使之成為一門經驗學科。❸但相對的，馮特的另一面甚少為人所知：他從事的經驗考察既充實了知識論、邏輯學、倫理學，也同時受這些領域所啟發；他堅稱心理學和哲學如此密切相關，一旦彼此脫離，兩者都將萎縮。❹其中的要點是：歷史理解

---

❿　原註：見原註2。

❶　原註：見 Kenneth A. Strike and George J. Posner, "Epistemological Perspectives on Conceptions of Curriculum Organization and Learning," in Lee S. Shulman, ed., *Review of Research in Education* (Itasca, Ill., 1976), 10–141.

❷　原註：見 Geraldine M. Joncich, *The Sane Positivist: A Biography of Edward L. Thorndike* (Middletown, Conn., 1968).

❸　原註：例如 Edwin G. Boring, *A History of Experimental Psychology* (New York, 1929).

❹　原註：M. G. Ash, "Wilhelm Wundt and Oswald Kulpe on the Institutional

乃是一個跨學科的事業，只有透過多學科角度的探查，才能窺盡其複雜。就此而言，當前各方的努力，預見了未來會比過去更加收穫豐盈。

後 記

本章原先發表於 Robert Calfee 和 David Berliner 編輯之 *Handbook of Educational Psychology* (New York, 1996)。從那之後引出了歷史教學的全新工作。此一工作之集成包括 Peter N. Stearns, Peter Seixas, Sam Wineburg, *Knowing, Teaching, and Learning History: National and International Perspectives* (New York, 2000) 及 James F. Voss, Mario Carretero, *Learning and Reasoning in History* (Portland, Oreg., 1998)。也可見於 *Journal of Narrative and Life History* (1994, no. 4) 以及 *Culture & Psychology* (1994, no. 1) 的專刊，兩者皆由 James V. Wertsch 編輯。最新的文評有 Richard Paxton, Sam Wineburg 合撰的短文："History Teaching," in the *Routledge International Companion to Education* (London, 2000); Suzanne M. Wilson, "Review of History Teaching," in Virginia Richardson, ed., *Handbook of Research on Teaching* (New York,

Status of Psychology: An Academic Controversy in Historical Context," in W. G. Bringmann and R. D. Tweney, eds., *Wundt Studies* (Toronto, 1980), 396–421; Steven Toulmin and David E. Leary, "The Cult of Empiricism in Psychology, and Beyond," in David E. Leary and S. Koch, eds., *A Century of Psychology as Science* (New York, 1985), 594–617.

2001)；以及 James Voss's "Issues in the Learning of History," *Issues in Education: Contributions from Educational Psychology* 4, no. 2 (1998), 163–209。這裡提及的評論只有少許更新，乃為一般讀者而編。

2

歷史對學生的挑戰

閱讀歷史文本——
評注學校與學院的斷裂

威廉・威爾寇斯 (William Willcox) 在一篇討論閱讀歷史文本的文章中，要求我們衡量兩份對巴士底監獄風暴的記述，一個出自於舊政權人士之手，一個出自於革命激進派雅克賓 (Jacobin) 的成員：

> 不管這兩人的態度都多麼誠實，他們對同一件事的描述明顯有別。歷史家自己從不能親睹事情本身，做到如蘭克著名的說法：如實直書 (wie es eigentlich gewesen)；他只能透過目擊證人觀看，依賴目擊者的眼睛、情感，一如依賴他們的書寫。這不是說史家一定會濡染目擊者的偏見，恰恰相反。但他必得了解這些偏見，才能加以利用。❶

要求面對資料時「了解其中偏見」，是歷史學者在反思性的書寫中普遍所見。但如同過去的行會 (guild) 那般，歷史學者對於如何進

---

❶ 原註：William B. Willcox, "An Historian Looks at Social Change," in A. S. Eisenstadt, ed., *The Craft of American History* (New York, 1966), 25.

行此項工作卻很不尋常的三緘其口，頗令人遺憾，因為反省的過程並非不證自明的。❷例如：史家如何將情感注入所閱讀的那些冷冰冰的文獻？如何讓已經死去上百上千年的人物發聲？至於在歷史課上那些最常把歷史文本看成教科書的學生，又會如何做？他們也能進行文本活化的工作嗎？學生是否能夠明白他們不只依賴作者的理智分析，也依賴作者的心靈情感？

為了尋求這些問題，我藉由一些歷史學者與高中學生檢閱一系列的歷史文件時的「邊想邊說」(thought aloud) 進行研究。以下我首先概述我從歷史學者所見，勾勒那些訓練有素的歷史讀者大致的圖像。接著以此比較和分析閱讀同樣文件的高中生如何回應，然後試著推斷兩者反應所以不同的根源。最後我將從這份研究中歸結一些簡要建議，幫助我們思索學校課程中歷史科的定位。

---

❷ 原註：對於有關「如何」之類的歷史書本的舉隅，見 Henry Steele Commager, *The Nature and Study of History* (Columbus, Ohio, 1966); Wood Gray, *Historian's Handbook: A Key to the Study and Writing of History* (Boston, 1959); Allan Nevins, *Gateway to History* (Chicago, 1962); or R. J. Shafer, *A Guide to Historical Method* (Homewood, Ill., 1969). 當 Gary 聲稱閱讀原始文獻憑藉的是「某種可幫助〔史家們〕偵測徵兆的第六感」時，他將如此的技巧披上一股神秘主義的色彩 (p. 36)。在此趨勢之外，尚有兩個值得注意的觀點 J. H. Hexter, *The History Primer* (New York, 1971), and James West Davidson and Mark Hamilton Lytle, *After the Fact: The Art of Historical Detection* (New York, 1982).

一、熟練的歷史閱讀

　　我先說明歷史學者與學生的閱讀如何開始的。我和八位歷史學者坐下來，教他們閱讀有關革命戰爭中的首役萊辛頓戰役 (Battle of Lexington) 的文獻資料時如何「邊想邊說」（隨後，八個高中生也是同樣程序，容我之後詳談）。邊想邊說的手法是去要求人們解決複雜的問題或閱讀複雜的文本時，說出他們的想法。這種方法與實驗性研究有所區隔，鎖定的是認知的中間過程，而不只是認知的結果。它也與其風評不好的前身：「內省 (introspection)」法有兩點差異：一是要求參與者報告顯現在記憶中的想法，而非幾分鐘或幾天之後；一是要求參與者以口語方式陳述想法的內容，而不是促生想法的過程。❸

　　我特意徵求不同專長和背景的歷史學者。❹有些學者固然精通美國殖民時期，但有些人，例如一個日本史專家和一個中古史專家，

---

❸　原註：關於此邊想邊說的方法論及其基本理論，更仔細的討論可以參見 K. Anders Ericsson and Herbert A. Simon, *Protocol Analysis: Verbal Reports as Data* (Cambridge, Mass., 1984). 也可見於另一本非常有用的書 Michael Pressley and Peter Afflerbach, *Verbal Reports of Reading: The Nature of Constructively Responsive Reading* (Hillsdale, N.J., 1995).

❹　原註：在我研究的八位歷史學者當中，六位擁有博士學位，兩位是博士候選人。四位學者自認是美國史研究者（並且曾經教授美國史），另外四位則否。在博士的訓練方面，他們分別來自以下的機構：威斯康辛大學（三位）、史丹佛大學（兩位）、加州福尼亞大學柏克萊分校（兩位）、哈佛大學（一位）。

所知道的少少的美國革命歷史，是來自高中時期的記憶。我搜集的
文本同樣地多樣化，從目擊者的記述、報紙的文章，到很少在歷史
研究中被使用的材料，例如學校教科書的一段話和一段歷史小說。❺
除了請歷史學者邊想邊說之外，我也要求他們就歷史資料而言是否
可靠的這個標準來評定每份文獻。

　　第一份文獻的閱讀是為了其他七份文獻閱讀做準備。這是麻州
州議會議長約瑟・華倫 (Joseph Warren) 於 1775 年 4 月 28 日，寄給
當時在倫敦的殖民地代表富蘭克林 (Benjamin Franklin) 的一封信。
在萊辛頓血戰之後，華倫搜集了一些目擊者的證詞，另外附上一封
信函，包起來一齊寄給富蘭克林。信函中，他描繪萊辛頓事件「象
徵了首長的報復 (針對麻薩諸塞灣殖民地)，因為此地一如它的姊妹
殖民地，拒絕臣服於奴役的對待下。」❻ 一位美國原住民史專家、
而且鑽研殖民時期的傑克 (Jack)，讀到這段話並說道：

　　　　我想到一本我讀過由瑞可夫 (Rakove) ❼ 寫的書，提及彼時的

---

❺　原註：這些文獻的全文，以及其所遵循的方法和步驟的細節，見 Samuel S. Wineburg, "Historical Problem Solving: A Study of the Cognitive Processes Used in the Evaluation of Documentary and Pictorial Evidence," *Journal of Educational Psychology* 83 (1991), 73–87.

❻　原註：Warren 的附信可見於 Peter S. Bennett, *What Happened on Lexington Green?* (Menlo Park, Calif., 1970), 20. 有關 Warren 的宣傳技巧，詳見 Arthur B. Tourtellot, *Lexington and Concord: The Beginning of the War of the American Revolution* (New York, 1963), 212–36.

❼　原註：Jack 此處所提到的是 Jack N. Rakove 的專題論文, *The Beginning of*

問題之一即是集結各殖民地，並試圖達成團結。所以「一如它的姊妹殖民地拒絕」這句話是用來呼籲其他團體。

這段評論的微妙之處容易為人忽略。首先，這不是歷史學者閱讀後對文本字面上的評論，因為文本中並沒有說到殖民地混亂或不團結。其次，這段話把這封信看成一種「呼籲」(appeal) 或許合理，但這封信原是寄給富蘭克林，並希望它能在英國國會議員之間傳布，因此字面上的訴求對象是大英帝國。所以傑克看到的其實並未呈現在白紙黑字上或在表示文本觀點的圖表中。對他來說，最重要的不是文獻說了什麼，而是文獻做了什麼。

那麼，根據傑克，這封信件做了什麼呢？首先，這個文本闡明萊辛頓的對抗並非緊張的農人和疲倦士兵之間小小的爭吵，而是一次具有重大意義的交會——亦即英國國王和北美十三殖民地代表之間的致命對撞。對傑克來說，「一如它的姊妹殖民地拒絕」這句話含有兩種用意，一是提供如何看待戰役中八個人死亡的參考架構 (frame)，一是要求巴爾的摩或薩凡納兩地的讀者（這份文件也會在這兩處散布）把他們的命運聯結於北方的兄弟們。換言之，它的「訴求」不僅一方面意在挑動倫敦那邊的情感，也還意在集結家鄉的力量。

所以這位歷史學者所理解的並不是文本的字面含義，甚至也不是我們平常所謂的文本推論，而是潛在文本 (subtext)，一種文本所隱藏和潛存的意義。歷史文件的潛在文本可以分成兩種不同而又相關的領域：文本之為修辭成品 (rhetorical artifact) 和文本之為人造成

National Politics (New York, 1976).

品 (human artifact)。在第一個領域，文本之為修辭成品，歷史學者嘗試重新建立作者的目的、意圖和目標。但是潛在文本不只限於重構作者的意圖，也不只是把使用語言當作游說的一種工具。事實上，很多潛在文本包含著一些與作者意向不一致的元素，使作者自己原本沒有意識到或希望隱匿的信念浮上表層。這些層面因此就落入了第二個領域，也就是文本之為人造成品，把文本視為架構現實，並且揭露作者的假設、世界觀以及信念。這種讀法是從作者所使用的文字，跳升到作者是哪種類人。這種閱讀法的眼界下，文本不是用來描述世界，而是用來建構世界。

我們再回到傑克閱讀華倫的信。傑克要看出這封信是對其他殖民地的呼籲，他需要知道什麼呢？顯然，他需要知道獨立革命戰爭的二手資料——的確，他就引用了歷史學者傑克・瑞可夫 (Jack Rakove) 的專論。但是我研究的八位學者當中有些並無這些細節知識，也無法確切辨認薩拉托加 (Saratoga) 戰役、❽實質代表權 (virtual representation)、❾《湯森法案》(*Townshend Acts*)、❿《1763 年公

---

❽ 譯註：發生於 1777 年 10 月的一場關鍵戰役，是美國獨立戰爭中的轉折點。在此戰役中，蓋茲將軍指揮的美國部隊與民兵擊敗了伯格因 (J. Burgoyne) 所率領的龐大英軍，由此消除了來自加拿大的英軍的威脅。

❾ 譯註：實質代表權的觀念係指國會代表們在立法之時，不僅代表其各自選區的民意，而是代表全國人民的集體利益。英國首相喬治・葛瑞維爾根據此概念，指出儘管殖民地人民沒有投票權，英國國會仍然可以合法地向他們徵稅。

❿ 譯註：英國國會在美洲殖民地反抗印花稅成功後，1767 年英國財政大臣查理斯・湯森 (Charles Townshend) 倡議對殖民地從英國進口的五種商品（玻

告》和內部徵稅等問題（這些是來自一本美國史教科書內複習題庫那章的配合題，也有的是我在研究中給歷史學者做的小測驗）。**⓫**但即便這些「所知不多」的歷史學者，我們也看到了他們閱讀文件時所表現的同樣取向，即使不是同樣的精準。例如專攻中世紀研究的弗瑞德 (Fred)，對華倫信件的評論如下：

> 它是試圖讓那些在英國的人以殖民地立場看待事情的一種方式；文中雖然仍表達對國王的忠誠，卻也說出政府這次糟糕的行徑。它明白表示英國正規軍在萊辛頓犯下暴行之罪——它不只在重述事件，而是要從王室與其殖民地政府的關係來檢視事件，而政府與王室兩者並不相同。

　　弗瑞德儘管缺乏美國殖民史的事實性知識（他只能回答三分之一的配合題），他的閱讀卻與更熟知此時期的同僚十分接近。對弗瑞德來說，文件不只中立地陳述事件，而是嘗試去「影響人們的意見」，去向英國再次保證，即使發生了萊辛頓的流血事件，殖民地人士仍然宣誓「對國王效忠」。**⓬**依此讀法，這封信從王室與其政府關係的角度來「架構事件」，而殖民地人士雖然對前者表示忠誠，卻也

璃、油漆、鉛、紙和茶葉）課徵關稅。此法案由於受到殖民地居民的反抗，其中除了茶葉之外的四項稅目於 1770 年遭到廢除。

⓫ 原註：這些配合題係引自一本主流的美國史教科書：Lewis Paul Todd and Merle Curti, *Rise of the American Nation* (Orlando, Fla., 1982).

⓬ 原註：這些是弗瑞德針對華倫的問候「各位朋友與各位國民」所作的回應。

對後者提出控訴。易言之，華倫的信把罪責按在國王所任用人員的身上，因此免除了國王的罪過。

在這兩種閱讀中，字面文本只是歷史家所了解文本的外殼。文本不是用來傳達訊息、講述故事、也不是用來糾正錯誤的記錄。相反的，它們是模稜兩可的、隱晦的和多變的，反映著真實世界的不確定和含混不明 (disingenuity)。文本是以「語辭行為 (speech acts)」❸的方式呈現，文書帛紙載入的社會互動只能透過重建事件發生的社會脈絡才能理解。對文本的掌握得越過字詞文句，去擁抱意圖、動機、目的和計畫——而這些同樣是我們用來解讀人類行動意義的觀念。

二、學校文本的閱讀

把文本看成語辭行為，這可以適用於我給歷史學者看的原始資料，但是學校的文本呢？表面上，學校中的文本與歷史學者檢閱的那些明顯有爭議性的文獻截然不同。學校文本的書寫看起來為的是供學生閱讀並且記住相關資訊，❹它們歸屬於不同的類別，似乎不太容易進行潛在文本的閱讀。為了驗證這點，我讓歷史學者讀一段

---

❸　原註：John Searle, "What Is a Speech Act?" in Max Black, ed., *Philosophy in America* (Ithaca, N.Y., 1965), 221–39.

❹　原註：儘管教科書的作者原本是想寫出清楚易懂的文句，結果卻往往適得其反。關於從認知心理學的觀點對歷史教科書所作的評論，見 Isabel L. Beck, Margaret G. McKeown, and Erika W. Gromoll, "Learning from Social Studies Texts," *Cognition and Instruction* 6 (1989), 99–158.

美國歷史教科書的摘錄：

> 1775 年 4 月，麻州的軍事首長蓋奇 (Gage) 將軍派出一批部
> 隊占據了距離波士頓不遠的康考特 (Concord) 軍用物資儲藏
> 地。在萊辛頓，一群「嚴陣以待的農夫」，他們從保羅·瑞維
> 爾 (Paul Revere) 那兒獲得消息，企圖阻擋通路。這些「反叛
> 者」被命令解散，但他們依然堅守陣地，拒絕服從。英國人
> 於是連續開槍射殺了八個愛國者。就在快騎保羅·瑞維爾把
> 這件暴行傳播到臨近殖民地不久之後，所有新英格蘭的愛國
> 者，雖然人數不多，已經準備好與英國人作戰。而即使遙遠
> 的北卡羅納，愛國者也組織起來抵抗了。❶❺

　　我們要求參與者以相對可信度來評定八份資料，歷史學者把這
一份資料排至最後，甚至還不及霍華德·法斯特 (Howard Fast) 小說
《四月之晨》(*April Morning*) 的一段摘錄來得可信。這是有道理的，
因為上段敘述與英美兩方的原始資料都有衝突，雙方資料都未描繪
這些小人物「堅守陣地」或「阻擋通路」。而除了注意到事實不一致
之外，歷史學者還細緻地建構了這段資料中潛在文本的隱含意義。
弗瑞德的評論可為代表：「（這份摘錄）誇大了開戰前我方人民的英
雄主義和決心毅力。說他們消息靈通，善騎快馬，並堅守陣地。」
　　學生的反應卻不一樣。我得先說明參與研究的八位學生並不是

---

❶❺　原註：Samuel Steinberg, *The United States: A Story of a Free People* (Boston,
　　1963), 92. Reprinted in Bennett, *What Happened*, 31.

一般普通的學生，他們 SAT 的平均分數高達 1227，遠高於準備念大學的高中畢業班學生的平均分數 。他們的年級分數平均 (GPAs) 也同樣傑出，平均 3.5，而且有兩位維持 4 級的滿分。不止如此，這些學生相較於他們同儕，還懂得很多歷史。八位學生都修了四年的歷史課程，而且與國家教育進步評估 (NAEP)❿針對歷史測驗中全國性樣本評估做比較，他們的成績也明顯高出許多。總之，這些學生是我們教育體制下的成功模範。

　　德瑞克 (Derek) 是一名進取心強、準備進大學的高中生，⓱他的回應很能發人深省 。德瑞克保持了 GPA 測試 4.0 的完美等級，SAT 的口試成績 630，並且我與他面談的時候，他正申請修習美國歷史課程的大學先修班 (Advanced Placement)。當我聽了他的回答，再進一步分析他的回應內容，我為他十足表現出教育著述中所描述優良讀者的那些特質而震驚不已。例如當他解析意義時，會小心翼翼地審視自己的理解，並且運用諸如回溯整理的讀書策略；也會在瀏覽完每個段落時停留和摘述註記；他也會試著把現在所讀和過去所知連結起來。⓲雖然如此，在檢閱的八份資料中，這段教科書摘

---

❿　原註：Diane Ravitch and Chester E. Finn, Jr., *What Do Our 17-Year-Olds Know? A Report of the First National Assessment of History and Literature* (New York, 1987), 267–69.

⓱　原註：這就是第一章裡曾簡短提及的那名學生。

⓲　原註：有時既有的知識會妨礙德瑞克對歷史事件的理解。我在下文中探討了既有知識的負面效應：Samuel S. Wineburg, "Probing the Depths of Students' Historical Knowledge," *Perspectives: Newsletter of the American Historical Association* 30 (1992), 20–24.

錄卻是他列為最可信賴的文獻。儘管他擁有優良的閱讀技巧和深度的事實認識，德瑞克相信教科書的摘錄才是「如實地報導事實──『反叛者被命令解散，但他們仍堅守陣地，拒絕服從。』有如新聞報導那樣，簡潔地說出所發生的事。」這種回應並非特例，另一個學生也描述教科書的特性是提供「明確的資訊」，中立地記述在萊辛頓綠地所發生的事。對這些學生來說，教科書的呈現，而非目擊者的陳述，才是原始資料。

　　大體上學生都能輕易整理出文獻的主要概念，可以預知接下來的內容，並找出文本中的訊息，以及回答關於文本的字面與推斷的問題。然而當分析教科書的時候，幾乎沒有學生意識到，課文將萊辛頓的情況定位為具有暴力傾向的事件，而且會促使人聯想其他的「暴行」──像是納粹大屠殺 (the Holocaust)，美國在越南麥萊村 (My Lai) 的屠殺，柬埔寨人民共和國 (Kampuchea) 對其人民的大屠殺。沒有學生解釋引文中「反叛者」一詞加上引號的意思，或是揣測作者如此使用的意圖。學生看來不太能察覺到「嚴陣以待的農夫」和喬治國王軍隊是對比陳述，那是一種用來促使我們支持弱者的對比書寫。不同於歷史學家，沒有學生對描述殖民地人士的用詞一直改變有所評論，也就是從「嚴陣以待的農夫」到「反叛者」，然後再卸掉引號，以「愛國者」的形象出現。沒有學生注意到文本遮掩了誰開第一槍，倒去建構出「反叛者──堅守陣地，拒絕服從」以及「英國人於是發射子彈」兩個陳述的因果關係。簡言之，學生沒法看出文本是可以被巧妙運用、成為達成某種社會目的的利器。

　　我們不應該過度批評學生，因為文本的這些面向雖然在熟練的

歷史閱讀中占據要位，卻很少在學校課堂內講述，也很少見之於有關閱讀理解的教育或心理文獻。**⓳**例如一篇討論熟練閱讀的文章設定了一套「閱讀失敗的類目表」，列舉出閱讀過程中可能出錯的地方。文章作者舉出：無法理解字義、無法理解句義、無法理解句子之間的關聯、以及無法理解整個文本如何連接等等問題。但是，該文對於無法理解作者的意圖、無法掌握文本爭議性、無法覺察字句的弦外之音（不只是直接指涉的意義）、無法將文本置於學科基模中來察看，或是無法處理在閱讀歷史文獻時難以迴避的一堆事情等等，都不見提起。同樣的，這些閱讀的面向也在研究者把目光投向「理解檢測」(comprehension monitoring) 法時為人忽略。因為熟練的理解往往被視為相對來說是一個順暢、自動的過程，而理解檢測常被當作或可稱之為「閱讀的醫療模式」，亦即當讀者閱讀發生困難或陷入泥淖時會做的事。

　　例如，安娜瑪琍·巴琳卡 (Annemarie Palincsar) 和安·布朗 (Ann Brown) 就認為熟練的閱讀相對而言是自動的過程，直到「某一促發事件警示閱讀者出現了理解障礙」。當此之時，專業的讀者必須「放慢腳步，並且採取特別的程序來面對問題區塊。他們必須運用耗時耗力的障礙排除法或是積極面對的策略。」**⓴**不過，對於那

⓳　原註：William S. Hall, "Reading Comprehension," *American Psychologist* 44 (1989), 157–61.

⓴　原註：Annemarie Palincsar and Ann Brown, "Reciprocal Teaching of Comprehension-Fostering and Comprehension-Monitoring Activities," *Cognition and Instruction* 1 (1984), 117–75. 亦見 Alan Collins and Edward E.

些有更大的修辭性和社會性目的的文本來說，讀者也會「放慢腳步，並且採取特別的程序」，其理由，我們更必須去理解。例如，當碰到意涵豐富和觀念深厚的歷史文本的時候，讀者會放慢腳步，原因不是他們無法理解，而正是理解這個行為要求他們得停下來開始與文本「對話」。這即是羅蘭・巴特 (Roland Barthes) 區別「讀者的 (readerly, *lisible*)」文本與「作者的 (writerly, *scriptible*)」文本背後的要點。❷ 讀者的文本是指傳達不具爭議、訊息清楚的傳統資料，就像如何換汽車機油或火山如何噴出熔岩等等。這種文本符合日常中對意義的期待，且文本的理解過程通常是被動的、自動的。作者文本就不同了，大衛・哈蘭 (David Harlan) 如此說：

（它）挑戰了讀者的文本那種孤立意義和發現意義的慣性。為了發現「作者的」文本中的意義，讀者必須親自進入文本，必須主動參與任何被擷取的意義其建造的過程。❷

熟練的歷史讀者要如何進入文本，「主動參與意義建構的過程」

Smith, "Teaching the Process of Reading Comprehension," in Douglas K. Detterman and Robert J. Sternberg, eds., *How and How Much Can Intelligence Be Increased* (Norwood, N.J., 1982), 173–85.

❷ 原註：Roland Barthes, *S/Z* (New York, 1974). 亦見 Barthes 有關歷史文本之本質且頗具啟發性的文章觀點："Historical Discourse," in Michael Lane, ed., *Introduction to Structuralism* (New York, 1970), 145–55.

❷ 原註：David Harlan, "Intellectual History and the Return of Literature," *American Historical Review* 94 (1989), 597.

呢？他們如何一面閱讀又一面「書寫」文本呢？方法之一是透過內省方式來模擬心理內在的過程。用普通的話來說，就是透過與自己對話，就像假想在思量別人那樣。❷對閱讀過程觀察敏銳的人士早已注意到這個現象。例如渥克‧吉卜森 (Walker Gibson) 在一篇有先見之明的文章即已預見後來流行的 「讀者回應理論」 (reader-response theory)，他宣稱：我們閱讀文本時會扮演兩種讀者，一個「真實讀者」，一個「模擬讀者」。❷真實讀者會在閱讀過程中全面監測意義的建構。而模擬讀者則允許他（她）自己進入文本中感受修辭手法的效果，並且體驗由精妙韻文所引發的各種聯想。當文本是直白而且沒有疑義，那麼真實和模擬兩種讀者的距離會很小——真的，甚至沒有距離。但是其他文本的話，真實和模擬兩種讀者則會產生分裂，而當兩者距離過大時，真實讀者到頭來就會介入並且決斷地說：「夠了，這份文本並不可信。」

　　真實與模擬讀者的聲音在歷史學界的書寫記錄單 (protocols) 中都可聽到，但除此之外，還可聽到其他的聲音。歷史閱讀所以複雜，是因為這個事實：歷史家很少是他們檢閱的文獻原本預期的讀者。身為別人「交談」的竊聽者，史家必須嘗試了解作者的意圖和讀者的反應，並始終在估量他們對彼此交流的反應。說實在的，有時模

---

❷ 原註：See Lev S. Vygotsky, *Mind in Society*, ed. Michael Cole, Vera John-Steiner, Sylvia Scribner, and Ellen Souberman (Cambridge, Mass., 1978).

❷ 原註：Walker Gibson, "Authors, Speakers, Readers, and Mock Readers," *College English* 11 (1950), 265–69. 亦見 Louise M. Rosenblatt, *The Reader, the Text, the Poem* (Carbondale, Ill., 1978), 131–75.

擬讀者會變成模擬的作者，投身其中，與早已離世的原作者重寫一份文件。表 3.1 展示了這種程序中的動態互動。

　　愛麗絲 (Alice) 是出身威斯康新 (Wisconsin) 大學的十七世紀英國史專家，她同樣讀了喬治・華倫附給富蘭克林的信件。表 3.1 即是她記錄單的摘引。前三行是一堆代名詞，顯示閱讀歷史的複雜性：這些人是誰？記錄單從這位歷史學者以真實讀者（第一行）身分開始，她承認自己已經在評論這份文本的特別面向。但是到了第二行她很快就轉成了模擬讀者，與華倫（如第二行的主詞「我們」和第三行的受詞「我們」）共同建構文本，向他們共有的讀者說話——不是用「他們」，而是「你們」，即大不列顛的居民，以及後來的喬治國王本人。第四至七行進一步凸顯真實與模擬讀者之間的來往流動。第四行中，模擬讀者就開始揭露「已經激起敵意」這一句話的潛在文本。真實讀者一面監督模擬讀者，並且進行澄清：「這是一種訴說方式」，但她隨即跳回到模擬讀者的發言——「我們是忠誠的同胞百姓」（第五至六行）。下一節（第八至三十行），我們發現一段屬於真實讀者的明確陳述，她正在建構文本中沒有直接顯現的訊息。而在這裡「你」又是指向模擬聽眾，這位歷史學者（站在華倫的立場發聲）向他們提供了有如在現場的潛在文本的評論。在第三十一至三十九行中，這位學者總結她讀到的（「文中並沒有說他們……」），但也增添了一些詮釋性的用詞如「所謂」（第三十一行）。在最後一節的評論（第三十九行），愛麗絲從檢視文本轉到總結潛在文本，而且再次採取模擬讀者的發言：「我們就如一群小羊那樣無辜」。

表 3.1

愛麗絲讀華倫信件的摘錄

信件的內容	筆記摘錄
朋友與同胞臣民們：	1. 又來了，在這我又得處理修辭了， 2. 你知道，我們知道一旦你知道 3. 真相，你就會同情我們。
蓋茲 (Gage) 將軍統領的軍隊已經激起殖民地人民的敵意了	4. 這裡我指的是誰真正挑起這些仇恨。 5. 這是一種訴說方式，你知道，說我們是忠誠的 6. 同胞百姓，但你知道，看看 7. 在這位首長下發生了什麼事。
並且提早、真實和可靠的說明，好讓你知道這個不人道的事件，至為緊要。	8. 再來，在字裡行間我們讀到的是，或者 9. 你根本看不到任何說明，你 10. 知道，因為消息都被扣留了（不清楚）， 11. 或是你得到的不是真實的說明，或是 12. 你得到的不是可靠的說明，而 13. 此刻我要告訴你那是一件 14. 「不人道的事件」。在此可以推測， 15. 這又是一種修辭法，也就是說，如果 16. 你已經知道，你可能不是真的知道 17. 因為你得到的不是真實可靠的 18. 記述，要不你就會看到這是如何的不人道 19. 因此再次，你就又會站在他們那一邊。

	20.這裡假定你是我們的伙伴
	21.我們確實有共同的敵人，
	22.這個敵人就是當地的首長
	23.他也許沒有提供你真實可靠的
	24.說明，並且還試著阻止
	25.相關資訊讓你知道，或是至少試著
	26.藉由某些訊息使得
	27.你並不知道事件有
	28.多麼不人道。再來，「處在驚慌
	29.之中，」又是在此強調
	30.急迫感。
根據有關這個事情最清楚的證詞所見，4 月 19 日的前一晚——萊辛頓鎮——	31.又來了，這些所謂的居民，
	32.你知道，在說明中絕對沒有
處在驚慌之中，並且一些居民那時已聚集起來；要前往康考特的正規軍，正朝向萊辛頓鎮前進，當軍隊靠近的時候，聚集的群眾便開始散去。	33.做什麼事去引起任何的軍事
	34.行動。他們只是居民，文中並沒有說
	35.他們要武裝起來，並沒有說他們
	36.要從事軍事行動，並沒有說他們有
	37.做出立即的挑釁的事情，當他們
	38.碰到正規軍的時候，他們就解散了。
	39.換言之，我們就如一群小羊那樣無辜。
兄弟們，這些都是象徵了首長針對此殖民地的報復，因為它一如它的姊妹殖民地，拒絕臣服於奴役的對待下，但是——	40.「報復」是很強烈的字眼，是典型的加油添醋。
	41.加油添醋。
	42.注意「在同胞中我們並不孤單」（哈哈）。
	43.一個意味深長的「但是」——，你仍有

	44.時間介入，我們仍是忠誠的，但我們
	45.受到嚴重壓迫，我們仍然使用「皇家
	46.主權」，我們仍是國王的同胞臣民。

註：表格內灰底的文本是愛麗絲邊想邊說的部分原始資料文件。

這一段節錄中，閱讀類似於社會交換行為裡的給予和取得。首先我們聽到華倫的聲音，他闡釋著生硬文字背後的真實訊息。其次有個「你」，即是大不列顛的公民或喬治國王本人。接下來是「我們」，這指向歷史學者作為模擬讀者，與華倫共同建構文本。最後，有個真實讀者「我」，有如舞臺導演，負責這些心理角色的演出，主導那些臺詞，監督他們所說，並且最終留意到她自己的了解與模擬讀者之間的落差。而這個「我」最後發現自己的想法有別於那些她所創造出來角色的想法時，還失控的笑了出來。

書寫文字無法捕捉到這種閱讀特有的嘲諷要素。這種打趣頑皮的閱讀兼有玩笑和嘲諷，它採行模擬英雄和模擬悲劇的聲音，最後因為真實和模擬讀者變得疏離，而難以認同彼此時，竟至大笑出來。確實，這位歷史學者在第四十二行的笑聲即暗示這一斷裂。她在其中的闡述，以一種誇張戲劇性的滑稽仿作，將模擬讀者變成了嘲笑的對象。

在這裡，閱讀已超越了作者－讀者的對話而更包容到一系列的交談互動——真實與模擬讀者之間、模擬作者與模擬聽眾之間、模擬讀者和模擬聽眾之間，以及任何一個這些角色與真實讀者的「我」

之間的交流。這並不是單一主導者由上而下的程序，成熟的歷史讀者會在他們腦中創造一個「執行委員會」，其中的成員會為了爭議之處吵鬧、大叫與角力。㉕文本與其「加工」，更應該使其復活。在當前有關閱讀的討論中多半賦予讀者是資訊加工者或電腦機具的形象，這似乎還不如另一個比喻來得恰當：讀者有如通靈師。

　　為了說明讀者如何從殘存的文本重建作者，㉖我要來描述另一份我所使用的資料，即 1775 年耶魯學院 (College) 校長耶若‧史泰勒斯 (Ezra Stiles) 的一則日記。史泰勒斯不僅寫出他身為學院行政主管的生活，也詳細敘述了那個時代發生的大事。關於萊辛頓事件他的一則日記寫道：「皮特凱恩 (Pitcairn) 少將（即英國指揮官）是個好人，卻做了件壞事，他直到死前，始終堅稱是殖民地人士首先開槍——雖然他清楚表明他沒有看到誰先開火，然仍堅信是農夫們 (peasants) 幹的。」㉗對此，一位日本史的專家瑪琍 (Mary) 如此評論：

　　　　耶若‧史泰勒斯所謂的民主，卻似乎有一種濃厚的階級歧視
　　　　者的氣習。我的意思是，可以認為皮特凱恩與史泰勒斯來自
　　　　同一階級。也許不是，但是兩人都因為他們的教養而成為耿

㉕　原註：這個觀點來自 Alan H. Schoenfeld，他在與專業數學家共事時發現了一個類似的現象。見他的 *Mathematical Problem Solving* (Orlando, Fla., 1985), 140–41.

㉖　原註：Dominick LaCapra 說史家「與過去『交談』」，並且和「逝者之間進行對話，這位逝者藉著所以遺留的『文本』而被重現。」見他的 *History and Criticism* (Ithaca, N.Y., 1985)。引言出現於 p. 37。

㉗　原註：F. B. Dexter, ed., *The Literary Diaries of Ezra Stiles* (New York, 1901).

直的人，所以說他是「一個好人，卻做了壞事」。我從史泰勒
斯的某些用詞有此感覺——我並不知道他的背景，我推測他
不是來自貴族，但很可能受過良好的教育，或許很可能是教
士，以他在十八世紀後期得以任職耶魯校長來看，那時候這
些人多數是神職人員。所以他即使不是貴族，也是這種教育
出身。但皮特凱恩應該是，因為直到二次世界大戰以前，我
相信大多數的英國指揮官，或者說英國官員都是出身某種貴
族階層。❷❽

　　依據瑪珥的閱讀，耶若‧史泰勒斯是個「階級歧視者」（基於他
自負的腔調和使用「農夫」一詞），是個神職人員（依據文本中的線
索以及她自己的背景知識），受過良好教育但或許不是貴族階層的一
員，也是個虛矯之士（因為看到他一方面的愛國主義，一方面指稱
他的愛國同胞為「農夫」）。在其他地方瑪珥討論的是史泰勒斯的寫
作動機，但在這兒她評論的不是該作者的意圖，而是他這個人。同
樣的，一位葡萄牙在美洲新世界的殖民史專家湯姆 (Tom)，讀到史
泰勒斯的日記時，聲音低沉下來，嘴巴搖晃的筆桿好像是咬著煙斗
一樣：

　　　我正在想（聲音沉下來）：一位耶魯君子想要說些什麼，你知
　　道的，（聲音又沉下來）「皮特凱恩少將是個很好很好的好
　　人。」我想這是出自理智的聲音，是屬於常春藤聯盟聖公會

---

❷❽　原註：為了提高可讀性，這段引言已經過稍微的修飾。

會有的觀點——「農夫」——真是個重要的字眼——我這裡
針對的是我們讀的美國革命史。畢竟他們被認為是一群勇於
保衛自身權利的自耕農,而這裡說話的是耶魯的校長——他
的祖先來自英國,並且掙得足夠錢財送他到耶魯念書,而且
讓他當上耶魯校長——就是這樣一位菁英在談論農夫。㉙

這兩人閱讀中,文本並不是無生命的一串事實,而是可以揭露人們
氣性的關鍵:人的好與惡,偏見與缺點,惺惺作態與信念主張等等。
文字有其質感和形貌,而且正是這些幾乎可觸及的特質能讓讀者形
塑出使用這些文字的作者形象,亦即依據閱讀的脈絡和讀者個人的
取向,那些形象會被審視、嘲諷、讚美或輕視。這樣的閱讀中,作
者,如同文本,都是被解讀的對象。

　　但反過來也是真的:一如讀者解讀作者,文本也解讀讀者。因
為文本呈現的是一些潛在力量的交錯,而不是一套永恆固定的意義。
我從邊想邊說的記錄單所獲知的,關於文本閱讀者的訊息反而比文
本的作者來得多。㉚ 前述的記錄單中,激怒歷史學者的是「農夫」
(peasants) 一詞,一個能喚起農人與菁英階級鬥爭意象的字眼。不管
1775 年耶若・史泰勒斯書寫的原義為何,二十世紀下半葉在哈佛和

㉙　原註:我感謝 David Madsen 指出 Tom 的錯誤:Ezra Stiles 和 Yale 是公理會
　　教友而非聖公會成員。

㉚　原註:有關在不同脈絡下所提出的相似論點,見 Margaret S. Steffensen,
　　Chitra JoagDev, and Richard C. Anderson, "A Cross-Cultural Perspective on
　　Reading Comprehension," *Reading Research Quarterly* 15 (1979), 10–29.

史丹佛大學接受教育的這兩位歷史學者心中，史泰勒斯的農夫成了馬克斯和恩格斯筆下的農夫，他們聯合都市的無產階級一齊推翻布爾喬亞階級。但是，一旦去查《牛津英文詞典》中「農夫」一詞過去的用法，我們發現這個詞可以只是指稱「一個從事於土地工作的人，不管是小農或是勞工——他們主要以勞力和家務所得維生。」那麼，耶若‧史泰勒斯的農夫到底是什麼意思呢？

無疑的，把寫於 1775 年的「農夫」含意附會於十九世紀下半葉寫成的《資本論》大有問題。事實上，有人可以反駁說兩位歷史學者搞錯了：史泰勒斯並不在區分富人與窮人，特權階級與受壓迫者，農民與菁英，而只是分別城市與鄉野，分別像他這樣以主持校務維生與以汗水謀生的農民而已。

但是，問題並不這麼簡單！《牛津英文詞典》還列舉「農夫」一詞在史泰勒斯時期以致於更早的用法。早在 1550 年，此詞就帶有貶義，暗指無知、愚蠢和粗野的意思，常會輔以一些類似「粗鄙無禮」的形容詞，而且與「懦夫」和「無賴」等詞彙相併列。所以問題仍然是：史泰勒斯心中所想的難道只是一般的農民 (farmer)，而沒有其他？或者是把他們看成無知之徒，與尊貴的皮特凱恩將軍有天壤之別，後者畢竟「是個好人，卻做了壞事」？

要解決這種困境，有些歷史學者會建議我們應該丟掉現代主義的觀念，把自己沉浸於昔日的語言中，感受過去人物的感受，理解他們（而非自己）所賦與那些文字的意義。亦即只有斷除我們自己的現況，才能從過去的情境來了解過去。有些歷史學者曾經不遺餘力地這樣做。例如李將軍傳記的作者道格拉斯‧佛利曼 (Douglas

Freeman) 便嘗試限制自己只知道李將軍所知道的事，來重建他的思想，結果他就在這已知和無知的侷限下撰寫傳記。❸

　　毫無疑問，當我們知道「農夫」一詞有多種意義時，我們的理解會隨之豐富，但是這份認識並不會讓我們明白史泰勒斯的「農夫」指的是什麼意思，反而是把問題擴大了。這就是何以讀者心中所建構的作者意象就是一種意象，用卡爾・貝克 (Carl Becker) 的話說，那個意象總是受制於「我們現時的目的、期求、定見和偏見，這些都會進入認知的過程——真實的事件固然有助於形成想像的圖像，但是懷抱著這個想像圖像的心智，也總會有一定的作用。」❷

三、文本的知識論

　　如果比較歷史學者和學生如何閱讀文件，無論我們從哪個標準來衡量，我們都可看到極大的不同。當然，這種不同的本身並不會讓任何人感到震撼，畢竟歷史學者懂得更多的歷史。但是若深一層思考，這種解釋能告訴我們的事情實在很少。認為他們是歷史學者所以「做得更好」的說法，不過是把簡單的歸因當成了解釋。「懂得更多歷史」是什麼意思呢？當一名二十世紀的勞工史學者，或是一

---

❸　原註：見 Henry Steele Commager 在 *Study of History* 中對 Freeman 的討論。Commager 對 Freeman 徒勞的研究取徑作了如下的總結：「對於承認我們能力的有限，以及用現在的眼光看待過去的做法，有許多可以討論的地方，然而最有說服力的莫過：無論我們多麼努力，我們只能如此」(p. 59)。

❷　原註：Carl L. Becker, "What Are Historical Facts?" in Hans Meyerhoff, ed., *The Philosophy of History in Our Time* (Garden City, N.Y., 1959), 132.

名精通十三世紀伊斯蘭典籍的中世紀史學者,坐下來閱讀美國革命,會發生什麼事?

　　人們或許會假定是對主題知識的理解落差而使這兩個群體截然有別,特別是如果把「知識」界定為歷史測試中經常出現的美國革命的人名、日期和觀念。事實上,有兩個高中生比其中一位歷史學者答對了更多鑑定性的問題(例如「什麼是提肯德羅加堡 (Fort Ticonderoga)?」、❸「誰是喬治‧葛瑞維爾 (George Grenville)?」、❹「什麼是《湯森法案》(Townshend Acts)?」),而另一位史學家也只比多數學生多答對了一題。但是懂得歷史比回答出這類問題更加複雜。學生很少看到所讀資料背後的潛在文本,他們對觀點的理解常就限定於文件屬於哪「一邊」,很少比較不同的記述,卻總想找到正確的答案,並且一旦遭遇矛盾時就會慌亂困惑——這些都意味著不僅僅是需要知道人名與日期。

　　我想,兩個群體閱讀取向的不同,可以從他們對歷史研究,或者或可稱為文本知識論的整體信念尋根溯源。對學生來說,閱讀歷史不是為仔細思索作者的意圖、把文本置入某個社會環境,而是蒐集資訊的過程,文本有用是在於它們是資訊的載體。何以如此聰明的學生會無視於歷史學者一眼就看出的潛在文本呢?答案或許就在第二世紀教父特土良 (Tertullian) 的一句格言中。特土良認為 《聖

---

❸　譯註:十八世紀建於紐約州的大型堡壘,是英方的軍事基地。此堡壘控制著哈德遜河河谷和聖勞倫斯河河谷之間的貿易路線。

❹　譯註:喬治‧葛瑞維爾 (George Grenville, 1712–1770),英國惠格黨政治家,曾任英國首相。

經》解讀的首要原則是：「我相信，因為這樣我才能夠了解」。亦即學生若要能看到潛在文本，他們得先相信潛在文本的存在。沒有這樣的信念，學生就會忽略或根本不知如何找出那些形塑文本觀念或者獨特的看待事物方式的那些特徵。學生也許會「處理文本」(processed text)，卻無法與文本建立連結。

這種信念的不同或許可以解釋兩者使用「溯源 (sourcing) 探究法」時的差異，也就是在閱讀一份實質文本之前，先閱讀文件來源的做法。史學家幾乎無時不在使用這種探究法去閱讀 (98%)，而學生會使用的則少於三分之一 (31%)。對多數學生來說，文本的屬性沒有特別作用，那些只是一連串文本的相關命題中最後一點訊息而已。可是對史學家來說，文件的屬性不是文件的盡頭而是開始，資料被視為關乎人而不是物件；是社會的互動，而不是一些命題、主張。在這層意義上，溯源 (sourcing) 探究法就是去呈現一套信念體系，那是作者形塑文本的依據。

當文本被視為是人為的創造物，它所說的就離不開是誰說的。但是對有些學生來說，作者及其記述的關聯並不大。所以，有位學生最初讀到霍華德・法斯特 (Howard Fast) 的引文時，知道有些問題：「你不能真的相信他們所說。其中的細節看起來是偏離的。」但是當這位學生讀到文件最後部分時，他原來對法斯特的懷疑已經棄置一旁，這份虛構記述的一點一滴卻清楚映現在他的理解中。另一方面，一名美國史專家讀到殖民地居民集結地「整齊有序」這個說法時停住了。他記起一份時間較早的資料描述那時戰鬥的編隊。他再回去看法斯特的節錄，然後笑了出來：「喲，這是取自法斯特的，

算了吧！我才不信法斯特；沒辦法。但它很好玩，讓我經久難忘。」在這裡，我們看到一個反例：歷史學家記得細節，但無法記住其來源；而一旦與作者合起來看，細節即被放棄，因為這位歷史學者知道不會有獨立存在的細節。——細節只會與說話的證人緊密相繫。

用法庭比喻也許有助於了解這些差別。歷史學者審視這些文件的態度彷彿是檢察官那般，不僅是傾聽證詞，也透過比對文件資料、找出不一致的地方、審問資料來源、探究其中自覺與不自覺的動機來找到證據。另一方面，學生就像陪審團一樣，耐心傾聽證詞並且彼此討論所聽到的內容，但無法直接質詢證人，也不能讓他們交叉審訊。對於學生，權威的中心就在文本本身，對於歷史學家，重心則擺在他們思考文本的那些問題。❸❺

要如何解釋這一群優秀的中學高年級生在閱讀歷史文本方面表現如此粗淺的認識呢？何以他們知道這麼多的歷史，卻這麼不懂得閱讀歷史呢？這些不是簡單的問題，答案也超出本章的範圍。但至少我們能夠想到學生在歷史課中閱讀的那些文本類型。教科書是歷史課程的重心，而且正如彼得‧史瑞格 (Peter Schrag) 注意到，歷史教科書常常寫得「好像作者完全不存在似的，好像它們只是天啟智

❸❺ 原註：這個隱喻來自 Robin G. Collingwood, *The Idea of History* (Oxford, 1946)。Collingwood (p. 249) 寫道：「正如自然科學在（套用培根的話）『質疑自然』之時找到了適當的方法，歷史學家也藉由把權威置於證人席上，找到了適當的方法，並藉著交叉質詢搾取出它們在原本的陳述裡並未吐露的訊息，不論是因為他們不願給予或由於他們原本就不知道。」Collingwood 踵繼伏爾泰，後者寫道：「閱讀歷史的時候，健康心智的唯一要務就是反駁之。」

慧的工具，用來傳播正版的真理。」 ❸❻阿馮・克莉斯摩 (Avon Crismore) 的研究證實了史瑞格的說法。在一份針對歷史教科書、學術性與普及性歷史著作的論述分析中，她發現「後設論述 (metadiscourse)」，也就是能夠顯示作者的價值判斷、側重點和不確定性等的標示，雖然經常出現在歷史寫作中，卻很少見之於傳統教科書。克莉斯摩發現多數教科書棄而不用一些防範性的語詞，如「可能」或「大概」、「看起來」或「也許」，亦即幾乎沒有指示，課文上的文字與其作為一種解釋的相關性。這種寫作方式會造成學生難以超越字面意義：「當防範性的字眼——不見了，批判閱讀如何產生呢（指學習去評估與判斷真實的情況）？當偏見沒有明顯地展現（一般教科書即無），年輕的讀者是不是就會被欺騙了呢？」 ❸❼

也許克莉斯摩過度誇大她的案例。也許她和我的研究不足以產生警示作用，也許學生對文本的單純信念在進入大學後就會一掃而空。然而，證據顯示並非如此。例如詹姆士・羅倫斯 (James Lorence) 對大一新生的觀察也發現了類如此處的描述。他寫道，很多學生「期望文件能顯示一些他們認為的『真相』——他們堅持從擺在前面的可信資料中找到確定之論。」 ❸❽同樣的，羅勃特・勃克

---

❸❻ 原註：Peter Schrag, "Voices in the Classroom: The Emasculated Voice of the Textbook," *Saturday Review* 21 (January 1967), 74. 有關歷史教科書的類似觀點，見 Frances FitzGerald's *America Revised* (New York, 1980)，尤其是 pp. 149–218。

❸❼ 原註：Avon Crismore, "The Rhetoric of Textbooks: Metadiscourse," *Journal of Curriculum Studies* 16 (1984), 295.

❸❽ 原註：James L. Lorence, "The Critical Analysis of Documentary Evidence:

霍爾 (Robert Berkhofer) 用「歷史基本信仰主義」來描述他常常碰到的大學生：他們「看待教授指定的閱讀材料和教科書，也許還不至於包括他們的老師，有如天啟一般。」❸ 在卡耐基・邁倫 (Carnegie Mellon) 大學，研究者克利斯汀娜・哈斯 (Christina Haas) 和琳達・佛勞爾 (Linda Flower) 讓大學生閱讀一些爭議性的資料，並且邊想邊說。他們發現大學生頗能辨識文本的基本意義並且表達他們讀到的重點，但是：

> 這批同樣的學生卻讓我們感到挫折，因為他們只是轉述而非分析，只做摘要而非批判文本——我們或可假定，學生不太能批判式地閱讀比較難解的文本，問題較不是出在如何呈現建構的內容，而更在於他們無法去建構。他們所呈現的多與文本內容密切相關，他們是為了找尋訊息而閱讀。我們的學生可能相信，如果能完整了解所有的字句並可以轉述文本所給出的內容，就成功完成了閱讀。❹

Basic Skills in the History Classroom," *History Teaching* 8, no. 2 (1983), 78.

❸　原註：見 Robert F. Berkhofer, Jr., "Demystifying Historical Authority: Critical Textual Analysis in the Classroom," *Perspectives: Newsletter of the American Historical Association* 26 (February 1988), 13–16.

❹　原註：Christina Haas and Linda Flower, "Rhetorical Reading Strategies and the Construction of Meaning," *College Composition and Communication* 39 (May 1988), 30–47. 關於閱讀法律文件的例子，見 Elizabeth Fajans and Mary R. Falk, "Against the Tyranny of Paraphrase: Talking Back to Texts," *Cornell Law Review* 78 (1993), 163–205.

說真的，並不是只有學生才抱持這種信念，有時候他們的老師也與他們的想法相同。在一份針對高中社會科老師知識成長的研究中，蘇珊納‧威爾森 (Suzanne Wilson) 和我訪問的一位教師即告訴我們，詮釋在歷史理解中的角色並不重要：「歷史就是發生過的基本事實。即過去『真的』發生什麼事。你不用問它如何發生，你只要問，『事件是什麼？』」❹總結來說，如果成人和青少年至今都同樣抱持著歷史學的前批判 (precritical) 觀念的話，就此而言，我們倒可把整個歷史的時期定位為——中世紀。❷那種以為只要學生長大成人就會自動放棄上述信念的想法，既無數據可見，也沒有歷史可以為證。

四、從閱讀方法到認知方法

在我們熱切追求單一通用的 (overarching) 閱讀模式時，常忽視了賦予文本形態和意義的一些要素。當歷史文本從學科專業走入學校課程之中，我們強迫它在入門處就脫除其獨特性。❸當歷史文本

---

❹　原註：見本書第六章。

❷　原註：參見 Lionel Gossman, *Between History and Literature* (Cambridge, Mass., 1990) 一書中有關「歷史之理性」之章節。

❸　原註：比如說，可參考一篇收錄於 *Social Education* 中有關「以文獻教學」的短評，作者重印了一份南北戰爭時期徵募護士的政策聲明。這份文件包括以下陳述：「中年婦女，有經驗，品行良好，教育程度較高，態度認真者優先錄取。必須具細心、審慎及勤奮之好習慣。」在有關教學活動的那一段，作者既沒有說明文獻中所可能隱藏的其他意涵，也沒有告訴我們可以用什麼樣的方式教導學生去解讀它們。相對於此，他們提出了如下的建議：

成了「學校文本」，它很快的就與學校其他文本的性質趨近——如生物、語言藝術、其他科目——而失去了此學科中所指文本應有的性質。❹舉例來說，原來歷史論述的構成要素——即透過註腳不斷回溯文獻記錄——這個面向就在歷史文本成為歷史教科書之後失落不見。若我們壓制了故事如何被彙整組織的證據，那就難怪許多學生把歷史看成封閉的故事。

更廣的來說，最初知識形成的差異而促成「歷史」、「物理」、「文學」、和「數學」等科目標記的出現，這在學校課程中卻已隱而不彰。雖然我們把在校時間分割成不同的課時，希望藉此教導學生使用不同認知方式的多元語言，但我們又常常回到一元的語調。雖然學生在不同的教室學習不同的語彙——生物學的「有絲分裂」、英文的「寫作主題」、歷史的「宣言法案」、數學的「函數」——這些不一樣的詞彙卻仍具有共同的深層結構：知識與經驗分離；知識是確定的，它們被除去了不確定性的語詞和憑證依據，它的來源是教科書和教師，而且可以用考試來測量，而且每個問題都有正確答案。❺

這種學科同質化的過程即便在教師培訓時所用的教科書中也明顯可見。例如一本廣受閱讀的教科書就告訴儲備教師說，當閱讀歷

「問你的學生今天的護士必須具備哪些條件」或是「要求學生提出證據以支持或駁斥以下說法：南北戰爭是美國史上最血腥的戰爭。」見 Wynell Burroughs, Jean Mueller, and Jean Preer, "Teaching with Documents: Surgeon General's Office," *Social Education* 66 (January 1988), 66–68.

❹ 原註：John Seely Brown, Alan Collins, and Paul Duguid, "Situated Cognition and the Culture of Learning," *Educational Researcher* 18 (1989), 32–42.

❺ 原註：Ibid.

史資料的時候,「需要引導學生運用閱讀策略以便認識資料如何使用和學習如何閱讀。」 ❹ 不過這本書並未闡明這類策略或描述歷史學者的做法,反而給讀者指示的是「科學閱讀」那章。然而在探求「內容領域的閱讀」方向中,把閱讀美國革命的結構方法比照閱讀 DNA 的結構,將會掩蔽了使文本具有意義的那些假定。甚至連日益強調領域一特有的知識 (domain-specific knowledge) 這類認知心理學論著,也可能因為把知識視同於資訊,而在無意間加劇了這樣混亂的情況。 ❹ 這種論點下,知識走向一般化,知識分類根據的是事實數量以及在一個語義網絡內顯現的關係、或在一個生產系統中顯示的「如果/然後」之因果條件。但是就像路易斯・明克 (Louis O. Mink) 提醒我們的,我們所稱的領域,不只是在排列事實和概念或者執行生產;它們包含了「獨特而不可化約、用來了解世界的模式」 ❹ ,是用來組織經驗和進行探究我們自身的根本方法。依此,像西部山脈的論題,對地質學者是一種意義,對史學家是另一種意義,對安歇爾・亞當斯 (Ansel Adams) 又是另一種意義。所以閱讀不僅是知道新資訊的方式,也可成為投入新思考的途徑。

---

❹ 原註:H. Alan Robinson, *Teaching Reading, Writing, and Study Strategies: The Content Areas* (Boston, 1983), 181.

❹ 原註 : See Gregory G. Colomb, "Cultural Literacy and the Theory of Meaning: or, What Educational Theorists Need to Know About How We Read," *New Literary History* 20 (1988), 411–50.

❹ 原註:Louis O. Mink, "Modes of Comprehension and the Unity of Knowledge," in Brian Fay, Eugene O. Golob, and Richard T. Vann, eds., *Historical Understanding* (Ithaca, N.Y., 1987), 36.

　　此處所呈現的閱讀理解圖像與教育學論著上常常看到的大為不同。為什麼呢？首先，每一種圖像都有不同的起點。我們對所謂「好讀者」的描述多數都來自學校學童，他們是十分單純的讀者，還沒有受到學科認知方法的調教。而一般閱讀理解的要義即是等同於能在大都會成就閱讀測驗 (the Metropolitan Achievement Test)、尼爾生丹尼閱讀測驗 (the Nelson-Denny)、蓋滋麥克吉尼閱讀測驗 (the Gates-MacGinite)、或是任何標準化的閱讀評量中，取得優良成績。但是這些類型十分相似的測試，卻與我們在現實世界所看到的各種模稜兩可而難以確定的文本，相去甚遠。可是我們對「閱讀理解」的界定竟成了閱讀理解的評量所測試的能力：能夠在特別設計的、不見作者的段落中應付自如，那些段落自主獨立，與它的意義相繫的學科脈絡斷絕了關係；能夠準確地回答選擇題，這些選擇題假定清楚分明的正確答案；能熟悉一些文字形式，這些形式掩蓋了文本是人為所作、作者的信念無可避免地會滲入文字之間的這一事實；敏於解讀字面意義而不是潛藏的意義；能夠處理獨立的段落，而不是從多元文本之間尋找關聯。簡單來說，閱讀的理解是由文本、由讀者以及由我們用來閱讀的方法所界定的。❹

❹　原註：這些針對理解力測驗所作出的評論，有些已為其他人所論及。見，例如，Peter Winograd and Peter Johnston, "Considerations for Advancing the Teaching of Reading Comprehension," *Educational Psychologist* 22 (1987), 219–20. 對理解力的新穎取向，見 Rand J. Spiro, Walter P. Vispoel, John G. Schmitz, Ala Samarapungavan, and A. E. Boerger, "Knowledge Acquisition for Application: Cognitive Flexibility and Transfer in Complex Content Domains," in Bruce K. Britton and Shawn W. Glynn, eds., *Executive Control Processes in*

　　但是當我們拋開閱讀測驗中那些精心安排的語彙，並且不再鎖定學校學童，而轉到以閱讀為生的人，結果我們得到了不同的理解圖像。❺這不是說哪一種圖像對，哪一種錯，因為很清楚的每一種都說出不同的事。然而，如果我們所問的問題與所選擇的閱讀圖像兩者不一致時，我們不免會有疑問。比如我們問：「理解一份歷史文本究竟是什麼意思？」若單單依賴一般通用的閱讀理解測試所說出的答案的話，我們也許會獲得關於閱讀的一些事情，但關於閱讀歷史卻所得甚少。

　　如果這是真的，那麼我們應該採取什麼標準來衡量歷史文本的閱讀呢？儘管時下流行著一些測試學童理解歷史和社會科的方法，有關標準的問題卻很少被提起，即使是在這個著迷於標準的時代。羅勃特・林 (Robert Linn) 對此感嘆並寫道：「我們已經花費過多的精力在解決那些假定存在著一個判斷標準的問題上，相較來說，卻很少去回答『標準來自何處』這個首要的問題。」❺那麼我們的判別標準應該來自何處呢？對我而言，就只有一個合理的答案：我們必須求諸學科本身。

　　多年以來，歷史這科學科似乎沒有人會回顧以往。不過有些發

Reading (Hillsdale, N.J., 1987)，尤其是 pp. 184–93。

❺　原註：如果我們檢視其他以閱讀為生的人，譬如文學評論家——我們仍然可能得到對理解的另外一番看法。

❺　原註：Robert Linn，引用於 Mary E. Curtis and Robert Glaser, "Reading Theory and the Assessment of Reading Achievement," *Journal of Educational Measurement* 20 (Summer 1983), 133–47.

展顯示出巨大的變化。布萊德利 (Bradley) 委員會關於學校歷史的報告就代表了歷史學者、教育學者和高中教師能坐下來，探問學校課程的棘手難題所做的廣泛努力。 ❷美國歷史協會 (OAH) 翻轉了自 1947 年以來在其主要刊物上中止「教師論壇」(Teachers' Section) 的政策，推出一份《歷史雜誌》(*Magazine of History*)，這個刊物專門針對大學之前歷史教育的問題與遠景。 另如馬里蘭大學的路易斯‧哈蘭 (Louis Harlan) 在他的美國歷史協會會長就職演說中，❸ 並未遵循傳統去回顧歷史學的新近發展，而去評論學校歷史以及歷史學者在學校教育改革中可以扮演的角色——此一明顯的轉變，有別於早前就職演說時，阻止歷史學科致力於改進學校歷史教學的宣告。❷

---

❷ 原註：見 the Bradley Commission on History in Schools, *Building a History Curriculum: Guidelines for Teaching History in Schools* (Washington, D.C., 1988) 以及其更完整的說明，*Historical Literacy: The Case for History in American Education*, ed. Paul A. Gagnon (New York, 1989).

❸ 原註：Louis R. Harlan, "Social Studies Reform and the Historian," *Journal of American History* 77 (1990), 801–11. Harlan 的某些提議，如夏季研究所的設立，好讓老師們可以「藉著學習最新與最好的歷史學術來重新活化他們的教學」(p. 809)，讓他們也可以受惠於有關過去的課程。對於 1960 年代大規模的歷史學會的作用之不佳評價，見 Karen B. Wiley and Jeanne Race, *The Status of Pre-college Science, Mathematics, and Social Science Education: 1955–1975*, vol. 3: *Social Science Education* (Boulder, 1977). 對這些學會何以影響如此薄弱之分析，見 Richard H. Brown, "History as Discovery: An Interim Report on the Amherst Project," in Edwin Fenton, ed., *Teaching the New Social Studies in Secondary Schools: An Inductive Approach* (New York, 1966), 443–51.

這一波關注的熱潮，在許多主題上提出精深銳利的問題——小學中不斷擴張範圍卻缺乏知識依據的課程、教科書的品質、對於學習目標的正當性、標準化測試對學生學習的影響等等。這些批評預示了後來任何改革努力的珍貴起步。但我們最需要解答的問題——「老師必須有什麼不同的作為才能開創一個讓真正的學習落實的歷史教室？老師要如何學習以不同的方式教學？」在前述報告中很少被提及。例如布萊德利委員會的報告對於教學方法幾乎沉默不語，只提到如同生活一樣，「多樣性是學習的香料」，並鼓勵老師從寬泛的教學方法和技術中選擇採用。但是，好的教學不只是選擇正確的教學組合就夠了，如同好的歷史解釋也不只是選擇正確的文件組合。多樣性，就如蘇珊納·威爾森所說，也許有娛樂效果，但未必有教育性。[55]專家的教學所需要的不是方法選擇，而是知識的轉換。[56]歷史教師必須根據所知，創造出各種呈現內容的方式，讓那些來到學校經常缺乏學習動機的學童，產生新的理解。能做到這一點已屬最高段的知識成就——不下於自己對所教內容獲得了深刻理解的那種成就。

在一般史家對教學法不願多談當中有個例外，就是由柏德

---

[54] 原註：James L. Sellers, "Before We Were Members—the MVHA," *Mississippi Valley Historical Review* 40 (1953), 21.

[55] 原註：See Suzanne M. Wilson, "The Pedagogy of History: A Recommendation for Research," paper presented at the FIPSE/FIRST Conference, Washington, D.C., 1990.

[56] 原註：Lee S. Shulman, "Knowledge and Teaching: Foundations of the New Reform," *Harvard Educational Review* 57 (1987), 1–22.

(Board) 大學出版、湯姆・霍爾德 (Tom Holt) 的 《歷史式的思考》 (*Thinking Historically*)。 ❺這是他針對自己在芝加哥大學教導大學生的深思之作，內容極具價值。他描述在一門大學部的歷史課中，課程從學生「忘卻所學」(unlearning) 開始，也就是去嘗試消弭學生一向把歷史看成既定故事的印象。霍爾德不是去測試學生能否列舉伍卓・威爾森 (Woodrow Wilson) 說的：「一個又一個該死的事實」，反而是給學生一些原始文件，要他們假裝自己是博物館館長，為了展覽必須註解這些資料。霍爾德還刻意將相反觀點的資料並置，讓學生從中學習建構敘述，以與過去建立持續性的對話，過去因而不是「一套封閉的教義詢答或是一組已有答案的問題」。❺

這些是很有趣的想法。它們又皆點出我們集體的無知，顯示我們對於如何改變學生的歷史信念這個問題知道得很少。❺然而，如果等到高中才教導學生對一篇小故事提出一套問題，對他們的歷史書本要提出不同類別的問題的話，我們的努力勢必會失敗。在學生

---

❺ 原註：Tom Holt, *Thinking Historically: Narrative, Imagination, and Understanding* (New York, 1990). 亦見 Richard J. Paxton and Sam Wineburg, "History Teaching," 於 Miriam Ben-Peretz, Sally Brown, and Robert Moon, eds., *Routledge International Companion to Education* (London, 2000).

❺ 原註：Holt, *Thinking Historically*, 13.

❺ 原註：一個美國歷史協會的專案小組得出同樣的結論：「談到大學年齡層的學生所據以學習歷史的認知能力，我們所知更為貧乏。專案小組力主展開對此一課題的研究。其發現將大有助於重新思索歷史的主修課程，以及教授歷史課程的方式。」 *Perspectives: Newsletter of the American Historical Association* 30 (May/June 1990), 18.

開始遇到有關過去的說法時，就必須學著問這樣的問題。事實上，依據我們對小孩子能力的假定進行測試後的確發現，只要給予合適的情境，即使小學三年級的學生也能多少掌握歷史的不確定性質，且能達到複雜地解釋過去的程度。❻⓿

五、結　論

　　早在 1930 年代，傑出的史學家卡爾‧貝克 (Carl Becker) 寫過一篇名為〈人人都是自己的歷史學家〉的文章，他在文中言明，無論喜不喜歡，我們都是歷史學家。❻❶他意指我們都必得去從事歷史思考——必得去看我們所讀文本的人為動機；必得從每天要吞噬我們的各種影射、半真半假和謊言的危境中挖掘真相；必得去勇敢面對這樣的事實：所謂確定性，至少在我們嘗試理解的這個世界中，不僅難以獲得，也在我們的掌握之外。如果貝克是對的，那麼學校的歷史教育深具潛力，教導學生以更精密的方式思考和推論。然而，

---

❻⓿　原註：見 Suzanne M. Wilson, "Mastodons, Maps and Michigan: Exploring Uncharted Territory While Teaching Elementary School Social Studies," Elementary Subject Center Series, Technical Report no. 24 (ED 326470), Institute for Research on Teaching, Michigan State University (East Lansing, 1990). 亦見 Martin Booth, "Ages and Concepts: A Critique of the Piagetian Approach to History Teaching," 於 Christopher Portal, ed., *The History Curriculum for Teachers* (London, 1987), 22–38. 也可見我的文評 "A Partial History," *Teaching and Teacher Education* 14 (1998), 233–43.

❻❶　原註：Carl Becker, "Everyman His Own Historian," *American Historical Review* 37 (1932), 221–36.

我們是否要開發這種潛力,則是另一回事。

　　這裡對文本的看法並不限於歷史。❷語言並不是施之於無生命物品的園藝工具,而是可以影響心智,改變意見,用來激發或抑止熱情的媒介。這樣的了解對於閱讀報紙,收聽廣播,評量競選承諾,或是是否要根據製藥大廠西爾列 (Searle) 公司進行的研究報告而打算去飲用美國紐特 (Nutrasweet) 公司生產的甜味劑,至關重要。如果學生從未學到如何分辨尼加拉瓜二十世紀後期親美反政府的游擊組織 「康特拉」 (Contras) 和其他反現存政權的 「自由戰士」 (freedom fighters) 之間的不同、科幻電影「星際戰爭」和美國政府的「戰略防禦計畫」(Strategic Defense Initiative) 的差異,以及「恐怖分子」和「巴勒斯坦解放組織 (PLO) 成員」的區別,而且如果他們認為這些詞彙只是中性的名稱而非引發情感、標貼著不同意義系統的象徵,那麼他們很容易成為那些專事販售各種信念的狡猾分子下手的靶子。 這種例子不須遠求, 看看布希和杜卡斯 (Bush-Dukakis) 總統大選之前,「威勒霍頓」(Whillie Horton),這個被指控犯下強暴白人女子之罪的黑人,結果成為家喻戶曉的名字。總共將近五個月的時間裡,這件事情在廣告上的潛在文本,成了一項公共

---

❷　原註:正如 Charles Bazerman 所論,即使是如核酸分子結構的研究紀錄這般直接明白的文本,都透露了知識的位階以及所知者的角色。有關其閱讀文本潛藏含意的高明技巧,見 "What Written Knowledge Does: Three Examples of Academic Discourse," *Philosophy of the Social Sciences* 11 (1981), 361–87. 亦見 Gay Gragson and Jack Selzer, "Fictionalizing the Readers of Scholarly Articles in Biology," *Written Communication* 7 (January 1990), 25–58.

辯論的議題。比起全國教育進步評估 (NAEP) 設計過的任何項目，此事作為全國批判性思考技能的指標，應該更有效力。

　　一本有關教導思考的新書其宣傳單上宣稱：我們不必花費太大功夫即可做到——真的，它宣稱我們可以「不必改變教課計畫，就可透過課程教導思考技巧。」 **❻③** 我不敢如此確定。如果我們希望學生分辨閱讀歷史書和閱讀駕駛手冊的方式不同，如果我們要他們了解文本和潛在文本，我認為必須改變我們的教課計畫——更不用說教科書了。如果還有的話，那就是我們必須重新審視我們如何從文本獲取知識的意義。傳統的觀點認為，知識是從文本直接傳送到讀者的腦中這樣產生的，這並不恰當。但是，後設認知的觀點認為，知識是從學生對一份意義確定又友善的文本自我提問中建立來的，這一看法也不適當。我想，我們最好去留意羅勃特・史考勒 (Robert Scholes) 所說的話：「如果說智慧，或更實際點的說法：高度理解，是我們努力所在，那我們就不可視之為從文本傳輸到學生身上的某種東西，而得自學生自己向文本提問中發展來的結果。」**❻④**

後　記

　　這篇文章原本發表於 *American Educational Research Journal*

---

❻③　原註：Iris M. Tiedt, Jo E. Carlson, Bert D. Howard, and Kathleen S. Oda Wantanable, *Teaching Thinking Skills in K–12 Classrooms* (Needham Heights, Mass., 1989).

❻④　原註：Robert Scholes, *Textual Power: Literary Theory and the Teaching of English* (New Haven, 1985), 14.

28 (1991)。本文以一篇 1990 年於史丹佛完成的論文為基礎，並獲得 Lee Shulman, David Tyack 及已故的 Dick Snow 的指導。本章先前發表的各個版本係受惠於 Larry Cuban, Catherine Crain-Thoreson, Pam Grossman, Bob Hampel, Debby Kerdeman, David Madsen, Susan Monas, Sheila Valencia 及 Suzanne Wilson 等人的評論。一個較早的版本曾發表於 1990 年 10 月在哈佛大學舉行的一場 MacArthur「思考的語言」學術會議。我要感謝 David Olson 的邀請和他持續的鼓勵。

近年來出版了大量有關學生文獻閱讀的研究成果。關於近期發展的概況可參閱 James F. Voss, "Issues in the Learning of History," *Issues in Education: Contributions from Educational Psychology* 4 (1998), 163–209。未來以網路原始文件教導閱讀，極有啟發性的觀點可見：B. Tally, "History Goes Digital: Teaching When the Web Is in the Classroom," *D-Lib Magazine* (September 1996)，網址是 http://www.dlib.org/dlib/september96/09tally.html。

版權聲明

閱讀林肯——脈絡化思考的個案研究

在你的腦海中想像一下林肯瘦削的身影，美國第十六任總統，來自肯塔基州「誠實的亞伯」("Honest Abe")，內戰時期的總指揮、以及美國歷史上最重要的文獻之一——《解放宣言》(*The Emancipation Proclamation*) 的作者。我們看看以下這段常被稱為「偉大的解放者」的林肯以種族關係為題的言論：

> 我無意去推動白人與黑人之間在政治和社會上的平等。二個種族在外觀上有著不同，依我的判斷，這或許使他們永遠無法生活在完全平等的條件下，且差異也必然是會存在的，我⋯⋯支持我所屬的種族有較優越的地位，我不曾說過任何相反的話。❶

我們要如何看待這些話？這些話起碼讓林肯作為非裔美國人 (African Americans) 的開明恩人的形象變得複雜起來。難道我們被愚弄了？莫非這個美國的「守護神」是個冒牌貨？或許正如雷若內・

---

❶ 原註：Abraham Lincoln, *Speeches and Writings*, vols. 1–2 (New York, 1989), 512.

班奈特 (Lerone Bennett) 在黑人民權運動極盛時所聲稱的：林肯那個「偉大的解放者」的形象應該被「白種優越論者」所取代。❷

　　林肯到底是「偉大的解放者」或是「白種優越論者」？我們究竟要如何去回答這樣的一個問題？是什麼樣對於過去的假定使我們能（或者是使我們不可能）對林肯有充分的了解來下判斷？

　　以現代的標準去評論過去舞臺上的演員，是剝奪了他們自身的脈絡，而讓他們屈從於我們所發展出來（而非他們自己）的思考方式之下。「現在主義」是以現在人的鏡片去看待過去的行為，我們必須克制此一慣性的心理反應，才能獲致成熟的歷史理解思維。1989年布萊德利委員會保證歷史研究會強化這樣的能力：「以當時人所經歷的方式來理解過去的事件和議題，……發展歷史的神入（同理心），對抗現代人的心態。」❸當考量我們希望學生習得，並且希望老師也能夠具備的那些基本學科理解時，以過去自身來思考過去的能力自然是其中之一。而如果歷史教師無法「從時空情境來思考」(think in time) 的話，我們便很難期待他們的學生能夠學會如此的能力。

　　此種脈絡化思考 (Contextualized thinking) 是何樣貌？我們如何促進其發展？如果我的目的是讓讀者在這章之初就能脈絡化的思考，那麼在引用林肯說的這些話時，卻未一併附上必要的細節，那我無

---

❷　原註：Lerone Bennett, Jr., "Was Abe Lincoln a White Supremacist?" *Ebony* 23 (February 1968), 35–42.

❸　原註：Bradley Commission on History in School, *Building a History Curriculum: Guidelines for Teaching History in Schools* (Washington, D.C., 1988), 9.

疑犯下了大錯。因為，脈絡化的思考，意味著言語並非超越時空、
漂浮無根的符號而已。我們不能把本章一開頭林肯所說的話與其說
話的場景（一場和道格拉斯的辯論，後者是與林肯激烈角逐參議員
席位的對手）、這場辯論的地點（伊利諾州渥太華，反黑情結的溫
床）、見證這場辯論的人們（大多數支持道格拉斯而對林肯有所懷疑
者）分開來看；而且也無法與以下事實分開來看：無論林肯或道格
拉斯都是以拉票的候選人，而非以先知或道德家的身分發表演說。
我們也不能忽略道格拉斯說了哪些話而激起林肯的回應，或是在前
面引述的話之後，林肯又接著說了什麼。還有其他諸如前一週林肯
在伊利諾州的哈瓦那 (Havana) 或一週後在自由港 (Freeport) 說了些
什麼？當我們開始思索如何替本章一開頭的簡短引言建立起歷史脈
絡時，以上考量只是開始觸及皮毛而已。

　　在試圖為林肯說的話編織情境脈絡時，我主要聚焦於拼湊當下
的時間與空間脈絡：也就是足以解釋林肯動機和意圖的當下情況。
不過，如果思及林肯話中的意涵時，其他形式的脈絡——如輿論氣
候 (climate of opinion)，也就是群體心態 (mentalité) 或說時代精神
(Zeitgeist)，以及複雜的人物生平及其語言文字風格，1850 年代的
語言習慣等——都必須納入考量。

　　那麼讀者如何運用歷史的斷簡殘篇，也就是我們所稱的原始材
料，去編織歷史脈絡呢？如何藉由不完整且晦澀難明的文獻證據去
形構前後一致的詮釋呢？需要哪些知識才得以產出此種詮釋？在發
展符合脈絡化的思考時，正規學習扮演何種角色？無法建立脈絡是
什麼情況？「非脈絡化的」 (noncontexualized) 或 「時空錯置的」

(anachronistic) 思考所指為何？什麼樣的信念或過程會導致並滋養時空錯置的思考？這裡的某些問題促生了本項研究，此一工程我們視之為一種「應用性的認識論」，因其既無法歸入現有心理學探究的範疇，也無法界定為學術史之類。

一、結網——認知探究與深海捕魚的共通處

　　觀察脈絡化的思考活動，比想像中來得複雜。我們是可以嘗試由歷史家的著作中去加以推論，但此種方法對於揭露是何關鍵性的判斷會引發複雜精密的推論，提供甚少的線索。一般歷史學者的出版著作中，已經刪除了一些直覺性的和初期不夠穩當的想法，以及遭遇瓶頸時的失誤與徒勞無功等等。但歷史思考的這些隨意且未經修飾的面向，也許才能為複雜的歷史思考浮現提供最好的線索。若此屬實，我們得找出一些方法去捕捉人們從事歷史脈絡化思考的當下——那是在詮釋出現之前的困惑時刻，充塞著猶疑不決、苦思而難以貫通之際。這正是認知探究工作派上用場之時，此一情境足供我們在可控制的條件下，研究這個領域中那讓人苦惱、難以掌握的現象。❹

---

❹　原註：此處並非要為認知工作環境提出辯護，對此批評者已經指責其扭曲了思考在「自然環境」中的進行方式。對認知作用的理解上，我們如今正值轉變的階段，即由心理學實驗室裡較為傳統的實驗方法，轉為至人類學的取徑。我個人對這些評論感同身受，比如請見 Michael Cole and Barbara Means, eds., *Comparative Studies of How People Think: An Introduction* (Cambridge, Mass., 1981). 然而，因為各種方法均有其限定，與其思索如何策略地統合各種不同方法，我們甘冒著貶低自己的危險嘗試爭論哪種方式

　　對於這項工作的設計者而言，即使已經訂定一套研究問題，眼前的選擇仍是無窮盡的。比如到底要研究哪一個時期、要採用哪些文獻、要包括多少類型風格等等——可能性不勝多。面對此等複雜情況，有一種反應是舉雙手投降，承認任何選擇都是武斷的，不再去過分關切選取什麼主題、類型和時期。依此，無論選擇哪組文獻都好。

　　我對上述說法持反對立場。設計一項用來捕捉歷史推論的探究工作，可以比擬作編結捕魚用的圍網——最艱辛的作業是始於岸上的船塢。若是漁夫所編的結比想要尋找的目標物大得多，結果網得的會是各種無用的生物，而真正的好東西卻從漁網間隙中悄悄地溜走了。如果所編的結太小，這個漁網則會網起過多的浮游生物和水草，卻在捕撈時擋住了較大型的生物。因此，結網一事不僅只是冗長乏味的過程，而是需要非常清楚的確定目標。因此這關係著探究工作的設計。在組構此項工作時，我們選擇一個與當今所關切的議題既接近又遙遠的題目和時期，來探求脈絡化思考，因為脈絡化思考的核心就是知曉今日與過去的延續和斷裂。這種考量讓我們剔除了諸如盎格魯薩克遜神判 (Anglo-Saxon ordeals) 這樣與現代經驗過於遙遠的題目；也刪掉約翰‧甘迺迪的遇刺這種與我們的時代太過接近（而且過度曝光）的問題。❺我們選擇去探究林肯的種族觀點，

　　是最好的。過去的經驗為這種思想上的弊病提供了強力的解藥。見 Kurt Lewin, "Defining the 'Field' at a Given Time," *Psychology Review* 50, no. 3 (1943).

❺　原註：見 Alaric K. Dickinson and Peter J. Lee, "Making Sense of History," in

因為種族是美國社會中長久存在、但又只能透過歷史才能了解的議題。❻我們選出的一組文獻,以競選活動的巡迴演說辯論開始,這個十九世紀美國生活的特徵和我們現代的選舉也有諸多雷同之處。另一方面,此一爭論的主題——奴隸的地位及奴隸制度的合理化——是一個現代人的心靈所難以清楚理解的議題。

　　我們為我們選擇的文獻組合建立次序架構,係因歷史推論被歸為「引證式的」(adductive),此過程是「針對特定問題提出例證予以解答,以便獲致令人滿意的『適切性』(fit)」。❼我們建構這項研究,提供讀者愈來愈複雜的文獻,希望藉此看到那種能對愈趨複雜的記述去提出論證的歷史解釋是如何產生的。在選定最後的文獻之前,我們充分檢視了林肯及其當代人士的上千篇演說、信件、筆記和談話。

Alaric K. Dickinson, Peter J. Lee, and Peter J. Rogers, eds., *Learning History* (London, 1984), 117–53. Lee, Dickinson,以及他們的同事 Denis Shemilt 的開拓性工作鼓舞了一個日薄西山的研究領域。他們在 80 年代所提出的問題持續指引著全球的研究者。我的研究計畫也深深受惠於英國有關歷史學習的著作。

❻　原註:見 Ronald Takaki 的作品 "Reflections from a Different Mirror," *Teaching Tolerance* 3 (1994), 11–15; Winthrop D. Jordan, *White Over Black: American Attitudes Toward the Negro, 1550–1812* (New York, 1968); George Fredrickson, "A Man but Not a Brother: Abraham Lincoln and Racial Equality," *Journal of Southern History* 41 (1975), 39–58.

❼　原註:David Hackett Fischer, *Historians' Fallacies: Toward a Logic of Historical Thought* (New York, 1970).

二、參與者

　　本章的資料取材自一個更大型的研究，其研究目的是了解不同的人（優秀的高中生、資淺和資深教師，以及不同專長的歷史學者——見第一章）如何思考歷史文本。這裡的討論則是以兩名未來的公立學校老師為焦點，他們是從就讀華盛頓大學五年制教師資格學程的大量儲備教師樣本中選出來的。此一學程的申請者須具備人文學科的學士學位。泰德 (Ted)，32 歲白人男性，大學主修歷史，計畫畢業後成為歷史／社會科的教師。艾倫 (Ellen)，34 歲白人女性，主修物理，在她開始教師教育學程之前曾在業界工作相當長的時間。泰德所修的大學課程，在我們十二位預備教師的樣本群中是屬於典型的歷史主修。他所修習的學分包括古代史、當代拉丁美洲史、非裔美國人史、婦女史及伊朗歷史專題研究及其他必修的通論性課程。艾倫則在她大學的選修學分中修過兩門歷史課。因修習學分數的多少被普遍視為學科知識的指標，因此對「高知識」和「低知識」的個人作比較，似乎是個有趣的探索方向。

三、程　序

　　我們研究中的所有教師在進行有關林肯相關文獻的「邊想邊說」這項任務前，都曾就他們先前所學過的歷史課程內容接受訪談，特別是針對大學時代。接著，我們教他們如何「邊想邊說」，❽並展示取自大衛・柏金 (David N. Perkins) 著作中所列的六條規則清單，❾

---

❽　原註：見本書第三章。

要他們「牢記於心」。這些規則包括諸如「說出你任何心中所想」、「不要過度解釋或辯護」以及「別擔心句子是否完整」等指示。❿

　　在此我的目標是，為讀者重建脈絡化思考的展開過程。以下的呈現是有次序的，依照前後發給教師的文獻順序。我邀請讀者「閱讀這兩位教師所讀」，問自己會如何把一個文獻連結到另一個文獻，並嘗試為林肯的話編織脈絡。儘管整個「邊想邊說」的工作使用的文本涵蓋了七份在一百二十七年間所寫成的文獻，但因篇幅所限，第五份以後的文獻此處無法探討。另外，在泰德和艾倫之外還加入了一些對林肯及美國種族關係的主要詮釋者的看法：包括溫索波‧喬登 (Winthrop Jordan)，喬治‧弗雷德里克森 (George Fredrickson)，唐‧費若巴赫 (Don E. Fehrenbacher)，理查‧韋佛 (Richard Weaver)，理查‧霍夫史塔德 (Richard Hofstadter) 等。

---

❾　原註：David N. Perkins, *The Mind's Best Work* (Cambridge, Mass., 1981).

❿　原註：先前有關這些文獻的相關研究發現，背景知識不足的人很快地便對林肯生年大事的順序感到困惑。為了改變如此的情形並且幫助參與者完成他們的任務，我們製作了一份林肯生涯的大事年表，從他獲選伊利諾州的議員到遇刺。我們將年表發給參與者並告知他們可以隨時參考它。文獻是逐份發放的，每一份的內容都單獨印在不同頁上，每頁上緣則以粗斜體字標示出資料來源。參與者一旦評論完每份文本，便要求他們回想並報告「你在閱讀這些文件時所想到的任何其他事情」。假如參與者在他們的評論中沒有傳達林肯的觀點（並且在閱讀時也沒有清楚地做到這點），我們便會詢問他們「這份文件如何反映出林肯對於種族問題的觀點」。

四、思考的樣態

第一篇文獻是出自道格拉斯，林肯在 1858 年參議員選舉時的對手。一開始是道格拉斯聲稱林肯支持給予黑奴選舉權、參與公職及陪審團的權利。道格拉斯以這些聲明建立了自己的立場：「贊同將公民權限制於白種男性」以及反對「任何形式的」黑人公民權。接著他聲稱林肯相信「黑人生而平等」而且「由上帝賦予其平等權」。文獻 4.1 所示即為我們呈現給此計畫的閱讀者的形式。

{
文獻 4.1
道格拉斯 (Stephen A. Douglas) 的演說
}

1858 年，林肯和道格拉斯競逐美國參議員的席位。兩人參加了一連七場受全國上下矚目的公開辯論。雖然林肯競選失利，但他對奴隸制度的觀點卻廣為人知。以下是摘自 1858 年 8 月 21 日，於伊利諾州的渥太華 (Ottawa, Illinois)，道格拉斯對林肯的第一場辯論。

如果你想要黑鬼 (Negro) 有公民權，如果你要他們進入政府並與白人一起共事，如果你要他們和你一樣平等投票，且讓他們具有任公職的資格、擔任陪審團，且可評判你的權利，那麼你就支持林肯先生和黑人共和黨，他們贊成黑鬼公民權。至於我，我是反對任何形式的黑鬼公民權。我相信這個政府是由⋯⋯白人所組成的，永遠是為了白人及其子孫的利益，我贊同將公民權限定於白種男性、歐洲出生及其後裔的男性，而非授予黑人、印第安人及其他次等族類。

林肯先生跟從那些在學校和教堂地下室遊走和傳講的少數廢奴演說者之流的領導，自《獨立宣言》中讀到人人生而平等，之後就質問你如何能剝奪上帝和《獨立宣言》所賦予黑人的平等權利。他們都主張黑鬼的平等權由上帝的律法保障，且在《獨立宣言》中得到宣示……我並不質疑林肯誠心相信黑鬼和他一樣平等，是他的兄弟；但就我而言，我不認為黑人與我是同樣平等的，而且我很明確否認他是我的兄弟……（林肯）堅稱黑鬼生而與你們平等，全能的造物主授予他們平等權，且沒有任何人類的法律可以剝奪他們這些權利……現在，我不相信全能的造物主曾經意使黑鬼和白種人平等。因為千百年來黑鬼就已經是地球上的一個種族，而且長久以來，在所有區域和氣候下，無論他們浪跡何處，他們都比所遇到的種族低一等。他們屬於一個次等的種族，而且必須永遠居於次等地位。

資料來源：Abraham Lincoln, *Speeches and Writings*, vols. 1–2 (New York, 1989), 504–5.

註：加在文獻開頭的粗體字部分的資料，目的是介紹並提供背景說明。

對主修歷史的泰德來說，道格拉斯這個名字聽起來「真的很熟悉……我不記得太（多）關於他的好事，但也沒有什麼具體的」，泰德在閱讀中所提出的評論主要圍繞在建立文本的一致性，亦即對文本字面意思的基本理解。只有當被問到關於林肯，這篇文章揭露了什麼時，泰德才小心說出算得上是解釋的話：「嗯，這樣看起來林肯似乎是比較多的……站在黑鬼這一邊。但我想對此或許還有別的看法。」

另一方面，艾倫雖然也對林肯的觀念欠缺細部了解，卻被道格

拉斯演講中那種「不可思議的種族歧視語言」所震懾，但她更注意
到「那不是煽動性的言論」而是「事實和有根據的信念——那顯然
是真的，而且人盡皆知」。當被問到文獻是否說出了有關林肯的訊息
時，她說文獻提供甚少。她反而提到在閱讀時腦海中的意象：

> 當我閱讀的時候，我並沒有特別想到林肯。我用力讀這些語
> 句時想到更多的是史蒂芬・道格拉斯站在講臺上，向群眾發
> 表演說。在群眾裡聽講的會是哪些人、此時的文化為何、以
> 及為何在 1858 年時這樣的說法可以被接受，而現在卻不行。

在這裡有幾個值得注意的地方。第一，艾倫一開始就為這篇談
話建立了一個社會脈絡——政治競選拉票活動、喧囂的群眾，與演
講者對聽眾情緒的敏感度。但她做的第二件事就更細膩了——她意
識到自己的信念和那些文獻中所反映出的並不一致。由於注意到「接
受度」的問題，且意識到令她驚駭的「不可思議的種族歧視」可能
被當作「事實和有根據的的信念」，艾倫因而編織了兩個層面的脈
絡：社會場合的議題，以及「心態」的議題，也就是形鑄當時之心
智樣貌的主流思考模式。在此她試圖了解：此一世界中，上述信念
並不是出自暴徒或邊緣分子，而是來自未來的參議員和投他們票的
選民。在這個例子中，艾倫脈絡化思考的特色，不是去開啟與過去
的延續關係，而是開啟了對過去的陌生奇異性 (foreignness)。

文獻 4.2 是林肯——道格拉斯辯論最著名的文獻之一，是支持
林肯為「白種優越論者」學派的原始文本。整體來看，此文獻比本

{ 文獻 4.2
林肯答覆道格拉斯 }

出自林肯答覆道格拉斯，1858 年 8 月 21 日於伊利諾州渥太華。

在此我要說……我無意直接或間接地干涉美國現存各州的奴隸制度。我相信我沒有合法的權利如此做，而且我也無意如此做。我無意去推動白人與黑人之間在政治和社會上的平等。二個種族在外觀上有著不同，依我的判斷，這或許使他們永遠無法生活在完全平等的條件下，且差異也必然是會存在的，我……連同道格拉斯法官，都支持我所屬的種族有較優越的地位，我不曾說過任何相反的話，但儘管這樣，我仍主張：沒有任何理由說，在世界上黑鬼(Negro) 沒資格享有《獨立宣言》上所列舉的所有自然權利，即生存、自由和追求幸福等權利。我主張他和白種人一樣都享有這些權利。我同意道格拉斯法官所認為（黑鬼）在許多方面和我是不平等的——當然在膚色上不同，或許在道德或智能的天賦上也不同。但在吃麵包的權利上……那是他們自己掙來的，他們和我是平等的，也和道格拉斯法官及每個活著的人一樣平等。

資料來源：Abraham Lincoln, *Speeches and Writings*, vols. 1–2 (New York, 1989), 512.

章一開始所用的那份較簡短的節錄更不容易歸類。儘管如此，我們不可避免地要問林肯是不是一個種族主義者。事實上，此一問題的提出——以及根據證據形成解答——會將我們擲向歷史推論的核心。費若巴赫 (Donald Fehrenbacher) 對此問題的關注值得引述：

任何認真要來回答（林肯是否是一種族主義者）此問題的人，
將旋即發現自己深處複雜之中，並且遭遇到歷史考察的一些
根本問題。其中一個範疇是關於史家與過去之間的各種問題：
他的研究是否屬於小心謹慎的合宜建構，還是基於其他更重
要的目的？運用道德批判是否在他的職責之內？如果是，要
依循什麼標準──根據他自己時代的標準，還是他所研究的
時代的標準？還有若欲藉由尚存的言行記錄去解讀一個人的
心靈，尤其是一個政客的時，所會遇到的一切複雜因素。例
如，一個人在年輕時公開肯定之事，到他成年時可能已悄然
丟棄；人們相信的事情可能不及他們相信的程度來得重要；
人們在某個特定場合所說的話可能大半取決於當下的歷史脈
絡，包括其聽眾的屬性。❶

　　當泰德讀到林肯對道格拉斯的答覆，他感覺有些熟悉。一開始
他覺得他以前曾看過那份文獻，讀到第四行時，這種感覺更趨強烈：
「是的，我以前讀過這個」。林肯之聲明「他支持他所屬的種族這一
邊」強化了泰德的看法：林肯不是教科書上所說的「偉大的解放者」，
而是個想要「重新團結國家，而非只是解除奴隸制度」的人，「嗯，
所以，現在這讓林肯看起來更像頑固守舊，而且不是那麼無私」。看
到文獻的末尾，泰德原先對林肯的了解得到了進一步的強化：

---

❶　原註：Donald E. Fehrenbacher, "Only His Stepchildren: Lincoln and the
　　Negro," *Civil War History* 20 (1974), 293–310.

> 林肯不是那麼為了——他這麼做不是那麼為了黑人的利益，
> 為了無私的目的……某方面來說，他確實說他們應該受到平
> 等的對待，但他仍未給予他們平等——他沒有給予他們……
> 身為人的平等。

對泰德而言，林肯所言可以完全孤立地來討論。這些話語直接地反映林肯的信念，而不會受到表達這些信念的場合的干擾，也不會受到林肯想藉由這些信念表述所欲達到社會目的的影響。

相形之下，艾倫的評語中則花了超過三分之一的篇幅（她說的三百零六個字中的一百零七個字）去建立社會脈絡。她針對這份文獻後半部林肯對黑鬼平等權的陳述提出的評論（參見表 4.1），在此我們也將泰德的評語呈現出來以便比較。

依艾倫之見，這篇文獻透露了哪些有關林肯的訊息？看起來似乎很少。當被問起這篇文獻如何闡明林肯的觀點時，她重新肯定先前閱讀所得：「從脈絡的角度，我看待林肯就如同我看待一名試圖勝選的政客般——他們會說任何話，做任何事以求勝選。也就是你不能信任他們。」艾倫的閱讀與泰德呈現強烈的對比。對泰德而言，林肯的反應可作為他頑固守舊的證據。另一方面，艾倫則未提及頑固守舊，她提到文獻中談及林肯的唯一事實是：他就像其他政客一樣說兩面話。文獻反倒指引了一個她知之甚詳的社會脈絡——候選人為了贏得選票而視情況說話。

艾倫把林肯設想成一個只求勝選的不誠實政客，這便落入了一個既有的詮釋傳統中。在《美國政治傳統》(*American Political*

表 4.1
艾倫和泰德閱讀文獻 4.2 的比較

原　文
但在吃麵包的權利上……那是他們自己掙來的，他們和我是平等的，也和道格拉斯法官及每個活著的人一樣平等。

評　論	
泰　德	艾　倫
他似乎給予他們平等，就是生存的平等權利，但如他所言，或許不是道德上或智能上的。他仍然說白種人是比較優越的，但這並不就能奪走黑人的生存和生活的權利。	當我讀到這裡，想到林肯時，我把他想成一個政客。一個想辦法當選的傢伙。我腦中浮現羅傑·艾爾 (Roger Ailes) 那種人的影像，你知道就是那種操控輿論風向的專家 (spin doctor)，去催動競選部門主管，也催動媒體的主管，我猜你們也知道雷根的媒體總管。在他的耳邊喃喃細語，告訴他要對這些群眾說些什麼，如何對特定的議題正確表態。因此，回過頭來，我想到林肯時，把他看成是一個政客，某種虛偽的樣子，那就像很多政客一樣。他們的說話投聽眾所好，你永遠無法真的知道他們在想些什麼。

Tradition) 一書中側寫林肯的霍夫史達德 (Richard Hofstadter)，把林肯在前述文獻中的話標示為：同時討好廢奴論者和「憎奴論者」(Negrophobes)。[12]霍夫史塔德論及林肯在 1858 年 7 月 10 日於芝加哥發表的演說（「讓我們把所有關於這個人和那個人，這個種族與那

---

[12]　原註：Richard Hofstadter, *The American Political Tradition and the Men Who Made It* (New York, 1948).

個種族……的爭辯都丟掉……團結成一個族群」），並將此與林肯在
1858 年 9 月 18 日於查爾斯敦 (Charleston) 的演說（「我和其他人一
樣都贊同讓白種人擁有較優越的地位」）作比較後，評論道：

> 我們不容易確定哪個才是真的林肯，是在芝加哥演講的那個，
> 還是在查爾斯敦演講的那位。很可能這個人對每一次他所發
> 布的談話當下都誠摯地相信；也可能他的心如同分裂的房
> 子❸那般自相扞格。無論如何，由這種種皆可看出一名職業
> 政治家尋求選票的行徑。❹

　　艾倫和霍夫史塔德都以政治競爭活動的情勢所需，解釋林肯言
語中明顯的矛盾。因為林肯需要爭取兩方陣營的選票，所以他必須
說兩面話。但這種「分裂的林肯」的詮釋法並非解讀這些文獻的唯
一方式。

　　林肯在文獻 4.2 中的陳述迫使我們面對脈絡化思考的兩難困
境。假如我們預設歷史上的種族關係具有延續不變的本質，我們就
會在林肯的言論中看到不一致之處。而這些不一致會引導我們去建
立一個脈絡，例如解釋林肯為何對不同的人說出不同的事情。然而
如果我們一開始就具有這樣的信念：清晰的語言和純粹的邏輯本身
也是歷史的產物，那麼我們在面對明顯的不一致時便會開啟不同的

---

❸　譯註：分裂的房子一語出自林肯，他用來比喻美國這個國家因黑奴問題分
　　為兩半。

❹　原註：Ibid., 116.

反應。不一致使我們有機會探索我們與過去之間的斷裂，不一致是我們試圖跨越歲月而來的時空鴻溝必然會有的結果。

回顧道格拉斯和林肯之間的爭議點，回聯想到源自於《獨立宣言》的三段論。若如《獨立宣言》所稱：「人人生而平等」，而又如道格拉斯所說「黑人和我不是平等的」，那麼，依道格拉斯的定義，黑人就不被視為人。如果這是林肯所要講的問題，那麼他的看法一點都不含糊。

理查‧韋佛 (Richard Weaver) 在他的《修辭倫理學》(*Ethics of Rhetoric*) 一書中，說明了林肯如何「以定義來論辯」，亦即攻擊某一問題時先減少次要的爭論以凸顯出明確的內在本質。❺儘管其他政治家分別從歷史、比較政治、《聖經》、或現實需求等角度去檢視奴隸制度，但林肯則採由論辯基本的原則入手。從他在佩歐瑞亞的講演 (Speech of Peoria) 中，我們即可洞悉他的論辯風格。林肯告訴他的聽眾，他會聚焦於奴隸議題的「原初意義」(naked merits) 上。他的演講從人的屬性問題開始， 這正是文獻 4.1 及 4.2 議論交鋒的核心所在：

> 據說為了公平公正的對待南方，我們必須同意將奴隸制度延伸到新的地區。也就是說，由於你不反對我帶我的豬到內布拉斯加，所以我不能反對你帶著你的奴隸。現在，我承認，只要豬跟黑鬼間沒有分別，這是完美的邏輯。但當你要我否定黑鬼的人性的同時，我希望問你們南方人自己是否也願意

---

❺　原註：Richard M. Weaver, *The Ethics of Rhetoric* (Chicago, 1953).

這樣做？❶

　　如果奴隸只是如同一隻豬或牛般的私有財產，林肯問：為什麼對待販奴者與對待販豬者的方式有所差別？

　　　你們完全看不起他。你們不承認他是朋友，甚或是誠實的人，你們的小孩不可以和他的小孩一起玩；你們的小孩可以自由地與小黑鬼嬉鬧，但不可以和販奴者的小孩在一塊。如果你們必須和他們打交道，你們也盡可能在連碰都不要碰到他的方式下完成。你們遇到人時握手是普通的事，但碰到販奴者你們就避掉這種禮儀——本能地不願和這種陰險的人接觸。如果那人致富並退休，你們仍然記住他，也仍然維持不與他和他的家人往來的禁忌。為何如此呢？你們不會如此對待那些販賣玉米、棉花或煙草的人吧？❷

　　林肯也舉了其他的例子來反覆陳述此一論點，例如，南方人要怎麼看待當時住在美國的四十三萬三千六百四十三名獲得自由的黑人？更甚者，解放這些奴隸對他們的主人是筆巨大的經濟損失，要不是這些主人感覺「可憐的黑鬼會多少意識到自己的自然權利」，那些黑人哪來的自由？韋佛的觀點值得一提：

---

❶　原註：Lincoln, *Speeches*, 325–26.

❷　原註：Ibid., 326.

（黑人）是人類的一種，這是林肯不可能丟掉的一個立場，在他早年當律師時就已學到：把論辯建立在一個不容置疑的基礎上，比藉著一堆論點來凸顯某個案例要好的多。多年來他緊抓住此一人種屬性的概念，並由此推導出以下主張：在同一屬性為真者也適用於其旁支之上。因此，既然《獨立宣言》已禁止人作奴隸，原則上也就是禁止黑鬼為奴。❶❽

　如果我們仔細端看林肯在文獻 4.2 所作的回應，就可以看到那些在若干激烈的言詞下被遮蔽的面向，也會注意到林肯唯一願意明確地認同道格拉斯所說的地方是：「二個種族在外觀上有著不同」，但接下來林肯就模稜兩可了。林肯說，在道德或智能天賦上的差異僅是「或許」(perhaps) 有的。「或許」這個字眼為多數現代讀者所忽略，但即使要說兩個種族在道德和智能上是平等的可能性，也必須從十九世紀中葉種族主義的背景去考量。史丹佛大學歷史學家喬治‧弗雷德里克森 (George Fredrickson) 在這點上論說，林肯此處乃是師從他共和黨的導師亨利‧克雷 (Henry Clay)，後者倡導漸進的黑奴解放政策，並且在他生涯早期便曾宣稱黑人是「理性的生物，就如同你我，有能力感覺、反思和判別身為人類一分子有哪些東西是天生屬於他們的」。❶❾

　弗雷德里克森所以提及克雷，這是將「時代精神」的面向與林肯的個人生命歷程交錯綜觀。今人看來道德權利與法律權利之間幾

---

❶❽　原註：Weaver, *Ethics*, 95.

❶❾　原註：Fredrickson, "Not a Brother, "42.

無差別，在林肯及其同時代的許多人心中兩者卻是有重大的區別。我們因為無法明白在那時的世界中這樣的區別會被視為「進步性」的，就把林肯的陳述視為矛盾和不一致，或更糟的——視為偽善或只圖自利。

對泰德而言，林肯的話足以讓他了解林肯的內心，而他所接受到的是一個頑固守舊的形象。對艾倫而言，林肯的話揭露出更多的是社會情境，而非是身居其境之人的確切真實面。至於韋佛、佛萊德瑞克遜等人所提點的是：「確切的真實面」遠比我們想像的還要隱晦不明。

第三件文獻出自林肯生命中的不同時期，而且展示了不同類型的文獻證據。有別於先前所見的文獻是公開對道格拉斯的回應，文獻 4.3 是一封致密友喬許・史彼德 (Joshua Speed) 之妻——肯塔基的瑪莉・史彼德 (Mary Speed) 的私人信函。在這封信裡，林肯描述了密西西比河的一趟船上之旅，在這艘船上一群奴隸被沿路販售。

{ **文獻 4.3
致瑪莉・史彼德書** }

林肯，寫給瑪莉・史彼德，一位友人，1841 年 9 月 27 日。

附帶一提，在船的甲板上有個很好的例子足供我們沉思：人的處境對於其幸福會有的影響。有位士紳在肯塔基州不同的地點買了十二個黑鬼，要把他們帶回南方的一個農場。黑鬼被六個六個鍊在一起，小小的 U 型鐵銬環繞在每個人的左手手腕上，他們被串在

一起像釣魚繩上的魚。在此情況下，他們永遠與其童年之地、他們的朋友、父母、兄弟姊妹分離，其中許多人還與妻兒分離，並將走入奴隸生活中……然而，在這種種悲慘的境遇下……他們是船上最快活，顯然也是最快樂的人。其中一個因為犯了過度寵愛自己老婆之過而被賣掉的人，幾乎不停地拉著提琴；其他人則天天跳舞、唱歌、講笑話以及玩各種紙牌遊戲。「上帝使最悲慘的境遇都能為人忍受……」這是多麼真實的道理啊。

資料來源：Abraham Lincoln, *Speeches and Writings*, vols. 1–2 (New York, 1989), 74.

這份文件在好些方面很能引發思考。首先，史學工作者在推斷某一文獻的真切性時，一般會先考量其類型，而若缺乏其他的訊息，他們傾向於認為私人通信比公開的發言更具證據效力。❷其次，乍看之下，此一文獻的要旨呈現了一個令人費解的對比。面對近在眼前奴隸們被拴在一起的景象，林肯所要評論的不是人的悲慘境遇，而是人的快樂。

文件中讓泰德做出首次解釋的（參見表 4.2），是在林肯描述那個「過度寵愛他妻子」的奴隸之處。當我們問泰德他對林肯的想像因此是否有所改變或仍舊相同時，他回答道：

---

❷　原註：關於史家如何衡量文獻證據的種類與價值，可見本書第三章的舉隅。亦見 Louis Gottschalk, *Understanding History: A Primer of Historical Method* (Chicago, 1958).

表 4.2
泰德對文獻 4.3 的詮釋

文　本	評　論
其中一個因為犯了過度寵愛自己老婆之過而被賣掉的人，幾乎不停地拉著提琴。	這句話讓我有點困擾——他被賣為奴隸的罪過——好吧，就是他被賣的原因。
過度寵愛自己老婆，幾乎不停地拉著提琴。	所以他看起來像個樂天的小男孩。
其他人則天天跳舞、唱歌、講笑話以及玩各種紙牌遊戲。	他們是在表現在自己的生活方式中，他們是快樂的小人物這樣的形象……他似乎是在說他們是——他們是好人，但他們只是在扮演無論處在什麼樣的情況下，他們都是快樂的小「黑鬼」的刻板印象。他們「享受著」他們的境遇。

這個，我仍不是那麼確定。也許我要再讀一讀（文獻），而且真的，我想再多知道一點。他這樣的想法究竟會是如何？除了說「上帝使最悲慘的境遇都能為人忍受」以外，他的總體看法到底是什麼？他似乎是在說：那是某種不幸，因為那是他們在最悲慘的狀況下所能做的最好的方式了……所以這讓他有種在關懷他人的感覺。而我相信他確實是這樣的。然而，另一方面，就像我說的，把小黑人看成是無憂無慮的人那種意象，我不知道。這讓我不快，所以，我想我不喜歡讀這段。

此段評論中有好幾個值得注意的地方。第一，泰德充分地意識

到這份文獻留下的不確定感，而且若要好好理解其中的內容他可能
得再讀一次。第二，雖然泰德說林肯「關懷他人」這點暗含這位第
十六任總統是「守護之神」這觀點的意味，但他也因此更增強他原
先認為林肯是一位頑固守舊的人的看法。最後，泰德表現出他自覺
到自己對此文本的情緒性反應，對他認為林肯是極度頑固守舊這個
形象的反應。

　　艾倫閱讀這份文獻的方式與泰德極為相似（參見表 4.3）。這封
信帶來困惑：林肯怎會冷漠到錯把人類的悲慘遭遇當作快樂？但林
肯真是像他的話中所顯示的那樣冷漠嗎？有沒有什麼漏掉的脈絡可
以讓我們對這封致史彼德的信有不同的看待方式？

　　難道林肯真的對那些被強迫離開家園及家庭的人們所受的苦難
視而不見嗎？還有什麼比這些致瑪莉・史彼德的話更好的證明他對
奴隸的痛苦極度冷漠？喬治・弗雷德里克森倒是對林肯寫給瑪莉・
史彼德信中的這些話在現代人聽起來會有什麼樣的感受了然於心，
他寫到：

　　　　這樣的論理實在很難顯示林肯的反奴熱情，且很容易被譴責
　　　　為是志得意滿、冷漠無情或缺乏想像力的表徵。不過，這種
　　　　假定是基於一個 1840 年代愈發少有的看法，亦即以共通的人
　　　　性，而非以某種特殊的種族特性，來看待黑人對於環境的反
　　　　應。㉑

㉑　原註：Fredrickson, "Not a Brother," 44.

表 4.3
泰德和艾倫對於致史彼德信的詮釋

讀　者	文本提示	評　論
泰　德	……其他人則天天跳舞、唱歌、講笑話以及玩各種紙牌遊戲。	他們是在表現在自己的生活方式中，他們是快樂的小人物這樣的形象。
艾　倫	……其他人則天天跳舞、唱歌、講笑話以及玩各種紙牌遊戲。「上帝使人類最悲慘境遇都能為人忍受……」，這是多麼真實的道理啊。	令人沮喪——我在讀的時候真的沮喪。有人被賣為奴隸，被迫分離，不知怎地，有權力的人卻可以說出：「看看他們多快樂。看他們有多美好，他們根本不在意。」來將一切合理化。他們只是——有點像說這是他們的命運。這是他們這世界上生存的目的。當我想到林肯，我的意思是，嗯，至少他清楚了解……他們是被迫分離的。但他怎麼能覺得他們是快樂的呢？不行——我的意思是說這兩種情形不是——不能這樣連在一塊。你和你的家庭、家鄉、兄弟姊妹和孩子分離，但依然快樂。他怎麼知道他們很快樂？

　　我們很難去想像一個連奴隸是否具有人的資格都還成問題的世界，但這正是林肯所生長的世界。嘗試去重建一個我們無法完全了解的世界，或許正是脈絡化和時空錯置這兩種解讀過去之方式的差異所在。

　　相較之下，泰德對於林肯的第三篇文獻亦即文獻 4.4 就說得很

{ 文獻 4.4
關於殖民的演講 }

為解放的黑人建立殖民地的想法在十九世紀初期即已提出。許多反
對奴隸制度的白人積極地鼓吹殖民政策，堅信唯有經由重新安置黑
人，才可能實現真正的自由和平等。林肯早就支持此一想法，1862
年國會撥了一筆錢援助殖民項目。下文出自林肯於 1862 年 8 月 14
日在白宮對一群自由的黑人所作的「論殖民演說」。

為什麼……你的族人應該被殖民，又該在什麼地方？如果一開
始就找上那些未獲自由、智力又為奴隸制度所蒙蔽的人，則我們幾
乎難以為始。如果睿智的有色人種……願意推動此事，便能有所成
就。特別重要的是，如果我們一開始就有可以如白人那樣思考的
人，而不是那些受體制的壓迫者……我想到可以作為殖民地的地方
是中美洲……這個地區對於任何人都是上好的地方，有極為豐富的
自然資源和優勢，而且特別是因為與你們原鄉的氣候類似——因
此，你們的身體狀況可以調適得來。

資料來源：Abraham Lincoln, *Speeches and Writings*, vols. 1–2 (New York, 1989),
368.

少了。❷他提到自己對為了解放奴隸而建立殖民地的計畫相當熟悉，
但無論如何，讀此篇文獻並沒有影響他對林肯的看法。另一方面，

---

❷　原註：這份文件附有一篇漫長的序言，因為前導性的實驗顯示出一些讀者，
　　包括那些曾經修習過與此時期相關的課程的人在內，對林肯計畫在中美洲
　　為被解放的黑奴建立殖民地一事的人寥寥無幾。

艾倫則用這篇文獻來充實她對林肯的印象。她從時間方面入手，注意到這篇演說是在內戰中期發表的。她一邊閱讀時，一邊也在心中形成一個不同的林肯形象。

（林肯）特別努力要去解決一個顯然在那個時代框架中是有意義的問題。而且我感覺到他是盡全力在解決一件找不到好的解決之道的事情。這已經是目前的最佳之計。所以，我是把他看成一個解決問題的人……而不是想要（含糊不清）的虛偽政客。（他像是一個）執行長或是屬於某種決策者，正試圖處理某個問題或者是嚴重的問題。在第一篇文章（文獻4.2）中他真是單一面向的人，有點像是個虛偽的政客。接著在致瑪莉·史彼德的信中他有另外的一面，有幾分的人性了。而現在又是另一面，正可增補先前所未有。但我現在更把他看成是一名主要的執行者，試圖去解決問題，去平衡戰爭，預先籌劃戰後會有什麼問題，如何面對處理——而這是發生在《解放宣言》之前。這在《解放宣言》之前嗎？是的，這是發生在前。所以，我的意思是他可能早已有這樣的想法，所以他是早一步思考：我們將如何處置這麼多的奴隸？也許在1862年，殖民是一項切實可行的選擇。這有點讓我想到英國在澳大利亞所做的事，也就是把所有不良分子都用船運到澳大利亞去。

艾倫在此提供了豐富的文本交叉閱讀的方式。她提到了前面三

個文獻中的前兩篇，而她對於文獻 4.4 的理解也是以先前的文獻為基礎。在她心中浮現的形象是一個面貌豐富的人，一下子是「虛偽的政客」，一下子又是關懷他人者，而在此一文獻中則運籌帷幄的執行長。這裡她似乎察覺到如此的一個計畫儘管在今天是怪異的，在十九世紀後半葉卻頗有道理。至於拿澳大利亞作為類比，呈現的是她尋求相似的例證來進一步脈絡化林肯的計畫。為了理解林肯，艾倫把時代精神的若干元素與南北戰爭的時序合起來看，從而為林肯的生命脈絡建立了脈絡基礎。

約翰・羅賓森 (John Bell Robinson) 的演說（參見文獻 4.5）一開始即由宗教的論點切入奴隸制度：「上帝自己使他們具有奴隸的用處，且要我們加以利用。如果我們背棄對上帝的信任，而任由他們自謀生路，我們將使他們回復成野蠻人了。」這些強烈語氣的話讓我們感到荒誕不經，但我們應該要察知，由宗教層面來為奴隸制度合理化的做法可追溯到英國與非洲的最早接觸。❷❸閱讀羅賓森的資料時，泰德對如此的想法大為惱怒，這與他自己對種族的觀念相差甚遠。當讀到羅賓森把奴隸制度和神聖使命相提並論時，他不假思索地說：「我的腦袋——啊的一聲，我無法以言語來形容。」當羅賓森講到，如果黑鬼被送回非洲，則「不出五十年」他們便會倒退回「異教和野蠻的狀態」時，泰德鎮靜了一下並回應道：「這就是他認為他們是——野蠻人——嗎？我指的是他在貶抑他們固有的自然生活型態和文化，對此我不以為然。」當被問到，讀羅賓森的言論是否幫助他更理解在前三篇文獻中他所熟悉的那些關於林肯的觀

❷❸　原註：See Jordan, *White Over Black.*

{ } **文獻 4.5**
奴隸制的好處

出自於《奴隸與反奴隸圖片：黑奴制的優點以及由道德、社會和政治面思考黑鬼自由的好處》，羅賓森著，一個贊成奴隸制的白人發言人，賓州，1863 年，頁 42。

上帝自己使他們具有奴隸的用處，且要我們加以利用。如果我們背棄對上帝的信任，而任由他們自謀生路，我們將使他們回復成野蠻人了。我們的天父讓我們生而主宰，而黑鬼則生而來服侍，而如果我們……把祂為了人類的利益及其自身榮耀的神聖安排置之不顧，篡改祂的律法，我們將被推翻且永遠沉淪，或許還將臣服於其他文明國家……讓所有黑鬼在其原生地殖民，這幾乎是行不通的，所以永遠不會實行，在這個綠色的地球上也沒有其他地方會適合讓他們如此做。把他們送到任何地方都是極致的殘酷和野蠻。如果他們全部被安置在非洲沿岸居住，不出五十年他們便會退回異教和野蠻的狀態。

點，他回答「沒有，因為，在這裡面沒有提到林肯的名字，而且再看作者的名字，那個名字聽起來並不熟悉，而且我完全無法把他和林肯連結在一起。」

我們應如何理解泰德的閱讀？當然在某個層面上，泰德是對的。羅賓森對他所知道的非洲人「自然的生活型態加以貶抑」，且話中對不同於他的民族帶有不寬容及不敬的意味。但就另一方面來說，泰

德的評論讓我們一窺許多大學生同樣的看待過去之方式，此方式大
衛・羅文陶 (David Lowenthal) 謂之 「沒有時間的過去」 (timeless
past)。在這樣的過去中，我們用以理解現在所建構的諸多觀念（「種
族主義」、「偏執」、「容忍」、「多元文化的理解」）屹立如橫跨時空、
不會改變的靜態範疇。❷❹ 在這般的過去中，羅賓森當然應該有不同
的思考，但為了公平對待羅賓森先生，他也實在不該生於這樣一個
世界，如溫索波・喬登 (Winthrop Jordan) 和弗雷德里克森所提醒我
們的──將歐洲白人男性高舉為評價所有人類的標準。

　　當泰德告訴我們羅賓森沒教他任何關於林肯的事情時，我們也
看到脈絡化思考的反例。泰德說羅賓森沒有提到林肯這點是對的。
但從另一層面來看，泰德卻是錯的，因為羅賓森告訴了我們非常多
林肯時代中盛行的心態樣貌。羅賓森是這幅景象其中一端的界標，
就如威廉・蓋里森 (William Lloyd Garrison) 是另一端的標記一樣
（參見文獻 4.6）。在一個包羅眾多不同思想層面的世界中，林肯的
思想又是怎樣的層面？在思想的光譜中他座落在何方？

　　這個問題也同樣成為艾倫的絆腳石。羅賓森的文獻也未能讓艾
倫自然產出有關林肯的意見。她整個人被羅賓森挑釁的言語所激，
將它和希特勒的 「猶太人問題的最終解決方案」 (Final Solution) 相

---

❷❹　原註：David Lowenthal, *The Past Is a Foreign Country* (Cambridge, England,
　　1985); David Lowenthal, "The Timeless Past: Some Anglo-American Historical
　　Preconceptions," *Journal of American History* 75 (1989), 1263–80. 關於
　　Lowenthal 最新的立場，見他的 *Possessed by the Past: The Heritage Crusade
　　and the Spoils of History* (New York, 1996).

比。羅賓森聲稱遭返的黑奴將「退回異教和野蠻的狀態」促發了以下反應：

> 我是說我簡直無法相信有誰會這樣想。簡直不敢相信！我說，這太糟糕了。這真的一點都沒有影響我對林肯的看法。我的注意力都集中在這個傢伙身上。我很火大！非常怪異的是，再次地，我可以想像他在某種演講廳裡講話的景象，而這又再度被宣講，而它沒有——這真是煽動性的內容，但我是說回到 1863 年，或許就沒有那麼的煽動。（它）有點是在強調一部分的人如何把奴隸視為次等人類，我們這麼做是為他們好，而如果我們不讓他們來服侍我們，那他們就會成為異教徒而且會迷失困惑。

{ **文獻 4.6
廢奴的宣言** }

出自於蓋里森 (William Lloyd Garrison, 1805–1879) 所寫的社論，見於《普世解放的精神》期刊，1830 年 2 月 12 日。蓋里森是一位廢奴主張的白人領導者，在他自己的反黑奴制雜誌於 1831 年創刊前，曾經暫任《精神》的助理編輯。

我拒絕接受上帝意在使……某些人種優於其他人種的假定。無論有多少人種被混合——無論種族或國家之間存在多少不同的膚色——都給予他們改善的機會，同時也給予他們公平的起跑點，而結果也將會同樣地燦爛、同樣地豐富、同樣地宏大。

在理想的情形下，艾倫應該會看出羅賓森對奴隸制度所作的宗
教辯解，正是林肯欲迴避的那種陳述。的確，林肯曾在談論奴隸制
度的脈絡中提到了上帝，但他是在指陳不同的種族在上帝之前享有
共同的連結（參見文獻 4.3）。就這來說，羅賓森和林肯之間的隔閡
莫此為甚。

五、結　論

這兩位教師處理文獻的方法截然不同。對主修歷史的泰德而言，
文獻中的詞語等同於林肯的觀點，至於主修物理的艾倫，對於從這
些文獻去追尋「真正的」林肯這事小心謹慎，她嘗試去了解因應不
同環境的不同的林肯。艾倫與泰德的進一步區別是，她在文獻之間
作了許多比對連結。我們把這些交互參照的做法視為她努力在這項
任務範圍內，藉著重建林肯所置身的輿論氣候來創造出一個脈絡。
在這項任務的末了，當艾倫看到班奈特 (Lerone Bennett) 宣稱林肯
是一「有可悲缺陷的人物，帶著當代大部分白人所具有的種族偏見」
時，她能夠用本項工作中所獲得的理解對這個陳述加以闡明。❷❺艾
倫部分贊同班奈特的主張，但她加入了前提：「很明顯的，林肯的想
法與……羅賓森並不相合」。再者，她還將班奈特的文章納入脈絡
中：「1968 年，讓我們看看，那一年，正好是在羅勃・甘迺迪 (Robert
Kennedy) 和馬丁・路德・金恩 (Martin Luther King) 遇刺之前。」❷❻

---

❷❺ 原註：Bennett, "Was Abe Lincoln," 42.

❷❻ 譯註：羅勃・甘迺迪 (Robert Francis Bobby Kennedy, 1925–1968)，是約翰・
甘迺迪之弟，1965 年任紐約州參議員，1968 年競選美國總統時遇刺身亡。

在這項任務從頭到尾中，艾倫能不失己見地衡酌林肯的觀點；她能經得住震驚之情而表達不贊同；她可以拒絕卻又能理解。讀到道格拉斯的資料時，她留意到那「不可思議的種族歧視語言」，但也注意到「那不是煽動性的而是事實和有根據的信念——那顯然是真的，而且人盡皆知。這是他們所稱的傳統智慧、共同的知識。」艾倫在此達到了一種基本的歷史理解：過去不只是現在的開端而已，過去與現在也不相連續。她在自己的觀點和那些她所讀到的人們的觀點兩造間所開創的距離，讓她看待歷史時如同路易斯・明克 (Louis O. Mink) 所言：是一份「永恆的邀請，去發現並進入與我們如此相異的觀看方式之中」。❷⁷艾倫的理解與此神似。1850 年當時的白人社會所見，以及容許這個社會在美國土地上宣揚奴隸制度的種種環境，與今日我們看到的已是大不相同了。

這兩位教師在此似乎呈現一道難解之題：歷史中的學術訓練和思考脈絡化的視角之間的反向關係。不過，此一型態也不是完全異常，因為我們先前研究發現，雖然所根據的樣本很少（只有十二位教師），顯示大學主修學科與建構歷史脈絡的能力之間並沒有明確的關係。

這份試驗性的、暫時性的發現，對關切教師學科內容知識的研究者而言，並非全然陌生。❷⁸大學科系一開始便假定學生在入學之

---

❷⁷　原註：Louis O. Mink (Brian Fay, Eugene O. Golob, and Richard T. Vann, eds.), *Historical Understanding* (Ithaca, N.Y.,1987), 103.

❷⁸　原註：　See the National Center for Research on Teacher Learning, *Findings on Learning to Teach* (East Lansing, Mich., 1992).

前即已精通了基礎的學科觀念。而這些基礎的觀念正是該學科教給年少學生的核心。但情況經常是：那些被預設是大一新生、大二生、大三生及大四生心中應該早已具備的觀念，卻鮮少被檢驗、測試或評估。在許多的情形下，大學教師所假定的這種基礎純屬他們的想像虛構而已。

當歷史系畢業的學生來攻讀教育碩士課程時，我們假設這些學生都已深諳他們的歷史專業了。教師培育的任務是訓練這些準教師們如何教學。但是，當如今有了這類的評估，而這些評估促使我們檢視有關學科的基礎假定，並且動搖了我們對學生基礎知識的信心時，又該如何？當我們在教人們如何教學的同時，卻發現我們還得先教他們如何致知 (how to know)，教師培育的工作因此變得加倍複雜了。

鑑於今天我們到處都聽得到各種可用來找出學生能否「像歷史學家那般思考」的「真實可信的評鑑」，我要提出「那又怎麼樣」(so what) 的關鍵問題來作為本章結尾。那些關於評鑑的宣告時常可以換來熱烈的點頭稱是，然而這些點頭的人們往往從來不會去問一個更優先的——在我看來也是更基本的——問題：我們為什麼要在意學生或老師能不能像歷史學者那樣思考？

這裡所描述的歷史思考形態，特別是思考過去時能常常認清自身概念工具 (conceptual apparatus) 的不足這點，對於教導人們如何理解不同於自己的他者時，是必不可少的。如果我們從來不能體認到個人經驗的限制，還怎能期待可以了解那些邏輯與我們相違的人們、那些從我們的標準來看其抉擇和信念顯得難以理解的人們？

迄今仍存在許多未解的疑問：我們無法確實知道人們如何學得脈絡化的思考；我們不知道當人們有此思考力時，他們又是在何處學會的。我們甚至不知道脈絡化思考發展的過程中，正規的學習扮演了什麼角色。無論如何，我們篤信一件事：脈絡化的思考能力，以費雪 (David Hackett Fischer) 的話來說，並不是某種「為了追求學術完美的全新目標」：❷⑨

如果我們繼續犯下……用前核子時代的思維去觀看核子時代的問題這種錯誤，那就不會有後核子時期了。如果我們持續錯將昨日的方針用在今日的問題之上，我們可能會驟失明日的機會。如果我們在二十世紀中葉仍繼續追求十九世紀的意識形態目標，那麼二十一世紀的前景就會愈來愈黯淡了。❸⓪

如同費雪所提示的：當面對那些威脅著要撕裂我們社會和我們世界的問題時，理性是個脆弱得可憐的武器。然而，這也是我們擁有的唯一武器。

後　記

本章是為 1992 年 10 月在馬德里的 Autonoma 大學舉辦的 「歷史與社會科學中的推論」 學術會議所準備的。 首次付印時乃與 Janice Fournier 聯名刊載於會議的論文集： Mario Carretero and

---

❷⑨　原註：Fischer, *Historians' Fallacies*, 215.

❸⓪　原註：Ibid.

James F. Voss, eds., *Cognitive and Instructional Process in History and the Social Sciences* (Hillsdale, N.J., 1994)；摘要刊於 *History News* 48 (1993)。根據同樣的文獻與步驟，我探討了史家如何閱讀這些文獻（見第一章）。對此研究的完整陳述見 *Cognitive Science* 22 (1998), 319–46。

版權聲明

描繪過去

　　首先請你平心靜氣，試著回想兩個歷史人物，一個是清教徒，一個是西部拓荒者。你想像中的清教徒是不是頂著高高的、上有扣環的黑帽子？或是戴著一頂小小圓圓的蕾絲帽？而你腦海中的拓荒者是不是圍著印花大方巾、穿皮質套褲，正在趕著羊群？或者是帶著闊邊的遮陽帽，在大草原上忙著餵食雞隻？那麼，為什麼這些特殊的意象會進入你的腦中？為什麼有些意象比起其他，似乎較容易讓你想起？

　　以上這個簡單的測試目的是要引出我們的主題：來自文化的假想 (cultural assumptions) 在學習歷史過程中的作用。這些假想經常深藏於人們腦中，而且往往被視為理所當然，以致於我們常常無法查覺它們的存在。在歷史的教和學的過程中，來自文化的假想占據關鍵地位，它們會標明何為重要的歷史，會把一套耳熟能詳的規範奉為圭臬。我們不需要經過太多思考，就能夠根據特定的政治、外交和軍事事件所界定的階段，一般性地依時間先後順序來組織歷史，譬如：憲法創制時期、重建時期、新政時期、卡特總統時期。與此同時，我們會把其他的主題列為「特殊」，當成是主流歷史的附屬或

補充，這些主題經常出現在教科書的邊欄，卻很少出現在單元最後的測驗中。換言之，我們內在的假想往往形塑我們對歷史上何者為中心、何者為邊陲的判定，以及哪些應該了解、哪些應該略過的選擇。這樣的假想讓我們讀到「清教徒和他們的妻子」時沒有絲毫懷疑。

不妨思考一下，教科書通常如何處理新英格蘭殖民地貿易這個課題？標準的美國史教科書慣常把焦點集中在「三方貿易」上，此指在美洲殖民地、西印度和大不列顛之間交換奴隸、蔗糖、甜酒的來往網絡。試看溫索波・喬登 (Winthrop Jordan) 和他的同事所寫的《美國人》(*The Americans*) 這本學生使用率極高的教科書中，❶ 幾乎以三頁篇幅來述說這個主題，而且用的是粗體副標：「北方的商業與城市發展——糖蜜與甜酒」。「糖蜜」和「甜酒」兩個詞，後來也出現在整章的總結部分，而且還被當成此章的壓軸詞彙。喬登論史偏重的是國家經濟生活，在此意指男性所從事的貿易和商業活動。

在喬登有關殖民經濟的章節中，女性只出現在「家庭農場」一節內，我們從中得知，女性「總有做不完的工作」，如：用金屬鍋子煮飯、把煙囪內的中空間隔當作烤爐烘焙麵包、紡織粗糙布料、為先生和小孩縫製衣服。喬登和他的同事寫著：「她們用自製的肥皂在木盆內清洗衣物和被墊」，「而男性擔負大多數粗重的戶外工作」。❷

喬登所列的工作項目，如同其他許多傳統的歷史一樣，都把女性的存在限定於她為丈夫和家庭服務的角色上。❸ 這樣的記述方式

---

❶ 原註：Winthrop D. Jordan, Miriam Greenblatt, and John S. Bowes, *The Americans: The History of a People and a Nation* (Evanston, Ill., 1985).

❷ 原註：Ibid., 69.

會讓學生以為：女性甚少參與殖民時期和後革命時期新英格蘭的物品和勞動的經濟交換活動。然而，假想我們對於何謂重要的歷史有著不同的假設，也想像我們不把重心放在商業貿易活動上，而是放在闡述一般日常生活的話，我們很可能由這種歷史角度學習到：致力於提供家庭和社群經濟支援的男性和女性，其實是相互依存的。而除了甜酒的生產之外，還可以補上其他的訊息，也就是學者讓・馬丁 (Jean Roland Martin) 說的屬於「生育性的功能」(reproductive function) 的工作。此一歸納詞囊括了生命週期中的主要活動，這些活動對 1790 年代人類生存的意義，如同對 2001 年時的人一般，包括了：懷孕生子、養育、家庭瑣事的管理、照護病人與老者以及料理死者之事。❹

　　上段所言的那種歷史，我們可由烏爾蕾克 (Laurel Thatcher Ulrich) 執筆、並獲得普立茲獎的《一個助產士的日記》這本傳記，識得梗概。❺烏爾蕾克的故事始於馬莎的生活，她是住在緬因州 (Maine) 哈洛韋爾 (Hallowell) 地區的助產士，並留下了一本 1785 至 1812 年間所寫的日記。從烏爾蕾克的重新建構中，我們得知馬莎所做的事遠不止是接生嬰兒而已。在 1787 年 8 月 3 日至 8 月 24 日這

---

❸　原註：對於歷史教科書中性別角色的詳盡分析，參見 Mary K. T. Tetreault in "Integrating Women's History: The Case of United States History High School Textbooks," *History Teacher* 19 (1986), 210–61.

❹　原註：Jean Roland Martin, *Reclaiming a Conversation: The Ideal of the Educated Woman* (New Haven, 1985).

❺　原註：Laurel Thatcher Ulrich, *A Midwife's Tale: The Life of Martha Ballard, Based on Her Diary, 1785–1812* (New York, 1990).

不到一個月的時間內，她

> 為人接生四次，接獲一次錯報助產的緊急召喚，出診十六次，
> 處理三具屍體的埋葬事宜，為一個鄰居配藥，為另一個鄰居
> 收集和準備藥草，還有醫治她自己先生的喉嚨痛。用二十世
> 紀的話來說，她身兼了助產士、護士、醫師、殯儀業者、藥
> 劑師，以及體貼周到的妻子。甚且，馬莎在記錄自己的工作
> 這件事情上，成了保存重要記錄的人，是那個時代醫療史的
> 銘記者。❻

馬莎以及其他類似的故事，傳統上既不會被呈現在我們使用的
教科書中，也不會出現在與她同時代的人的日記和各種記述內。亨
利・西華爾 (Henry Sewall) 是馬莎在哈洛韋爾的鄰居，他的日記大
致和馬莎同時。但亨利的日記更似於喬登的那種編年紀，而不像馬
莎的記載。從馬莎的日記而非亨利的日記，我們才能獲知馬莎在亨
利太太塔碧瑟 (Tabitha) 最後分娩之前，共有八次去到她的床前。我
們依靠的是馬莎而不是亨利，知道了照護塔碧瑟生產的繁瑣過程，
以及馬莎所收取的服務費用。最後，也只有馬莎的日記記載了塔碧
瑟如何透過製作並販賣軟帽 (bonnets) 而在女性經濟生活圈中表現
活躍。馬莎細細描繪了各種通常進行於女性之間或彼此圈內的經濟
交換活動，例如縫製衣服、健康照顧、食物和醫藥。這類交換行為
卻從未在亨利的記事本內或喬登對殖民時代和早期美國經濟生活的

---

❻　原註：Ibid., 40.

敘述中出現過。若按傳統以來對歷史意義的假想，我們不難想像馬莎的故事只會屈就於教科書的邊欄。但假如我們對所謂有意義的歷史持以不同的假想時，我們一樣很容易把蘭姆酒放在邊欄位置上。

　　當然，並不是所有的歷史成見都與性別有關。不過，一旦我們洞識出性別如何構築人們的歷史理解時，即足以讓我們質疑起前人談到歷史表現中有關「性別差異」的報告。不論是 1917 年貝爾 (J. C. Bell) 和麥柯倫 (D. P. McCollum) 對德州學童的研究 （他們說：「幾乎在每個班級內，男孩明顯優於女孩」），❼或是 1987 年狄安・拉維奇 (Diane Ravitch) 和切斯特・芬恩 (Chester Finn) 針對第一次「全國歷史與文學教育進步評估」的報告，❽都認為：男孩在歷史知識上的表現勝過女孩。這項發現被說成理所當然，絲毫未考慮：這種不同正可能反映了課程架構中對女性生活的關注過少。

　　每當我們撰寫歷史或計劃學校課程時，關於什麼樣的歷史才是重要的假想，就會至關重要，而且傳統以來撰寫這些課程的都是男性。難怪哲學家奈爾・諾汀絲 (Nel Noddings) 問道：❾為什麼學生

---

❼　原註：J. Carleton Bell and David McCollum, "A Study of the Attainments of Pupils in United States History," *Journal of Educational Psychology* 8 (1917), 257–74. 見類似的評論於現代成就測驗之父 Edward L. Thorndike, *Educational Psychology—Briefer Course* (New York, 1923), 274.

❽　原註：Diane Ravitch and Chester Finn, Jr., *What Do Our 17-Year-Olds Know? A Report on the First National Assessment of History and Literature* (New York, 1987).

❾　原註：Nel Noddings, "Social Studies and Feminism," *Theory and Research in Social Education* 20 (1992), 230–41.

較容易知道潘興 (Pershing) ❿和巴頓 (Patton) ⓫將軍，較不清楚艾密莉‧格林‧巴爾琪 (Emily Green Balch) ⓬這位 1946 年諾貝爾和平獎的得主？根據諾汀絲所說，巴爾琪的名字「甚至不曾出現在 50 年代重要的百科大書內」。相反的，前兩位將軍卻有長篇條目予以介紹。⓭她問道：那些進行戰爭的人難道比從事和平運動的人更值得討論嗎？

　　近年來，雖然歷史／社會學習課程這個領域已經逐漸引起學者的關注，有關性別與學生的歷史理解等議題，仍只在少數研究中有所著墨。⓮不過，各個學校內，已有許多嘗試將女性史和社會史納

---

❿　譯註：約翰‧潘興 (John Joseph Pershing, 1860–1948)，第一次世界大戰期間擔任美國遠征軍的總司令，1886 年從西點軍校畢業，曾參加美西戰爭。

⓫　譯註：喬治‧巴頓 (George Smith Patton Jr., 1885–1945)，美國陸軍四星上將，第二次世界大戰中著名的美國軍事統帥，1909 年從西點軍校畢業。

⓬　譯註：艾蜜莉‧格林‧巴爾琪 (Emily Green Balch, 1867–1961)，美國女社會學家、政治家、經濟學家以及和平主義者。兩次世界大戰期間，曾為婦女爭取平權運動的領導人。

⓭　原註：Ibid., 231.

⓮　原註：見，例如，Donna Alvermann and Michelle Commeyras, "Inviting Multiple Perspectives: Creating Opportunities for Student Talk About Gender Inequalities in Text," *Journal of Reading* 37 (1994), 38–42; Terrie Epstein, "Sometimes a Shining Moment: High School Students' Creations of the Arts in Historical Context," 論文發表於 American Educational Research Association 年會，Atlanta, April 1993; Marcy Gabella, "The Art(s) of Historical Sense: An Inquiry Into Form and Understanding," *Journal of Curriculum Studies* 27 (1995), 139–63.

入現行課程的例子。❺確實，在加州及美國其他大州，教科書的選用標準，要求社會學習的課本必須平衡地反映男性和女性的貢獻。❻那麼，這些努力是否改變了兒童對於過去的想像？此正是我們所要探究的主題。

一、方　法

我們的問題簡單明瞭：男女生如何描繪過去？兒童如何去設想歷史角色之中，尤其當這些角色並無性別之分時？我們選擇了三組歷史人物，分別為清教徒、西部拓荒者、嬉皮，並設計一份簡短的問卷。

因為這個研究尚屬於探索性質，我們並未先行設立一套正式的假設。部分原因是我們還未找到有其他著作是明確研究學童如何描繪美國歷史的人物。不過，我們對於可能探測到什麼，也並非全無概念。從數十年來針對兒童塗鴉的研究中，我們可以預見「性別中心」(gendercentric) 這種偏見的存在，亦即男孩會習慣性的去畫出男性人物，女孩會畫女性人物。而超過四十年的臨床心理學研究也指出，如果不給兒童明確的提示而只說：「畫出一個完整的人」時，他們幾乎一致的畫出符合自己性別的形象。❼再者，當兒童被要求

---

❺　原註：見 B. Light, P. Stanton, and P. Bourne, "Sex Equity Content in History Textbooks," *History and Social Studies Teacher* 25 (1989), 18–20; Tetreault, "Integrating Women's History," 210–61.

❻　原註："Do Textbooks Shortchange Girls?" *Social Studies Review* (1992), 3–5.

❼　原註：見，例如，Karen Machover, *Personality Projection in the Drawing of*

同時畫出男女兩性形象時，他們一般都會先從自己的性別畫起，而且描繪得較為仔細。 ⓲伊莉莎白・柯比茲 (Elizabeth Koppitz) 是兒童圖畫研究中的佼佼者，她認為給兒童下指令：「畫一個人」時，就如邀請他們畫出自己最熟知的人，「兒童最清楚的是他自己，因此他所描繪的人就成為他內在自我的一種刻畫。」 ⓳

我們的問卷中，並未要求兒童畫出一般的「人」，而是畫出在媒體和文化中一般描繪成男性人物。那麼學生會不會將我們的提示，以為是請他們把自己畫成清教徒、拓荒者或嬉皮的（在嬉皮這個例子中我們可以看到畫作中男性和女性形象的數目相當）角色？或者我們的問卷可能會引出一套以男性形貌為典型的文化偶像？

我們的每份問卷只處理三組人物中的一組，而每組人物分成兩個部分。第一部分要兒童去「想像一個清教徒」（或是「西部拓荒者」、「嬉皮」），然後在「下方的空格內」畫出他們的模樣。第二部分要求兒童先閱讀一段有關該組歷史人物且如教科書般的簡短段落，然後繪出插圖。我們試著設計出一些形式和內容上性別中立的段落；段落中採用複數名詞，所提到的活動是男女兩性都從事的（參見附錄）。⓴我們設計第二部分的目的之一是讓學生表現他們對學校

---

the Human Figure (Springfield, Ill. 1949); Elizabeth Koppitz, *Psychological Evaluation of Human Figure Drawings by Middle School Pupils* (New York, 1968); M. Richey, "Qualitative Superiority of the 'Self' Figure in Children's Drawings," *Journal of Clinical Psychology* 21 (1965), 59–61.

⓲ 原註：Richey, "Superiority of the 'Self' Figure," 59–61.

⓳ 原註：Koppitz, *Human Figure Drawings*, 5.

⓴ 原註：在寫作教科書的段落時，我們試圖忠於現存小學教科書的風格。我

歷史的看法。我們心中有些疑問：教科書中的文句是否會產生一種「學校歷史的框架」效應，而讓學生對歷史人物的描繪更加傳統，或者那些性別中立的文句會引發學生畫出男性和女性人物？第二部分的測試不同於第一部分之處，在於它的提示是要求學生為文句畫出多個人物：「清教徒們在耕種」、「西部拓荒者們在馬車上」或者「嬉皮們在抗議」。因此，每個孩子共有兩次機會描繪過去：一次是在問卷之初，接著是在閱讀過一段類似課文的簡短段落之後。

二、測試樣本

我們策劃的問卷對象是五年級和八年級學生。其中七十三名五年級學生來自一所郊區的小學 (K–6)，該小學位在華盛頓州樸葛韶 (Puget Sound) 區內、以中產階級白人為主的社區。我們的問卷測試了三個五年級班級內的二十七名男生和四十六名女生。第二個測試地點是在同個地區也同樣屬於中產階級白人社區裡的一所中學。在這個學校中，我們以四個八年級班的五十一個男生和三十七個女生作為測試對象。這兩所學校被選擇到的年級都是全部班級接受採樣。我們測試的時間是在 10 月初，也就是趕在學生們還未上過很多該學年的歷史／社會學習課程之前。雖然我們並未訪談老師探詢他們在

們以這些書為指引：T. Helmus, V. Arnsdorf, E. Toppin, and N. Pounds, *The World and Its People: The United States and Its Neighbors* (Morristown, N.J., 1982); S. Klein, *Scholastic Social Studies: Our Country's History* (New York, 1981); J. Ralph Randolph and James W. Pohl, *People of America: They Came from Many Lands* (Austin, Tex., 1973).

這個課題上所用的教材，我們並不相信教師會在歷史課中談起性別議題，也不相信他們課堂中用的教科書有這樣明確的單元設計。

三、測試過程

我們向兒童自我介紹，並說明這個測試想要了解「像他們這樣的孩子是怎麼去思考過去」。我們向學生們保證這份問卷不是「一個畫圖比賽」，每份的回答都很重要。我們也跟他們解釋，不是每個人都拿到同樣的測試內容。我們將三組問卷平均分配，因此每個班級內各有三分之一的學生分到清教徒、西部拓荒者或嬉皮的測試題，而且鄰座的學生所拿到的問卷都不相同。這份問卷完成的時間大約二十五分鐘到三十分鐘。

四、分　析

分析資料前，我們把每份問卷內的名字和性別掩蓋起來，如此歸併時就不會知道作畫者是男孩或女孩。接著，我們利用三十份亂數選出的問卷建立一套歸類模式，以決定學生畫中人物的性別。我們採濃縮方式並利用以下幾個指標進行歸併分類：男清教徒穿著褲子，以及／或者戴著一頂明顯有邊或高頂的帽子；女清教徒穿著女性外衣或裙子、戴著軟帽，以及／或者留著長髮；男拓荒者的特徵是褲子、寬邊帽、靴子或靴刺；女拓荒者的特徵一樣是女性外衣或裙子、軟帽和長髮；男嬉皮有鬍鬚、頭髮多半是豎直而非下垂、短髮、要不就是沒有頭髮，還有繫著皮帶，以及／或者穿著靴子；女嬉皮的特徵是女性外衣或者裙子，頭上或者衣服上有花，戴耳環，

以及／或者具有女性的臉部特徵，例如彎形的嘴唇，或誇張的睫毛。
那些不能用這些特徵辨識的人物描寫都被歸為「不明」。在第一部分
中，有某些圖畫被歸為「多個人物」，儘管這部分要求的是畫一個人
物。在第二部分中，學生被告知要畫多個人物，他們所畫的插圖歸
納成下列幾種：(a)都是男人、(b)都是女人、(c)不明、(d)男、女兼
有。❷

五、結　果

　　我們的第一個印象是學生想像力極為豐富，他們的畫作也呈現
各式各樣。圖 5.1 顯示了每位歷史人物的某些描繪範例。我們將資
料按照學生性別、年級和歷史素材加以區分。男生的反應表現出極
為明顯的一致性，年級或歷史素材的不同並未帶來重大的差別。在
表 5.1 中的資料是依照年級再進行的歸併。這個表列指出了男孩在
第一部分的三組歷史素材的反應皆為相似。整體來說，完成這項任
務的七十六個男孩中有六十四個人畫了男的清教徒、男的拓荒者或
男的嬉皮。換言之，我們樣本中的男孩共有 84% 描繪的是男性人
物。有一個例子是某個男孩在嬉皮組中畫出女性形象。其他十一位
男生 (14%) 所畫的人物要不歸為「不明」，這些多半是屬於嬉皮組
（有六個人物，或者占全部的 8%），要不畫的就是多個人物（有五
個樣本，占 7%）。

---

❷　原註：我們用約略 20% 的問卷，來檢測我們歸類模組的施測者間信度
　　(interrater reliability)，以得出較高的可信度，編碼量表間的一致性信度
　　(Cohen's Kappa) = .91, p < .001。

圖 5.1　清教徒、西部拓荒者和嬉皮的圖例（每種兩份）：A.男性和女性清教徒；B.女清教徒；C.男拓荒者；D.男拓荒者；E.男嬉皮；F.女嬉皮

表 5.1

第一部分中（七十六位）男生所繪的人物性別（單一人物）

性　　別	提　示			總　　計
	清教徒	西部拓荒者	嬉　皮	
男　性	22 (92)	21 (81)	21 (81)	64 (84)
女　性	0 (0)	0 (0)	1 (4)	1 (1)
不　明	0 (0)	2 (8)	4 (15)	6 (8)

多個人物	v 2 (9)	v 3 (12)	0 (0)	5 (7)
總　　和	24 (100)	26 (100)	26 (100)	76 (100)

註：括號內的數字代表百分比。由於四捨五入的關係，百分比的和可能有誤差。

表 5.2
第一部分中（八十位）女生所繪的人物性別（單一人物）

性　　別	提　示			總　　計
	清教徒	西部拓荒者	嬉　皮	
男　　性	8 (28)	15 (65)	3 (11)	26 (33)
女　　性	13 (45)	3 (13)	12 (43)	28 (35)
不　　明	0 (0)	0 (0)	11 (39)	11 (14)
多個人物	8 (28)	5 (22)	2 (7)	15 (19)
總　　和	29 (100)	23 (100)	28 (100)	80 (100)

註：括號內的數字代表百分比。由於四捨五入的關係，百分比的和可能有誤差。

　　女孩的反應就不是那麼樣直接一致。雖然我們發現年級之間的
影響並不太大，五年級和八年級的女孩對於三組歷史人物的反應不
同於男孩（參見表 5.2）。大體來說，女孩們畫的女性和男性人物比
例幾乎相同。完成第一部分的八十個女孩中有二十八個人 (35%) 畫
的是女性的清教徒、拓荒者或嬉皮，而有二十六個女生 (33%) 畫的
是男性。但是這樣的模式並未同時顯現於各組歷史素材中。因為畫
出女性清教徒和嬉皮的女孩比畫出女西部拓荒者的女生更多（參見
表 5.2）。依拓荒者部分的反應，幾乎有三分之二的女孩畫的是單一

男性人物（二十三位中的十五位，或占 65%）。此顯示這些女孩是
帶著不同的基模去「想像」每組歷史人物。㉒

　　我們發現男孩和女孩的畫作還有一點不同。即有二十個學生未
依照第一部分的指示去畫一個人物，而畫出多個人物。從表 5.1 和
5.2 中所列畫出多個人物的總數來看，更易犯下這個「錯誤」的女孩
是男孩的三倍。如果說「清教徒」、「拓荒者」、「嬉皮」這幾個詞並
未讓他們聯想到一個歷史人物的形象，那麼這些詞究竟引出的意象
是什麼？為了回答這個問題，我們以五位男孩 (7%) 和十五位女孩
(19%) 畫了多個歷史人物的圖畫進行分析。

　　十五個畫了多個人物的女生中，有十三個 (87%) 同時畫出男人
和女人，而且十五個中有十二位 (80%) 描繪的是伴侶或家庭的圖像
（參見圖 5.2）。這十二位女孩由一個「清教徒」、「拓荒者」或「嬉
皮」所想到的並不是單一人物，而是一個家庭或社會單位。

　　但「家庭圖像」並未見諸男孩的圖畫中。在第一部分中，男生
畫多個人物時就如畫單一人物一樣，幾乎不會想到過去的歷史中有
女性的存在。畫出多個人物的五位男生畫的都是男性（參見表 5.3），
而且五個案例中有三個所呈現的圖像內容含有暴力意味 （參看圖
5.3）。換句話說，當男孩繪製多個人物時，他們的圖畫更常表現出
男人之間的競爭關係更甚於合作關係。㉓

㉒　原註：利用卡方獨立性檢定 (chi-square analysis) 檢測本研究中學生對歷史提
　　示的差異性反應，結果在統計學上呈現顯著，x^2 (6, N = 80) = 40.1, p < .001。

㉓　原註 ：這些發現類似於 K. K. McNiff, "Sex Differences in Children's Art"
　　(Ph.D. diss., Boston University, 1981).

圖 5.2　女孩們回應單一人物提示而畫出多個人物的例子，第一部分：A.（圖名：清教徒）多個人物—婦女和小孩；B.多個人物—男性和女性；C.（圖名：家庭）多個人物—男性和女性。B圖中的標語：和平、不要戰爭；不要戰爭；痛恨戰爭、和平

圖 5.3　男孩們回應單一人物提示而畫出多個人物的例子，第一部分：A.（圖名：西部拓荒者殺印第安人）多個人物—男性；B.（圖名：內戰）多個人物—男性；C.（圖名：在西部的大腳丫）多個人物—男性

表 5.3

第一部分單一人物的提示之下學生卻畫出多數人的圖畫內容描述

性別／年級	提　示	圖畫的內容
男／八年級	清教徒	前方有一名男性清教徒，後方有數名竹竿型的男性
男／八年級	清教徒	數名竹竿型的男性清教徒，一同跳著舞並圍成一圈
男／八年級	西部拓荒者	一名男性拓荒者和一個怪物型人物
男／八年級	西部拓荒者	「南北戰爭」，兩名男性相互槍擊
男／五年級	西部拓荒者	「拓荒者殺害印第安人」
女／五年級	清教徒	清教徒母親和嬰兒
女／五年級	清教徒	一對清教徒夫婦，男人和女人
女／五年級	清教徒	前方有一名清教徒女性，後方有一名男性在船上
女／五年級	西部拓荒者	一對西部拓荒者夫婦，男人和女人
女／五年級	西部拓荒者	一家人：母親、女兒和兒子
女／五年級	西部拓荒者	男性與女性「牛仔」
女／五年級	西部拓荒者	一名西部拓荒者和他的女兒
女／五年級	嬉　皮	五位嬉皮，男女都有
女／五年級	嬉　皮	男性和女性嬉皮
女／八年級	清教徒	清教徒家庭過感恩節
女／八年級	清教徒	清教徒夫婦與一些印第安人過感恩節
女／八年級	清教徒	一對清教徒夫婦，男人和女人
女／八年級	清教徒	男性清教徒與女性印第安人
女／八年級	清教徒	男性清教徒與女性印第安人
女／八年級	西部拓荒者	男性拓荒者，以及後方有其他駕著馬車的男性

註：引號中的內容是學生自己在圖畫上所寫下的標題。

那麼如果指定學生去畫出多個人物時，這樣會不會讓學生畫出較多男女混合的清教徒、拓荒者和嬉皮？這個問題可從考察第二部分的反應獲得解答。我們欲了解的是：在這部分中，學生被要求為一段性別中立且有關清教徒、拓荒者或嬉皮的段落繪製插圖時，他們的反應與第一部分畫出一個人物的反應，有何差異？

我們再次發現，多數男孩（57%，亦即完成第二部分的六十個男孩中有三十四位）回應的是男性人物的圖畫（參見表 5.4）。儘管這個數目少於第一部分中畫出單一男性人物的 91%（還記得這個測試中男孩所畫多個人物全都顯示為男性），但是第二部分裡沒有任何男孩只畫女性人物。此外，歸納時顯示，增加最多的不是「男、女兼有」類，而是「不明」類。雖然男孩把女性人物畫入圖中的比例增加，從第一部分的一位（單一女性嬉皮）到第二部分的七位，人物不明類的數目卻增加為四倍之多。我們推測，增加的原因可能包

表 5.4
第二部分（為「教科書」畫插圖）中（六十位）男生所繪的人物性別

性　　別	提　　示			總　　計
	清教徒	西部拓荒者	嬉　皮	
男　　性	12 (67)	12 (67)	10 (42)	34 (57)
女　　性	0 (0)	0 (0)	0 (0)	0 (0)
不　　明	5 (28)	6 (33)	8 (33)	19 (32)
兩　　性	1 (6)	0 (0)	6 (25)	7 (12)
總　　和	18 (100)	18 (100)	24 (100)	60 (100)

註：括號內的數字代表百分比。由於四捨五入的關係，百分比的和可能有誤差。

括：這項任務本身的限制，使得學生沒有充分時間或動力去完成一份描繪詳細的作品（在第二部分中出現許多像竹竿般的人物圖樣）；或者，學生被要求去繪製的那些情景（如清教徒們在耕種、拓荒者們在馬車上、或者嬉皮們在抗議）不太適合作細部的描繪。

　　但是，上述兩個解釋卻不太能從女孩的資料中獲得支持。雖然完成第二部分的男孩比第一部分少了十六個，不過在女孩方面，無法完成短文插圖的人數只比第一部分測試少了七位。此可能說明這份問卷的作答時間應該是充裕的。此外，如表 5.5 顯示，從第一部分到第二部分，女孩的回應被列入「不明」類的比重並未大幅增加，甚至在第二部分指示畫出那些「遙遠」的場景時，女孩們仍能充分添加細節呈現男性和女性人物的分別。（這難道是因為女學生比較認真並更有注意細節的取向？果真如此，那麼為什麼會有 19% 的女孩無視於第一部分中畫單一人物的指示？） ㉔

㉔　原註：為了進一步檢查我們的分析，我們分析學生對於問卷第一與第二部分的反應，藉由重複測量變數的分析方法來考察男生和女生對兩個部分的反應。（這必得在記錄學生的圖畫時，使用一種二元的女性／非女性編碼系統，在其中，「竹竿人」這種模稜兩可的圖像被歸為非女性。）此一 ANOVA 得出極為重要的性別結果，$F_{(1, 130)} = 12.71$, $p < .0005$，以及一個顯著的性別×問卷（第一部分對第二部分）相互作用，$F_{(1, 130)} = 4.95$, $p < .05$，進一步顯示出從第一部分到第二部分中的不同提示，對男生來講只有相當微弱的作用，對女生更是如此。

表 5.5

第二部分（為「教科書」畫插圖）中（七十三位）女生所繪的人物性別

性　別	提　示			
	清教徒	西部拓荒者	嬉　皮	總　計
男　性	13 (59)	14 (58)	4 (15)	31 (42)
女　性	3 (14)	3 (13)	1 (4)	7 (10)
不　明	1 (5)	2 (8)	11 (41)	14 (19)
兩　性	5 (23)	5 (21)	11 (41)	21 (29)
總　和	22 (100)	24 (100)	27 (100)	73 (100)

註：括號內的數字代表百分比。由於四捨五入的關係，百分比的和可能有誤差。

　　在第二部分中男、女孩的反應還可見到其他的差異。仿課文句子的短文的確使得女孩同時畫出男女兩性形象的人數增加了 10%，卻也使得女孩畫出清一色男性人物增加了幾乎相同的比例 (9.5%)。不過，如同在第一部分，女孩在第二部分的三組歷史人物上表現各有不同。閱讀過仿課文段落後，女孩畫出一個男清教徒或者多個男清教徒的人數幾乎是先前測試的兩倍 （59% 比 28%），至於描繪拓荒者的模式在第一部分和第二部分中大致未變 （參見表 5.6）。

　　上述發現不僅說出女生在三組歷史人物上的差別反應，也凸顯閱讀仿課文短文這件事可能對於她們的歷史看法有所影響。是否像這般仿課文之類的文句，儘管形式和內容都是性別中立的，仍會促使女孩聯想到：過去多半以男性人口為主？還有，我們不解的是，為什麼女孩最初對過去的描繪，會在閱讀一段關於清教徒（或嬉皮）

表 5.6
兩部分中女生所繪的人物性別（百分比）

性　　別	提　示					
	清教徒		西部拓荒者		嬉　皮	
	第一部分	第二部分	第一部分	第二部分	第一部分	第二部分
男　　性	28	59	65	58	11	15
女　　性	45	14	13	13	43	4
不　　明	0	5	0	8	39	41
多個人物、兩性	28	23	22	21	7	41

註：由於四捨五入的關係，百分比的和可能有誤差。

的仿課本文句之後產生重大改變，但在西部拓荒者段落這部分的影響甚小？

　　這些反應模式促使我們重新檢視所用問卷中的性別偏見問題。雖然第一部分的每組提示是要求學生只要「畫出一個清教徒（西部拓荒者、嬉皮）」，第二部分的提示要學生畫出一幅「清教徒們在耕種」或「拓荒者們駕駛著一輛有蓬的馬車」或者「嬉皮們在抗議」的圖。事實上，這些提示很可能被解讀成不同的問題：如第一部分的「誰是清教徒？」相對第二部分的「誰是耕種的清教徒？」；第一部分的「誰是西部拓荒者？」相對第二部分的「誰在駕駛拓荒者的馬車？」；第一部分的「誰是嬉皮？」相對第二部分的「誰在參與抗議？」在女孩的心目中，看來似乎男人和女人都可以是清教徒，但耕種的清教徒則是男人（我們注意到這點不符史實，因為殖民時代

表 5.7
兩部分中男生所繪的人物性別（百分比）

性　別	提　示					
	清教徒		西部拓荒者		嬉　皮	
	第一部分	第二部分	第一部分	第二部分	第一部分	第二部分
男　性	92	67	81	67	81	42
女　性	0	0	0	0	4	0
不　明	0	28	8	33	15	33
多個人物、兩性	8	6	12	0	0	25

註：由於四捨五入的關係，百分比的和可能有誤差。

的農業幾乎都由女性從事，除了大範圍的農業經營之外）。女孩多半也把拓荒者畫成男性，間或有些畫了拓荒者的家庭，而駕駛馬車的也同樣是這些男人（不過，女性那時似乎也從不駕駛馬車）。至於男孩方面的反應（參見表 5.7），他們針對這些問題的回答大體相似，只有在嬉皮組的回應不太一樣。對於男孩和女孩來說，男性和女性（以及許多不明類的人物）都會參加抗議。

　　在三組測試素材中，嬉皮組引發的表現差異極大。因為不論男孩或女孩，如表 5.6 和 5.7 所示，他們所畫的嬉皮樣態皆不同於清教徒或拓荒者。嬉皮組的反應也最吻合我們所預期，亦即兒童具有某種心理上的傾向，會根據自己的性別去畫出歷史人物（類似他們在一般的「畫一個人」測試中的反應）。如在第一部分的反應中，大多數的男孩畫出男嬉皮，大多數的女孩畫出女嬉皮。另外，在第二部

分仿教科書段落的插畫中,男孩和女孩畫嬉皮時較常放入男女兩性,相對的這在清教徒或拓荒者的圖畫中較少見到。也就是說,在嬉皮組內的圖畫包含男女兩性人物的比率明顯地增加了,雖然還未達到多數。(大體來說,那麼多屬於不明人物的大量樣本可視為反映了「嬉皮」類組那種兩性兼具的特質。)

以上發現可以從我們在嬉皮圖畫所看到各式各樣形象中找到可能的解釋。這些描畫從越戰的抗議者、參加 1969 年伍茲塔克 (Woodstock) 嬉皮音樂節的人、到 1980 年代邋遢 (grunge) 搖滾音樂迷以及在大型購物中心的遊蕩者。這些形象意指著,對某些學生而言,嬉皮不是歷史人物,而是生活在現在的人。此一發現也反應出寫給小學和中學生的歷史文本中,談及嬉皮的內容分量甚少。弔詭的是,這些畫作中所出現性別混合的嬉皮形象,就歷史而言最是正確,而為清教徒和西部拓荒者這兩種學生眼中真正的「歷史人物」所描繪的「偏向男性」形象,反倒與史實不符。

六、討　論

這份研究並不是一份探究兒童歷史觀念的深度研究。而我們所策劃的問卷形式也只能部分闡明兒童如何理解我們為他們設定的項目。儘管如此,若從我們原本的目的一欲探知兒童心中對歷史的「若干」想像來看,此問卷仍有其效用。這些問卷猶如一面鏡子,可以映照出學童對於三組歷史人物的立即反應,甚或是他們無意識的反應,此與艾倫・朗爵 (Ellen Langer) 所說——一種不假思索的反應,是同樣的意思。❷❺圖畫揭露了學童平常的歷史概念,那是在尚未接

觸到如「了不起的清教徒女性」或「西部開拓中的女牛仔」等特別
單元之前的一些想法。

在所分析的二百八十九張圖畫中，最讓我們驚訝的是，男女生
之間的不同反應模式。原本我們預期，男女生會有與自己同性別的
偏見，特別是在第一部分的單一人物描繪上；我們猜想，女生應會
畫出更多的女性，而男生也會畫出更多的男性。同時我們也以為，
第二部分性別中立的文字敘述，可以引導學童同時想起男人和女人
的形象。我們的預估後來在女生方面相當正確，她們的圖畫總體上
有男、有女，還有小孩。但即使如此，女生畫出只有男性人物的比
例仍然最高。第一、二部分加起來的一百五十三位女生所繪的圖畫
樣本中，有五十八份 (38%) 只畫了男性，而只畫女性的卻只有三十
五份 (23%)。剩下的圖畫則是男女皆有（三十四份，22%），或模糊
不明的人物（二十五份，16%）。

我們很關注女生在描繪過去時的這種傾向，特別是在她們為仿
教科書的敘述繪製插圖時，所描繪的是一個女性比男性稀少的過
去。❷但我們也同樣關心男生描繪的過去幾乎完全只有男性存在。
在這些男生的圖畫中，無論畫的是清教徒、西部拓荒者、還是嬉皮，
女性幾乎是看不到的。在一百三十六個男生所繪的圖畫樣本中，出
現女性的只有八份 (6%)，其中七份 (5%) 畫出了男女兩性，而只有
一份（不到 1%）單獨畫了一位女性。相對的，男生只畫出男性人物

❷　原註：Ellen Langer, *Mindfulness* (Reading, Mass., 1989).

❷　原註：英國背景下的相似發現於 Fiona Terry, "Women's History and
Children's Perceptions of Gender," *Teaching History* 17 (1988), 20–24.

的有一百零三份 (76%)，而剩下的二十五份 (18%) 則被歸為模糊難辨。如果說女生在看待過去時眼力不夠清晰，那麼男生就是一隻眼睛全盲了。

　　男孩只有在觀看過去時才會如此嗎?他們又是如何看待現在呢?或許這份調查的結果只是說出男孩普遍畫出男性的一般傾向，並未限定畫的是哪個時期。但如果給予明確的提示，那他們可能有不同的反應。然而，珊卓・韋伯 (Sandra Weber) 和克勞蒂亞・米歇爾 (Claudia Mitchell)❷❼的探究並不支持這種看法。他們考察並分析了六百名學童、實習教師、資深教師針對「畫一位老師」的提示下完成的畫作。幾乎每個男女學生，畫的是一位女性。為回應評論者質疑這樣的結果可能是研究時的提示所造成，韋伯和米歇爾又加上新的提示，如:「畫你喜歡的老師」、「畫你理想中的老師」、「畫一個上課中的班級」。然而，一說到描繪老師，其結果仍十分一致:「畫作中典型的老師……是一位白人女性，站在黑板或講桌前，用手指著某處或解說著。」 ❷❽一如今日的教師形象，歷史上性別既定的清教徒與西部拓荒者，也都是如此。這個研究結果和我們的測試都顯示，心理學上所謂兒童會畫出自己形象的這種傾向，常會因文化中既存的提示而改變，並轉成為性別刻板印象。而無論刻板印象關乎的是過去，或是現在，以上這點似乎確有其實。

　　我們要如何平衡男女學生對過去的描述?有人建議:要突出女

---

❷❼　原註:Sandra Weber and Claudia Mitchell, *That's Funny, You Don't Look Like a Teacher* (London, 1995).

❷❽　原註:Ibid., 28.

性在歷史上的貢獻。譬如舉辦「婦女的歷史月」，在教室中張貼美國傑出女性的壁報，如藍克利莎‧摩特 (Lucretia Mott)、㉙赫莉耶德‧涂曼 (Harriet Tubman)、㉚蘇珊‧安東尼 (Susan B. Anthony)、㉛伊莉莎白‧史丹頓 (Elizabeth Cady Stanton)㉜和貝蒂‧弗萊登 (Betty Friedan)。㉝對此我們抱持懷疑。事實是，我們所檢測的一個班級牆上就貼著這五位女性的壁報，但這班所見的思考模式與其他班級無異。

為了平衡原本以男性為中心的歷史課程，在教室中張貼傑出女性的壁報是一種立意良好的嘗試。在歷史和社會科的教科書中，也有相應的做法，亦即加入美國重要女性的貢獻。這是近年來跨出的一大步。㉞不過，女性所占篇幅增加，就歸結說教科書已經用平衡的觀點呈現過去，這是有疑義的。誠如芭芭拉‧來特 (Barbara Light) 和她的同事在教科書分析中所觀察到，課本一些簡短的女性

㉙ 譯註：藍克利莎‧摩特 (Lucretia Mott, 1793–1880)，是美國女權運動的始祖與黑奴解放運動者。

㉚ 譯註：赫莉耶德‧涂曼 (Harriet Tubman, 1822–1913)，出生於馬里蘭州，是美國奴隸解放運動的領袖。在十九世紀美國南北戰爭期間，在軍隊裡擔任護士的涂曼曾經十九次前往戰火中的美國南方，協助當地數百名黑人奴隸獲得自由。

㉛ 譯註：蘇珊‧安東尼 (Susan Brownell Anthony, 1820–1906)，美國女權運動先驅，主張婦女應有參政權。全美婦女選舉權協會會長 (1892–1900)。

㉜ 譯註：伊莉莎白‧史丹頓 (Elizabeth Cady Stanton, 1815–1902)，十九世紀美國女權運動與黑奴解放運動者。

㉝ 譯註：貝蒂‧弗萊登 (Betty Friedan, 1921–2006)，美國女性主義者、社會運動人士與作家。

㉞ 原註：Tetreault, "Integrating Women's History."

傳記還有摘錄的文字,「通常都出現在課本主述旁的邊欄內,這更強化了,她們的思慮都只是些補白或點綴之見而已。」❸歷史學者琳達‧考伯 (Linda Kerber) 同樣提及 , 女性的確已被納入歷史概論課程中,只是「到目前為止,她們都只是協助男人做一些男人想做的事,無論參與西部拓荒還是經營工廠。有時為了達到某些震撼效果,會提到女巫、妓女或是第二次世界大戰中的女飛行員;(或者)女性在政治中的投票權 , 而這部分被認為在 1919 年即已完成 、 結束了。」❸

　秋達‧勒內特 (Gerda Lerner) 把以上的改變稱為「促進式歷史」(contributory history),或說是講述女性如何協助達成那些男性認為是重要事業的故事。❸對於教科書的編者而言,這種「促進式歷史」的方式是非常有吸引力而且省事的辦法,因為他們只要在原有的故事敘述中增添些新細節 。 只要在以往慣用的艾深‧阿倫 (Ethan Allen)❸和馬奎斯‧拉法葉特 (Marquis de Lafayette)❸的圖片之外

---

❸　原註:Light, Stanton, and Bourne, "Sex Equity Content," 19.

❸　原註:Linda K. Kerber, "'Opinionative Assurance': The Challenge of Women's History," *Magazine of History* 2 (1989), 30–34(引文來自 p. 31).

❸　原註:Gerda Lerner, "Placing Women in History: Definitions and Challenges," *Feminist Studies* 3 (1975), 5–14.

❸　譯註:艾深‧阿倫 (Ethan Allen, 1738–1789),美國早期革命家,美國獨立戰爭時擔任「格林山兄弟會」(Green Mountain Boys) 游擊隊的領袖。

❸　譯註:馬奎斯‧拉法葉特 (Marquis de Lafayette, 1757–1834),他出身法國貴族,是華盛頓的好友,同時也是美法兩國的民族英雄,在美國革命戰爭期間曾協助美軍作戰。

加上狄波拉・山普森 (Deborah Sampson)，❹說她「喬裝成一個男人……在美軍陣營中表現優異」。❹而在修正西部拓荒和探險的篇章時，編者也只要換下以往勒維斯 (Lewis) ❷和克拉克 (Clark) ❸一起凝視西方的插圖，換上一張有他們的女偵察兵薩卡加維亞 (Sacajawea) ❹也在其中的圖即可。然後在馬丁・路德・金恩 (Martin Luther King) ❺身旁，他們再加上羅莎・帕克斯 (Rosa Parks)。 ❻

---

❹　譯註：狄波拉・山普森 (Deborah Sampson, 1760–1827)，美國女性軍人，曾參加美國獨立戰爭。

❹　原註：這段引文來自最受歡迎的美國歷史教科書之一 (Harcourt Brace & Jovanovich), Lewis Paul Todd and Merle Curti, *Rise of the American Nation* (Orlando, Fla., 1982), 131.

❷　譯註：勒維斯 (Meriwether Lewis, 1774–1809)，美國探險家、軍人與州長。十九世紀初期，美國總統湯瑪斯傑弗遜為了探勘美國西部，組成了一支探索部隊 (Corps of Discovery)，目的在勘查從密西西比河到西海岸的廣大土地。探索部隊由時任總統私人秘書的勒維斯出任隊長，此一探險計畫始於 1804 年 4 月，結束於 1806 年 9 月。探險結束之後，勒維斯曾任短期的路易斯安那州北部地區州長。

❸　譯註：克拉克 (William Clark, 1770–1838)，蘇格蘭裔美國人，於軍中服役時結識勒維斯，其後追隨他一同探索美國西部。曾任印第安事務主管及密蘇里地區州長。

❹　譯註：薩卡加維亞〔Sacagawea（Sakakawea、Sacajawea 或 Sacajewea），1788–1812 或 1884〕，肖肖尼族印第安人 (Shoshone)。當探險家勒維斯及克拉克於 1805 年行經現今的北達科他州時，薩卡加維亞加入他們的遠征隊行列。薩卡加維亞後來成為探索部隊中的馳名嚮導及翻譯，幫助遠征隊隊員成功完成到達太平洋沿岸的旅程。

❺　譯註：馬丁・路德・金恩 (Martin Luther King Jr., 1929–1968)，美國黑人民

　　促進式歷史保留了傳統教科書共同的基本假設：歷史仍然是一個在公共的舞臺上演出的關於政治與經濟進步的故事，其細細描繪的是對偉人們所遭遇的困境以及重大的行動。但是這種促進式歷史，並未挑戰故事中「進步」、「偉大」、「重要」等語彙；也不曾質疑，為什麼有些人類經驗比其他人來得重要。「促進式歷史」奠基在這樣的觀念上：只有單一的歷史，而非多個歷史，那些歷史因為內容被視為次要或無足輕重，而不曾被講述。促進式歷史讓我們翻遍文獻資料去找出一位女性的蘭姆酒商，卻不曾想去挑戰、思考我們為何要述說蘭姆酒的故事。

　　只把焦點放在學校課程所見的可能改善方案上，也許會造成一種印象——以為人們對歷史的印象都是源自課堂。我們相信的確有部分事實如此。但是，我們也確知，這些歷史印象乃是來自多方面的影響，而非僅僅學校而已。❹我們對西部拓荒者的印象，可以確

權領袖。1964 年諾貝爾獎得主。

❹ 譯註：羅莎・帕克斯 (Rosa Louise McCauley Parks, 1913–2005)，美國民權運動者，美國國會封為「現代民權運動之母」。1955 年 12 月 1 日，她在阿拉巴馬州蒙哥馬利地區的一輛巴士上，因為拒絕公車司機要求她將座位讓給一名白人乘客而遭到逮捕並罰款。在當時年僅 26 歲的美國民權領袖金恩博士的倡議之下，蒙哥馬利地區黑人展開了一場為期三百八十一天以步代車的聯合抵制運動，並揭開了此後黑人民權運動的序幕。

❹ 原註：見，例如 Michael Frisch 的作品 "American History and the Structure of Collective Memory: A Modest Exercise in Empirical Iconography," *Journal of American History* 75 (1989), 1130–55; David Lowenthal, *The Past Is a Foreign Country* (Cambridge, England, 1985); George Lipsitz, *Time Passages: Collective Memory and American Popular Culture* (Minneapolis, 1993); David

定的是，好萊塢的影響遠比西部史家的作品還大。❹至於我們對清教徒的印象，大部分來自感恩節的習俗，更甚於派瑞・米勒 (Perry Miller)❹的思想史。我們的問卷所引出的學生既有印象，不只形諸學校，還包括傳媒、大眾文化、教堂，以及家裡。考量這些印象的根深蒂固，若僅僅在教室牆上張貼壁報，或是改寫插畫的說明文字，這抗衡的力道似乎太薄弱了些。

　　當深厚的文化假想遭遇正面衝撞時，又會如何呢？瑪麗・戴特拉德 (Mary K. T. Tetreault)❺面向了此一挑戰，她為十一年級生設計了一個婦女史的課程。❺她發現許多學生無法將他們眼前讀到的

Thelan, "Memory and American History," *Journal of American History* 75 (1989), 1117–29; Vivian Sobchack, *The Persistence of History: Cinema, Television, and the Modern Event* (New York, 1996). 亦可見於 James Wertsch 在 *Journal of Narrative and Life History* 4, no. 4 (1994) 所收集的一系列文章，以及 Robert Farr 於專刊 *Culture and Psychology* 4, no. 3 (September 1998), "One Hundred Years of Collective and Social Representations" 內收集的文章。

❹ 原註：見 Peter Seixas 大膽的原創作品，他比較了年輕人對於《與狼共舞》與《搜索者》兩部影片的反應。Peter Seixas, "Popular Film and Young People's Understanding of the History of Native American-White Relations," *History Teacher* 26 (1993), 351–69.

❹ 譯註：派瑞・米勒 (Perry Miller , 1905–1963)，美國思想史家、哈佛大學教授。

❺ 譯註：瑪麗・戴特拉德 (Mary Kay Thompson Tetreault)，美國女性主義教育學者，由後結構女性主義教育學的角度，提出教師的角色在於讓學生從性別意識的觀點來解讀文本。

❺ 原註：Mary K. T. Tetreault, "It's So Opinioney," *Journal of Education* 168 (1986), 78–95.

資料，和他們在過去幾個年級課程中所學到的「真實的歷史」調合
起來。這些學生一旦面對和他們原有觀念相牴觸的資料，就抱怨婦
女史「充斥著個人意見」("opinioney")，而且過於主觀。這項課程
「使（學生）原本以為真實的東西成了問題，使他們在認知上產生
了不協調……讓他們對於什麼才是對的感到困惑，並且有違他們以
往所看到、聽到的，社會中什麼才是應當的角色和什麼才是該重視
的領域。」❷

　　當我們要求學生考量，為何某群人的故事被說出，有些人的卻
被忽略時；我們就已帶給他們一整套從認知的、認識論的以致於情
感上的挑戰。學生們相信，教科書已針對哪些應予採納，以及哪些
應予排除，作出了判斷。但是，教科書如何決定什麼是重要的？哪
些故事要去講述？哪些不用去談？依照傳統做法，為了讓學生問出
這些問題，我們會採取的方式是：提供他們另一個記述、互相衝突
的說法，甚或是教科書在呈現一段敘述後，再附上持不同觀點的史
家評論。這些活動每一個都是有用的方式，都有助於讓學生看到，
過去包容了許許多多的故事，而不同的人透過潛在的修辭方式，選
擇將這些故事寫成了看起來、聽起來、還是感覺起來，都不相同的
敘述。但即使如此，這些活動仍然無法讓學生體會學術工作中，如
何去考量一些相互競爭的主張時的「實際做法」。在閱讀他人作品之
時，學生習得的是他人已經作出的選擇，但他們仍是認識論問題上
的局外人，看不出在形構一項論述時所必須面對的艱難抉擇。

　　讓學生接觸已由他人消化並加以詮釋的其他關於過去的見解，

---

❷　原註：Ibid., 81–82.

是不足的。我們如欲了解歷史的多樣性，唯一的辦法便是直接去體驗當自己必須說出故事，必須從過去各種雜多的矛盾觀點中揀選整理，並親手寫下一個故事。我們心目中有一個對歷史課堂的構想，也就是讓學生藉由重新改寫歷史來學習這個科目。學生因為在其中絞盡腦汁過，因而能對多元故事產生感知——這不是藉由評斷他人的記述，而是來自身為自己作品的作者。這種歷史教學的前瞻性在於：將一個學校的科目，由一個其意義和重要性業已確定的既定故事，轉化成一個個邀請學生思索人類經驗如此豐富的故事。藉由質問過去，學生才能看清楚現在。有哪些活動——無論是過去還是現在——值得關注？誰的故事、什麼樣的議題應被納入或是剔除？是誰在決定這一切？

在我們為問卷選取三項歷史提示對象時，的確也面臨了這些問題。清教徒和西部拓荒者在美國歷史教科書中向來都占有相當的篇幅，而嬉皮卻很少被提起。例如說，托德 (Todd) 與柯帝 (Curti)❺❸合著的《美國的興起》(*Rise of the American Nation*)❺❹是美國最暢銷的教科書之一。在本書中我們學到清教徒的信仰；普通家庭的飲食；他們家中的照明燈具（從「貝蒂燈」到燈心草蠟燭）；他們穿的衣服；清教徒觀念世界中對於權威、來世的想法，以及工作在日常生活中的定位。的確，對於大多數的學童而言，學習清教徒的歷史是他們可以認識某一時代社會歷史——一個不同時代中一般人民的風俗、價值、習慣和世界觀——的少數機會之一。

---

❺❸　譯註：Lewis Paul Todd 與 Merle Eugene Curti，美國史家與歷史教科書編者。

❺❹　原註：Todd and Curti, *Rise of the American Nation.*

　　這本書告訴我們如此多清教徒的事情，對於嬉皮這群人卻一個字也不曾提到。雖然有一整章是以 1960 年代的各項事件為主題（第十三單元，「進入新紀元」），但是關於那十年間的青年運動，我們所能得知的，只是在反戰示威的脈絡下，說他們「打斷了總統在公開典禮中的演講」。❺孩子們無從得知的概念是：這些「打斷演講」的舉動，其實源出於面對權威時一個態度上的大轉變，而這些轉變對社會生活的各個實際層面都有深遠的影響。從違抗藥物禁制法令到反抗傳統性的倫理（顛覆「生活在罪惡中」的「清教徒」觀念，而公開擁抱「自由性愛」）；從探索東方宗教哲學到放鬆合宜穿著及髮式的規矩；從對待環境的態度不再全然守著猶太─基督教傳統，而更以美國本土的信念為依據，再到我們「日常飲食」的新觀念──無論主張的是素食、有機或養生飲食。的確，我們可以說：嬉皮深深地改變了美國社會生活的結構，其力量絕不亞於清教徒的習俗。然而，要想得知這些改變，今天的學生必須在歷史學者的專題研究中搜尋，諸如托德・吉特林 (Todd Gitlin)、❺施道敦・林德 (Staughton Lynd)、❺芭芭拉・艾伯斯登 (Barbara Epstein)❺和莫理斯・伊塞門 (Maurice Isserman) ❺等。❻反觀近在咫尺的歷史書

❺　原註：Ibid., 762.

❺　譯註：托德・吉特林 (Todd Gitlin)，美國社會學家、政治作家、小說家與文化觀察家。

❺　譯註：施道敦・林德 (Staughton Lynd)，美國拒服兵役者、公民運動人士、反稅運動者、作家、教授和律師。

❺　譯註：芭芭拉・艾伯斯登 (Barbara Epstein)，美國歷史學家，專研社會運動理論、美國政治與文化、馬克思主義與相關的社會變遷理論。

櫥——學生的教科書——這些竟然完全空白。

這項研究提出的問題和其處理的問題一樣多。接下來的研究，我們應該再回到原來的教室與手中的圖畫上，詢問學生們並和他們討論：他們畫的是什麼？為什麼這麼畫？透過這樣的方式，我們或許可以看清，在學生推論當中一些特有的假想。同時，如果能請老師來參與同樣的繪圖試驗，也會很有啟發，因為我們對於教師態度與學生理解之間的關係並不清楚。問卷型態的研究為了配合一個廣泛的取樣方案，必然犧牲細節。進一步的研究——針對個別學生賦予這些圖畫的意義來進行解析的研究——將可以讓我們原先的那些提問更為嚴實和清晰。

七、結　論

我們已經採用了一種較為簡單的研究方式，來提出以下的疑問：典型的歷史課程為何，以及還能夠如何。但是，即便是出自學童之手的圖畫，卻打開了一扇窗，讓我們看到那些躲閃在語辭解釋下的觀念。我們相信，這正是畢卡索 (Picasso) 寫這句話的意旨：「藝術是一個謊言，卻是會說出實際情況的真話。」如果說我們的研究有

㉙　譯註：莫理斯‧伊塞門 (Maurice Isserman)，美國傑出的左派史家。

㉚　Todd Gitlin, *The Sixties: Years of Hope, Days of Rage* (New York, 1981); Staughton Lynd, *Intellectual Origins of American Radicalism* (New York, 1968); Barbara Epstein, *Political Protest and Cultural Revolution: Nonviolent Direct Action in the 1970s and 1980s* (Berkeley, 1993); Maurice Isserman, *If I Had a Hammer: Death of the Old Left and the Birth of the New Left* (New York, 1987)

什麼重要的話，那就是：在女孩子的心目中，歷史上的女人都是模糊不清的；在男孩子的心目中，她們幾乎杳不可見。站在歷史層面來看，這項發現意味著一種嚴重的歪曲。就社會的層面來看，它代表了長久以來令人憂心的不正常態度。而在教育的層面上，它激發的是──我們希望是──一個挑戰。

後　記

　　本文與 Janice E. Fournier 合作，曾刊於芝加哥大學的 *American Journal of Education* 105 (1997), Ⓒ 1997。版權所有，翻印必究。我感謝 Janice 同意我在本書中有所更新。同樣要感謝對早先的草稿作出評論的讀者：N. L. Gage, Miriam Hirschstein, Peter Seixas, and Suzanne Wilson。*American Journal of Education* 的編輯 Phil Jackson 亦幫助我們更犀利地思考。最後則要感謝這些有抱負的藝術家和他們的老師，沒有他們這份研究便無法完成。

附錄：問卷中有如教科書敘述的段落（第二部分）

 清教徒

清教徒初到普利茅斯 (Plymouth) 時，他們為嚴寒、食物短缺和病痛所苦。他們在栽種糧食作物時也遇到困難。印地安人教導這些清教徒在種植玉米時，可以將一條魚與玉米種子一同埋入土裡，使土壤更加肥沃。他們也教導清教徒剛播種的頭幾天晚上必須看守田地，以確保土裡的魚不會被野狼或其他動物給挖走。

請繪出一幅清教徒們在耕種的圖畫：（以下附有繪圖的欄位）

西部拓荒者

1844 年詹姆士・波克 (James K. Polk) 當選為總統。他誓言要將美國的領土由大西洋拓展至太平洋。許多人於是將家當打包，坐上有蓬馬車前往西部。這群西部拓荒者在旅途中遭遇了很多困難。他們害怕野生動物、惡劣的地形和嚴峻的天氣。一路上沒什麼可以藏身之處，而且他們經常食物不足。

請繪出一幅西部拓荒者們駕駛一輛有蓬馬車的圖畫：

（以下附有繪圖的欄位）

 嬉皮

1960 年代，美國與一個叫做越南的國家發生戰爭。有些人支持，但是也有一些人認為這場戰爭毫無意義並且是錯誤的。他們到大學和白宮前抗議。這些抗議者時常被稱為嬉皮。他們舉著反戰的標示牌與上頭印有和平標誌的旗幟。這些嬉皮中有很多人穿著邋遢並且綁著頭巾。

請繪出一幅嬉皮們抗議的圖畫：（以下附有繪圖的欄位）

版權聲明

3

歷史對教師的挑戰

從各個學科鏡片凝視歷史——
學科視角在歷史教學中的角色

四個教學新手坐在一起，共同規劃經濟大恐慌的教學單元，我們在討論進行至一半時加入：

> 珍：我們真的需要確實地傳達給孩子們，經濟大恐慌不僅是
> 1929 年以及股市崩盤，它還深深地影響所有美國人的生
> 活。讓他們讀一點《憤怒的葡萄》(*The Grapes of*
> *Wrath*)，或甚至讓他們看一看朗吉❶拍攝的移民工人照
> 片吧。

> 凱　西：閱讀史坦貝克 (Steinbeck) 是個好主意！但如果他們
> 不了解土地的影響——你知道，就是沙塵暴與久旱
> 不雨——他們將錯失重點。

> 比　爾：重點？等一下，30 年代的經濟與政治議題比起沙塵
> 地帶 (Dust Bowl) 就算不更重要，也一樣重要，股市
> 崩盤、融資買賣、羅斯福的經濟改革——思考如何

---

❶ 譯註：朗吉 (Dorothea Lange, 1895–1965)，美國著名的攝影師。

　　　　　　教導經濟大恐慌的歷史，怎麼能不強調資本主義？

　　佛瑞德：各位伙伴，不好意思，但是你們都偏離了重點。到

　　　　　　底這些東西和孩子們的生活有何關聯？如果孩子們

　　　　　　不能了解這些事物如何影響現實生活，討論或不討

　　　　　　論大恐慌有什麼差別？這才是關鍵所在！

　　凱西、比爾、珍與佛瑞德❷是畢業於同一個師資培育學程的四位新老師，他們都拿到教育碩士學位以及中等學校社會科 (social studies) 教師證書，如今，也都在舊金山灣區不同的中學教社會科。雖然他們不可能會在同一個單位一起教書，卻不難想像他們曾經和學校同事共同參與類似上述的討論。

　　這段根據真人真事所改編的對白凸顯的事實是，這些老師對於怎麼教歷史的想法不同——非常的不同。考察一下他們的學院背景，這樣的結果並不令人意外。凱西擁有側重考古學的人類學學士學位，佛瑞德主修國際關係與政治學，比爾有美國研究 (American Studies) 的學士文憑，只有第四位珍，擁有美國史的學士學位。

　　他們的學科背景並不奇特。社會科教師這個團體是由人文學 (humanities) 和社會科學 (social sciences) 中的許多學科所徵募來的，除了教授美國史、歐洲史等標準科目 (standard courses) 以外，社會科教師還被徵調去講授種種從人類學、經濟學到性教育、家庭生活的課程。一旦他們接受了教師證書，這些老師或許就會被要求

❷　原註：這裡所使用的是化名。文章整段的引述摘錄自改編過的訪談與現場
　　紀錄。

教任何一個在社會科課程內的科目。但是，當一個主修人類學的教師要去教美國史的時候，究竟會發生什麼事？或是當一個主修歐洲史的老師去教社會學的時候，又會如何？我們的四位新手，會如何準備教授那些包含在社會科這個大標題下的眾多科目？

蘇珊納・威爾森 (Suzanne Wilson) 與我訪問、觀察了六位新近的社會科教師，其中的四位成了本章的範例，當我們留意這幾位學習如何教學時，很明顯的是，他們早先的學科背景對他們的教學決策起了重大的——而且常常是決定性的——影響。❸我們在此的討論集中於學科視角對美國史教學的影響。有兩個因素讓我們選擇美國史。第一，它是許多社會科領域的主幹，而且在大部分的州裡是法定課程；第二，四位老師之中的三位，曾在他們的實習期間或任職的頭一年中教過美國史，只有主修人類學的凱西迄今仍未教過歷史，但即使如此，她未來教到歷史的機會仍然很大。

當我們考量這些剛從大學畢業、完成教師訓練的人類學家、歷史學家與政治學家如何思考歷史時，許多議題隨之浮現。我們將在此探討這些議題，同時也討論我們在四位新手的課堂上所觀察到的一些不同教學風格，最後再討論師資培育與教學研究方面我們所觀察到的若干結果。

---

❸ 原註：Sigrun Gudmundsdottir, Neil B. Carey, and Suzanne M. Wilson, "Role of Prior Subject Knowledge in Learning to Teach Social Studies," Knowledge Growth in a Profession Project Technical Report No. CC-05 (Stanford: Stanford University, School of Education, 1985).

一、歷史的概念

我們將沿著歷史教學中所認定的幾個重要面向來討論凱西、佛瑞德、珍與比爾四人之間歷史概念 (conceptions of history) 的差異，這些面向包括事實性知識 (factual knowledge) 的角色、詮釋 (interpretation) 的地位、時序與延續 (chronology and continuity) 的重要性，以及因果 (causation) 的含義。我們將依序探討這幾個面向。

㈠事實的角色

對政治學家佛瑞德而言，歷史與事實是同義的：

> 我認為認識歷史就是認識……事實，所有的日期。認識所有的名詞，知道維也納會議何時舉行，或是二次大戰的協議條款。

佛瑞德承認他「並不熱衷歷史」：他偏愛國際關係與政治學，因為這些學科比歷史更具「普遍性」(general) 和「主題性」(thematic)，在佛瑞德心中，歷史只處理特殊之人事：「當我身處歷史之中，我會知道很多的細節。」

主修美國研究的比爾，提及事實是歷史的基礎。他以建築物類比，一棟歷史建物就建築在事實訊息的基礎之上，然而，建物結構卻是由對這些個別事物的不同解釋所組成的，也就是「看待事實的不同方式」。比爾也很敏銳地指出，許多事實為傳統的歷史所遺漏，他並且區分教科書歷史（或是他所謂「菁英的歷史」(elitist history)）與大眾歷史。他意識到多數歷史作品都將焦點放在偉大的白種人身上，因而謹慎地表示，歷史也應該觸及不同的文化、宗教、社會與族群的生活與經驗。

對佛瑞德而言，歷史就是事實；對比爾來說，歷史不止於事實。雖然他們對歷史的信念不同，但對事實的態度卻一致：事實是不好的。兩位老師在課堂上都想很快地擺脫事實，把焦點從事實移開，轉而去解釋細節。比爾提及有些老師在教導有關立法成立國家復興總署 (National Recovery Administration, NRA) 與農業調節總署 (Agricultural Adjustment Administration, AAA) 等這些新政 (New Deal) 的「字母湯」(alphabet soup) 時，他說：

> 在我看來，孩子們痛恨美國史的理由，是因為老師要他們學習像事實這種東西。老師給他們測試，給他們十封信件，然後說：「請說明這些信件的意義以及每封信的重要性。」我想孩子們只會說：「廢話！這些信沒有一封是重要的！」他們是對的，因為事實的確不重要！

我們唯一的歷史主修是珍，她對待事實較為友善。對她來說，事實構成了歷史敘述也就是過去的故事：

> 歷史不是靜滯的事實排列與組合、一堆不受歡迎的人物描述。歷史展示的是人與事，是人的動機與事情轉折及變化，它質地層次豐富，而且是活生生的。

對珍而言，歷史組成一張綜合了經典問題與主題、偉大的男人與女人、地理與自然災害等內容豐富的「錦繡掛毯」(tapestry)，而且，歷史與脈絡 (context) 密切相繫：「作為歷史學者，我被訓練從脈絡的角度，歷史化地思考事物，……我看待事物時，回顧過去，看見其根源所在。」珍認為事實是歷史的一部分，藉由主題和問題編織起來，最重要的，事實依存於某段脈絡之中，因而產生意義與觀照角度。

(二)詮釋與證據

這幾位老師對形塑詮釋時有關詮釋以及證據的角色看法亦不相同。在主修人類學的凱西看來，詮釋與證據是一體的，理解與詮釋過去最重要的是，尋找考古證據，這包含了器物挖掘、年代斷定與併合：

> 我喜歡尋找被掩埋的物品，……喜歡處理人們隱藏的部分。如果你要研究現今的某個人，你必須與他互動。當然，他也使用器物，但你要把焦點放在這人現在做了什麼、以及他如何與人交流。你會涉入更多的是現在生活。……我喜歡以前發生過的事情。

「以前發生過」(happened before) 什麼事，並不是從書本中尋得。對凱西來說，過去更是可以被挖掘、觸摸並且握在手中的。當凱西教導九年級學生有關詮釋時，她試著讓學生貼近證據，因為她相信

讓學生專注在確實可知的事物上，才能得出最豐富的假設。那些難以吻合相關物質證據的理論與解釋，常令她困惑不解。

　　凱西對詮釋的看法與珍截然不同。對珍來說，詮釋這件工作遠不是所有可用證據的總合而已。詮釋與歷史學、歷史學家的探究過程與方式息息相關：「建造歷史與歷史學家的工作，包含了對論證與邏輯、對證據以及對細節明察秋毫的清楚思考。」她將歷史學描述為分析與綜合：

> 歷史在破解事物時是分析，然後在從事歷史撰述時又成了綜合。你把事物分解以後，再將它們湊合，你嘗試找出事物之間的關連性，找尋特質、收集證據，做出概括的假設，你以一種科學的精神來處理所有的這些步驟。

對珍而言，詮釋多半環繞著那些「歷史中的典型問題」(classic questions in history)，這些問題把事實性訊息編織成複雜又豐富的故事。歷史是敘述與詮釋，它既代表了過去留下的產物，也同時是歷史學家費心重建過去的過程。

　　佛瑞德也承認詮釋在社會科學內的重要性，但對他而言，詮釋是政治學家的分內工作，非屬歷史學家：

> 我認為歷史是發生過的基本事實，過去確實發生了什麼事。你不必問它如何發生，你只要問：「事件(events)是什麼？」歷史是很棒的背景材料。政治學則大不相同，因為它也許需

要歷史，但是它把歷史更深入延伸，它帶著歷史，看出事件背後的原因，而不只是事實。

由於政治學的詮釋通常著重於政治與經濟方面的問題，因此，佛瑞德談到詮釋的意涵也侷限在歷史中與這些有關的層面上。比爾也對政治的與經濟的詮釋所知甚多，所以當他談論詮釋的時候，他的說明夾雜著像「左派」(the Left)、「右派」(the Right) 這類詞彙。然而，他把詮釋置於歷史學家的領域之內，並且坦言與他不同的解釋是有可能存在的。舉例來說，他承認社會問題的重要性，而且並不諱言他對此所知有限。正因為比爾明白自己的盲點，他將備課時間用於學習其他的詮釋，尤其是那些含括了社會史的層面。

㈢時序與延續

這四位老師對時序與延續的著重程度亦不相同。凱西認為歷史就是時序，當被問到她在九年級的課堂上，如何以歷史視角呈現世界文化課程 (world studies curriculum) 時，她表示：「歷史學家會從一個國家還是小孩子的時候開始研究，並描述它的成長，這是一種依時間而來的事物 (time thing)。」由於缺乏歷史脈絡 (historical context) 的知識，凱西的眼光常常無法超越教科書中的日期與事件，沒能掌握那些歷史故事的意義，以及人物如何行動、如何形塑事情的發展。譬如說，當教到中國的部分時，她就像個驅趕奴隸的頭子，無情地催促學生翻完教科書中關於中國朝代的二十頁文字：「你知道，孩子們奮力地走完整個過程，所以我得謹慎處理，先安排一些

有趣的事情來平衡一下──他們有些人認為歷史是整章中最枯燥的
部分。」凱西將歷史視為無止盡的事件流程，經常支離破碎且與當
前社會脫節，她幾乎看不出什麼延續或變化。

比爾和珍對時序有較為豐富的概念。對這兩位老師來說，時序
與延續性彼此交織，而時序不單只是互不相干的日期，日期、年代
是藉由趨勢 (treads) 與主題 (themes)、模式 (patterns) 與觀點
(perspectives) 而串連起來。儘管比爾和珍描述某個歷史時期的故事
時，會援引重要的人物、年代與事件，時序卻非他們建構解釋時的
唯一憑藉。甚且，兩位老師都掌握了許多具有解釋力的專題和概念，
藉此賦予過去各種意義。就比爾來說，這些主題大多是政治與經濟，
例如：當談到新政與美國史其他時期的關係時，他提到自由放任資
本主義的發展，以及經濟上從農業到工業的緩慢改變。他並連結了
1960 年代詹森 (Lyndon Johnson) ❹的大社會 (Great Society) 與雷根
(Reagan) ❺的施政。至於珍，她的興趣較偏向過去的社會與藝術層
面，因而把重心擺在文化趨勢上。當珍被要求說明她對經濟大恐慌
時期的理解時，她首先拿出一組投影片，每一張都分別展示了一件
藝術品、一張繪畫或照片。珍利用這些投影片，追溯國族思維模式
(national mind-set) 的變化，揭示藝術如何反映出：諸如女性角色的
轉變或是對少數族群持續壓迫之類的政治和社會趨勢。她提及時序

---

❹ 譯註：詹森 (Lyndon Baines Johnson, 1908–1973)，第三十六任美國總統，任
期為 1963–1969 年。

❺ 譯註：雷根 (Ronald Wilson Reagan, 1911–2004)，第四十任美國總統，任期
為 1980–1988 年。

時說：

> 我想歷史是一則逐步展開的故事，它對於你的自我意識的確
> 立，以及你在時間中的定位、在歷史中的定位，都有重要的
> 意義。時序意識的開展，並不是沉重至極的緩慢步調
> (measured gait)。它反而是某種很棒的架構，用來了解浩瀚宇
> 宙中的自己，了解過去中的各種事物。

值得注意的，珍並未將時序視為時間（意即不是指凱西那種很簡單
的時序概念下逐年計時的「緩慢步調」）。對珍與比爾兩人來說，時
序蘊含著延續性，那是一種聯繫現在與過去的方法，套用珍的話，
也是一條「邁向未來」(forward into the future) 之路。

二、因　果

　　「對歷史學家而言，發掘發生了什麼事情 (what happened) 與事
情為什麼發生 (why it happened) 並無二致。」柯靈烏曾經如此說
道。❻因果問題 (the question of cause) 是歷史探究的核心，這點也
充分顯現在四位老師的課堂上。不過，因果問題隨著臺上的講者是
誰，而顯現截然不同的意義。譬如說，在凱西的掌控下，因果不是
關係著對某些歷史場景的各種衝突解釋的反覆思索，而是可從探究
土地、氣候與人類發展中獲得具有權威性的確定之論。綜觀以下凱
西教授日本這個單元時，她的言論聽來有如環境決定論者，賦予地

---

❻ 原註：Robin G. Collingwood, *The Idea of History* (Oxford, 1946), 177.

理學在形塑人類事務上最首要的地位：

> 我們從地理學著手，檢視日本的地理環境，看它位於何處、
> 氣候如何，看這個地區地質學樣貌，並由此延伸，看（地質
> 與地理條件）如何影響生活在那裡的人們。是的，土地不足
> 是一個問題，太多人生活在一個小島上，這對他們的營生會
> 產生什麼影響？它影響他們的生計；他們沒有足夠的天然資
> 源，他們會如何因應？他們會與其他國家貿易。而他們的貿
> 易量多大呢？嗯，例如，日本是美國主要的貿易夥伴之一。
> 為何如此？正是氣候與地理環境使然。

　　凱西對人類事務的理解，帶有她在大學階段接受體質人類學
(physical anthropology) 與考古學訓練所留下的標記。她所喜愛的幾
個課程都和土地有關：譬如在田野課程中她學習挖掘遺物、標示與
測定年代；博物館課程裡她學習的是如何陳列出土文物；而在生態
人類學 (ecological anthropology) 課程中，她致力於研究人類在複雜
的生態系統中的定位。凱西對社會生活的理解，也由於她未曾接受
過某種訓練而受到影響：如她沒有上過經濟或政治學的課程，只單
單上了一門古埃及歷史的課。由於她只接受過少許「不怎麼嚴謹的」
社會科學的訓練，凱西對社會領域中的因果概念，並不是一些經驗
證過的因素之串連，這卻是以詮釋為旨的歷史學家從事解釋時的特
色。教導有關日本的單元時，凱西欠缺日本歷史與文化的相關知識，
因而可能讓她在敘述日本現代化的問題上提出這般「天然資源不足，

因此……」的說明。更因為對歷史脈絡極度不熟悉,凱西對變化的解釋,夾帶著滿滿人類學的共通概念,並直接應用於某一特定國家上。當她教歷史時,她只想到時序(或如她所稱「依時間而來的事物」)。至於歷史是故事,是關於具有能動性的人們如何依著動機和感情行動,並影響了人類事務進程的敘述,這並不在凱西的智識和教學必備項目之內。

珍和比爾的因果認知與凱西極為不同。當被要求討論經濟大恐慌的原因時,比爾回答:「當然,永遠不只一個原因」,接著便列出促成 1929 年金融恐慌的眾多事件。如同比爾,珍相信這個時期之複雜,難以用股市崩盤之類的單一事件來說明,甚至也不能用一串孤立的事件去解釋:「歷史並非一個直線的進程,由某一個偉大的白人做出決定,砰!砰!就結束了;歷史中充滿了各種轉折,並且可以得出豐富的敘述。」對珍和比爾而言,因果是一個棘手難辨的議題。單一事件的發生背後總有許多理由,而這些原因並不是都能從地底挖掘出來。有些因果的解釋得仰賴人類動機與心理學的理論,其他一些原因則必須運用社會學與經濟學理;還有一些要利用像是「美國人的思維模式」(American mind-set) 這類的模糊概念。在珍和比爾眼中,原因遠不只是飢荒與久旱;因果是個需要仔細思慮、研究、論辯與提出,但我們永遠不可能確知的問題。

三、歷史的呈現

在四位老師的課堂上,歷史具有不同的意義、發揮不同的作用。在凱西的社會科課堂中,歷史明顯地經常缺席。她介紹給九年級學

生的這些國家，像是處於時間的真空狀態，其與「過去」是去脈絡
化的關係。這些國家都是按照同樣方式一般性地回應地理和地質的
特有條件。這樣一般性的應用在特定的案例上，必然只有少部分正
確，在許多地區幾乎可確定是錯誤的。凱西因為缺乏脈絡性的知識，
使她常常無法偵察錯誤之處，就像她在教授中國單元時的情況。

　　單元剛開始時，凱西要求學生列出一個國家人口過剩時會引發
的問題。不久黑板上便密布著學生從食物匱乏到房屋短缺的想法。
當一位學生認為人口過剩將損害國內交通時，另一個學生舉手發問
為何如此。凱西轉身面對學生，反問到：「當人民正死於飢餓時，政
府還會花錢築路嗎？」由於凱西不具備中國在赤貧下仍追求核武發
展的知識，也不知道衣索比亞在國內大規模飢荒席捲而來時，還花
費了兩億元慶祝共產政變週年紀念，她因而把政府描繪成以人民最
大福祉為依歸的體制。

　　雖然佛瑞德的美國史課堂上並不缺少歷史部分，但其豐富性與
複雜度卻乏善可陳。佛瑞德的每一堂課，都從熱烈討論當天頭條新
聞開始，二十分鐘後才不情願地結束對話，開始當天的主要活動。
課堂中，他的評論總是充滿了取自政治學的概念。政治與經濟的解
釋特別得到凸顯，事實性訊息則被貶抑，而社會與文化面向很少被
提及。在為期兩週的工業革命單元中，佛瑞德詳述了美國經濟體系
的變革，尤其是從家庭手工業到工廠生產的轉變。很自然地，他也
討論了強盜資本家 (Robber Barons) 和他們的金融帝國——佛瑞德
頻頻說出「壟斷」、「托拉斯」與「自由放任」等字眼，但伴隨著金
融與工業轉變而來的社會變遷，則隻字未提。

　　在佛瑞德看來，工業革命成為所有的政治與經濟革命的代表，他還把跨越數世紀的革命做了概括的比較，把美國獨立革命與法國大革命連結到美國內戰，再到當代中美洲的劇變。由於欠缺脈絡性因素的知識，這些事件看起來彼此相同更甚於不同，他將所有的革命都視為近親。佛瑞德既缺乏廣博的歷史知識，亦不能感知脈絡的重要性，他就像凱西一般，幾乎無法察覺其講課時的錯誤之處。

　　表面上，比爾的美國史課堂與佛瑞德的很類似，不僅他的課堂從時事討論開始，就連他講課內容也大量提及政治與經濟歷史。不過，仔細觀察後，兩人主要的差異隨即浮現。在經濟大恐慌與新政的單元中，比爾如同多數歷史老師那樣，先給學生一系列的簡短講解 (mini-lectures)。然而，這些講解都搭配一些其他的活動。有一堂課，學生進行了名為「你身為總統」(You Are the President) 的小組活動。在這個活動中，老師丟給學生一些問題，諸如失業、銀行倒閉、營養不良和農場喪失贖回權 (farm foreclosures) 等，讓他們尋求解決之道與可能採取的行動。比爾用這個活動作為開場白，才進而講述關於羅斯福所面對的問題以及解決這些問題的立法提案。另一日，比爾運用農場保護總署 (Farm Security Administration) 所拍攝的照片，來激發一場有關農民困境的討論；在另一堂課，他影印了《憤怒的葡萄》部分內容，然後要學生大聲唸出來。藉由向學生呈現社會與文化面向，比爾力求彌補其政治與經濟史專長外的不足。

　　珍在課堂上也運用類似的教學策略，但她倒不是在每堂課開始前來段時事討論，而是選擇關掉教室的電燈，以播放一些投影片的方法來吸引學生的注意力。她用一系列的投影片來介紹「咆哮的 20

年代」(Roaring Twenties) 這個單元，包括摩登女子、音樂家、蓋茲
比 (Gatsby)❼的宅邸、加州淘金客、T 型車、❽受沙塵暴影響的農
民等。她還播放了一卷爵士樂的錄音帶，並講解了一小段爵士樂的
文化背景。

　　珍解釋說，爵士樂融合了藍調與 1920 年代節奏強勁的拉格泰姆
音樂 (ragtime)，而為了更清楚傳達，她還挑選了一些這類音樂讓學
生聆聽。這一課結束前，珍再次播放爵士樂卡帶，並要求學生辨識
樂曲中那些各屬於先前兩種音樂傳統的部分。隔天，她用音樂作為
隱喻，來構築她對 1920 年代的解釋——「爵士時代」(Jazz Age)。
她解釋說：在這個時代中，一方面，「摩登女子與她們的男伴」
(flappers and their fellas)，流行賒帳消費與查理斯敦舞步
(Charleston)；而在另一個極端則是被壓迫的黑人、貧困的農人，以
及被剝削的移民。在兩天的導論課程後，珍進行的單元教學，包括
講述融資買賣的情況、閱讀《大亨小傳》和《憤怒的葡萄》，還有有
關沙塵暴投影片的展示。學生從中學習了社會、文化、政治與經濟
的議題。他們閱讀了原始與二手的資料、解讀照片、分析圖表，並
參與討論。在運用爵士樂的隱喻來構築此單元後，珍在每節課上都
安排了可供參照的人物、地點與事件。透過照片、音樂、藝術與舞

---

❼　譯註：是小說家 F. Scott Fitzgerald (1896–1940) 在小說 《大亨小傳》 (The
　　Great Gatsby, 1925) 中所杜撰的角色，Gatsby 先生位於紐約的豪宅，正是該
　　書的重要場景。

❽　譯註：福特公司在 1908 年推出的大眾化汽車，至 1927 年停產時已銷售超
　　過一千五百萬輛。

蹈,她為歷史事實灌注了生命。在她的教室中,過去像是一齣演出中的戲劇,而非靠著死背學習的劇本。事實不僅可以用講述,還可以藉由歌曲、眼見與體驗來呈現。

四、學科視角的影響

由這四位老師的對比,顯示了大學所受訓練對他們教學過程與內容的一些影響。對他們而言,學習教書包括發展一套哲學,以涵蓋他們的教學目標與教學策略,但這正意味著同時必須學習學科內容知識和教學方法。凱西懂得人類學,但她必須教授九年級的「社會科」,這正如她的教科書上所呈現那樣,是將「七種獨特的社會科學」放在一起的混合物;❾佛瑞德通曉政治學,但得教授美國史、亞洲史,還有基礎代數;珍的大學專長是二十世紀初期歷史,但她被要求教授美國史概論的課程,範圍從五月花號登陸直到登陸月球。

沒有任何一位準備擔任社會科教師的人能夠懂得他未來可能必須教授的所有科目,也沒有任何一個大學主修學科能夠符合標準社會科課程的要求。因此,當我們發現凱西和佛瑞德在開始教歷史時所面臨的不利處境,實不必感到意外。比爾和珍準備教授從未學過的美國史單元時,也是慌亂上陣;比爾幾乎不懂傑克遜式的民主(Jacksonian democracy),珍則在知道得講解大恐慌的經濟時,幾乎亂了方寸。這些老師學習「所教內容」,所需花費的心力不會比學習「如何教」要少。

有關老師們大學時的訓練如何影響他們的教學,這點特別有趣。

❾　原註:*Exploring World Cultures* (New York, 1984).

這些教師面對的課綱以及必須教導的課程，既受他們所知、亦受到他們所不知的影響。佛瑞德的美國史課程變成了政治學的研究——他不只強調政治和經濟學，還用這些議題來編排整個課程。由於他不清楚寬廣的歷史結構，只能借取政治學的框架，來組織和串連他所讀到的，也就是之後所要教的美國史新資訊。❿凱西與佛瑞德的方式幾乎如出一轍，她也是運用人類學與考古學的知識結構，來闡明她得一邊學一邊教的社會科學。在運用這些結構時，凱西與佛瑞德兩人都有將問題過度簡化的傾向，如佛瑞德聲稱所有的革命都是千篇一律的，而凱西相信政府總是追求人民的最高福祉。兩位老師將不同的時期與事件概括化，因而犯下歷史學家所斥責之誤：未能考慮脈絡。

就某種意義來說，佛瑞德的政治學知識與凱西的人類學、考古學知識左右了他們的課程選擇，但從另一個更重要的意義來說，缺乏知識才是影響他們教學的最關鍵因素。由於不了解在歷史中解釋與事實並重這點，他們因而不太懂得去尋找其他角度的解釋；又因為不清楚比爾德 (Beard)⓫和貝林恩 (Bailyn)、⓬摩根 (Morgan)⓭和

---

❿　原註：我們運用「結構」(structure) 一詞的意義係參考自 Joseph J. Schwab, "Education and the Structure of the Disciplines"，收錄於 Ian Westbury and Neil J. Wilkof, eds., *Science, Curriculum, and Liberal Education* (Chicago, 1978).

⓫　譯註：查爾斯・比爾德 (Charles A. Beard, 1874–1948)，美國經濟與政治史家。

⓬　譯註：貝爾納・貝林恩 (Bernard Bailyn, 1922–)，美國社會史家，專研殖民地時期的政治與社會史。

米勒 (Miller) ⓮這些史家的觀點，凱西和佛瑞德以為只要累積了一堆從教科書讀到的人名、日期與事件，便是學會了歷史。正如他們的學科知識限制了他們教給學生歷史的方式，同樣的，對歷史學缺乏知識也抑阻了他們學習與理解這個新的學科內容的能力。認識自己的無知，這在學習上是重要的第一步。就某些層面來說，佛瑞德和凱西還沒到達這個階段。

另一方面，比爾和珍具有豐富的歷史知識。雖然這兩位新手常常只是憑著經驗來學習新的學科內容，但由於對歷史學科有著更廣闊、更精確的概念，此有助於他們尋求新的資訊。比爾和珍都擁有一套精良、可用以組織的系統架構⓯——比爾的主要是政治與經濟，珍的是社會與文化，這些架構對兩位老師都大有助益。每遇一新的單元，他們必須學習許多新東西，但他們能以大學的歷史訓練所獲得的架構來處理這些新的訊息。由於明白解釋與多重因果的重要性，他們也能為歷史事件找出相互矛盾的解釋，並將這些觀點帶入教學之中。舉例而言，比爾知道許多有關羅斯福經濟政策的政治解釋，

⓭　譯註：埃德蒙‧摩根 (Edmund S. Morgan, 1916–2013)，美國史家，是派瑞‧米勒的門生，專研美國早期歷史，特別是新英格蘭地區新教徒的生活與信仰。

⓮　譯註：派瑞‧米勒 (Perry Miller, 1905–1963)，美國思想史家，專研新英格蘭地區的清教主義思想。

⓯　原註：Richard C. Anderson, "The Notion of Schemata and the Educational Enterprise," 收錄於 Richard C. Anderson, Rand S. Spiro, and William E. Montagne, eds., *Schooling and the Acquisition of Knowledge* (Hillsdale, N.J., 1979), 415–31.

卻很不熟悉新政與少數族裔的關係，然而，他對多元觀點的認識，讓他知道尋找這類資訊的必要。佛瑞德和凱西則缺乏這種敏銳度，將備課時間花在閱讀教科書與教師手冊上，因而陷入事實資訊的泥淖之中，苦苦地尋找方法——從他們最熟悉的學科鏡片——去賦予事實意義。

幾位老師的學科視角也影響了他們教學的目標。珍熱愛歷史，並欣賞其複雜性與連續性，她堅信學生必須深入過去，並能從過去的遺留中學得許多。身為歷史學家，她想讓學生喜愛、欣賞歷史。比爾也同樣讚賞歷史的豐富意涵，他多半從政治角度切入歷史，並認為學生應了解過去如何地影響現在的政治體系。對他來說，歷史知識意指提升學生的政治意識。比爾的目標反映了他對政治的關懷，他較少談及歷史遺產，而花更多的時間強調那些共通的政治和經濟主題。佛瑞德則將他對現今的熱情發揮到極致。他致力於培育有教養的、忠誠的公民，認為歷史僅在促成此一目標時才有重要性可言。一旦他看不出過往事件與學生生活之間的關聯時，他就盡可能簡單帶過。佛瑞德對培養正直公民的關切令人敬佩，然而弔詭的是，歷史知識的不足這點，使他無法看出、也無法建構過去與他如此珍視的現在之間的連結。

凱西以人類學家的身分進入教學這一行。起初她執意以她的學科作為教學目標，然而在第一年的全職教學時，她被分配到一個九年級的社會科課程，並拿到一份相當強調七種社會科學、而非只有人類學的課程材料。她因為對其中許多範疇不熟悉，教科書於是成為她教學上的主要工具。學年開始兩個月後她察覺到：

> 我有時實在相當依賴（教科書），我的意思是說，我真的很需
> 要這類東西，它讓我把精神集中在我應該採取的方向上。它非
> 常的詳細……我本應去大學花上四年時間詳盡了解中東歷史，
> 不過在此我們只是要給學生一個有關中東的大致輪廓……現
> 在我一步步跟著教科書，因為我不確定這本教科書中所要傳
> 遞的是什麼，所以我選了中東，然後一章一章讀過去。

凱西拿到的課程材料，對其他學科的視角同等的看重，她因此被迫
重新調整她對整個社會世界 (Social World) 的理解。她的教科書聲
稱要理解人類的發展，必須兼顧七種領域的知識：地理學、歷史學、
政治學、心理學、人類學、社會學和經濟學，這明顯影響了凱西的
思考。學年開始三個月後，她已經把書中由七個部分組成這點，視
為「理所當然」，並且認為從這七個立足點來學習每一種文化，就是
「很平常的道理」。而凱西還有個更大的轉變是在九年級課程的教學
目標上：受到教科書中學科聯合取向 (disciplinary ecumenicalism)
的影響，她在實習教師階段時原本要學生成為「小小人類學家」
(mini-anthropologist)，現在則轉而要他們變成「小小社會科學家」
(mini-social scientist)，讓學生「可以透過這七種面向去檢視文化，
並告訴我每個面向中的一或兩個重要的關鍵概念。」

五、教導認知方法

這四個故事對一般的教師培訓與教學研究都有重要的提示。凱
西、佛瑞德、比爾和珍對於社會科學裡頭涵蓋的科目，有著不同的

理解與信念。這裡我們是以歷史為例。但這四人在社會科教師的職業生涯中，遲早必須教到其中好幾個科目。他們的難題顯示了：了解所教學科的結構對教學來說是極為重要的。如果佛瑞德和凱西知道更多有關歷史學科的性質，也許會讓他們學習歷史時較能上手，也比較不會傳授給學生錯誤的歷史觀念。

　　學習各種學科不僅僅是獲得新知識的問題而已，還會連帶的檢視自己先前所堅守的信念。凱西和佛瑞德身為社會科教師，不得不接觸龐大的歷史訊息，但他們天真的且有時扭曲的歷史概念，卻形同力量強大的篩子，過濾了新的資訊。佛瑞德將歷史視同事實，如此根深蒂固，以致於面對某本歷史教科書上一連串關於羅斯福的不同解釋時，他會假定那些是出自一位政治學家之手，而被某個有見識的教科書作者決定引用。這種信念深植其心，要根除它們，不只需要一把如鋤頭之類的工具，而是要用上一架推土機。

　　此處的報告也對教師知識的研究有所提示。幾位老師的學科內容「知識」不但是事實與解釋的累積，也是他們信念的產物。佛瑞德在教授美國史一年後，已經獲知大量的歷史資訊。他參加了歷史科全國教師檢定 (National Teachers Examination) 並以高分過關，但這是否表示佛瑞德就懂得歷史？

　　歷史絕不只是關於過去的知識，它既非能置於手中把玩，也不是能擺放在圖書館的架子上；儘管歷史的原始資料是過去的，歷史遠不只是過去本身，巴爾贊 (Jacques Barzun) 解釋道：

　　　歷史感 (sense of history) 不存在任何一套已寫成的書本之

中，它是在某人腦中的東西；而這些東西，儘管是出於天生的好奇心，也得透過特定的方法來培養，並藉由閱讀真正的歷史 (genuine history) 來獲得。容我再複述一遍，那些得到認可、具有權威的歷史學家所理解的歷史才是真確的：那是一段開展一連串動機、行為與結果的敘述。時間的排序——時序——必須清楚，而年代所以重要其唯一目的是為動機、行動與結果的流程定位。這個因果鎖鍊不需要很長……但必得堅固厚實，因為這麼多人的動機與行動，總是彼此交織糾結，除非對先前的錯綜複雜有個通盤之見，否則我們將無法了解其結果。⑯

　　我們相信這幾位新老師都是聰明、善於表達、關懷學生的人，並都努力地學習他們的職業技能。儘管如此，他們並非每一位都擁有健全的歷史感。我們選擇歷史作為討論焦點，這讓凱西和佛瑞德看起來不適任，但是如果我們選擇了人類學，我們對凱西的描繪必然精采奪目，同樣地，若我們的焦點是政治學，佛瑞德也會表現亮眼。

　　社會科教師必須懂很多事情，而期望年輕教師能同時了解夠多的歷史學、人類學、社會學和經濟學，俾能精確表述，以及有效教

---

⑯　原註：Jacques Barzun, "Walter Prescott Webb and the Fate of History," 收錄於 Dennis Rinehart and Stephen E. Maizlish, eds., *Essays on Walter Prescott Webb and the Teaching of History* (College Station, Texas, 1985). 關於本註解提出問題更進一步的討論，參見 Richard J. Evans, *In Defence of History* (London, 1997).

學，實為不合理的要求。學習不只是遭遇新資訊，因為新資訊往往無法與已深植的信念相抗衡。確實，這幾位老師都是熱情的學習者，但是當一個人不熟悉自己領域之外的學科之認知方法時，新資訊就變成了舊訊息的隨從，而基本的信念未曾改變。欲教導認知的方法，所包含的不只是一個方法類課程，而很明顯地，師資培育者無法單獨勝任此一工作。無論如何，讓準教師對不同的認知方法有所認識，是我們應做之事。它也是一個值得追求的目標。

後 記

本章所從事的研究調查，隸屬史賓塞 (Spencer) 基金會支助的 1985 年至 1987 年教學知識成長計畫 (Knowledge Growth in Teaching Project)，李・舒曼是計畫主持人。這個計畫以三年的時間調查高中新進老師的學科知識發展。在這計畫中，凱西和佛瑞德兩人是受訪對象，從他們參加師資培育課程起，一直持續到第一年的全職教學為止，兩人在計畫中都接受了將近十四次的訪談，他們各自的課堂也都曾被觀察過幾次。

本章最早係與蘇珊納・威爾森 (Suzanne Wilson) 聯名，並以她為第一作者發表於 *Teachers College Record* 89 (1988), 525–39。在本書中這個章節有些微修訂與更新。從這篇文章首度發表後，歷史與社會科教學研究有了可觀的發展，參見蘇珊納・威爾森的《歷史教學》 (*"History Teaching"*) 一章和彼特・賽克斯 (Peter Seixas) 的《社會科教學》 (*"Social Studies Teaching"*) 一章，收錄於 Virginia Richardson, ed., *Handbook of Research on Teaching*, 4th ed. (New

York, 2001)。亦可見克理斯・哈斯本德 (Chris Husbands) 所撰、主要適用於中等學校教師的概論用書 ： *What Is History Teaching? Language, Ideas, and Meaning in Learning About the Past* (Buckingham, England, 1996)。

版權聲明

有智慧的歷史教學模式

　　到處都是關於歷史課堂不好的描繪。在《我們 17 歲的孩子知道些什麼？》(*What Do Our 17-Year-Olds Know?*) 一書中，拉維奇和芬恩分析了 1987 年國家教育進步評估 (National Assessment of Educational Progress) 的研究報告，他們描述典型的歷史課堂就是學生：

> 聆聽老師解釋當天的課程，使用教科書，然後進行隨堂測驗，偶爾還看部影片。有時，他們背誦訊息或是閱讀關於事件與人物的故事。他們少有和其他學生共同研討、運用原始資料、撰寫學期報告或是討論所學內容的意義。❶

這些調查發現並非特例，很不幸地，它們是慣例。一份 60 年代中期印第安那州所進行的一次社會科教學考察，❷ 也出現類似的結論，

---

❶ 原註：Diane Ravitch and Chester Finn, Jr., *What Do Our 17-Year-Olds Know? A Report on the First National Assessment of History and Literature* (New York, 1987), 194.

❷ 原註：Maurice G. Baxter, Robert H. Ferrell, and John E. Wiltz, *The Teaching of*

而更晚近的研究亦無例外。❸

　　有鑑於這種持續不變的情況，我們已是到了該要減少回頭去研究「典型的」(typical) 或「代表性的」(representative) 課堂的時候了。我們對這樣的課堂已經很清楚了。相對的，在我們參與的教師評鑑計畫 (Teacher Assessment Project)❹中，我的同事與我有意地避開普遍的狀況，而聚焦於非凡的案例上，從探究「大概可以的」(probable) 轉到更仔細考察「可以做到的」(possible)。

　　為達此一目標，我們對十一位富有經驗的高中歷史教師進行了一系列名為「實務智慧」(Wisdom of Practice) 的研究（類似的模式也曾用在研究十一位數學教師上）。引導我們工作的信念是：許多關於良好教學的知識永遠不會在學術文獻中發現，而只存在好老師的心中。透過一系列深入的訪談與觀察，我們嘗試採集、捕捉和描述

American History in High Schools (Bloomington, Ind., 1964). 晚近的文獻參見 Lloyd Kramer, Donald Reid, and William L. Barney, Learning History in America (Minneapolis, 1994).

❸ 原註：James P. Christopolous, William D. Rohwer, and John W. Thomas, "Grade Level Differences in Students' Study Activities as a Function of Course Characteristics," Contemporary Educational Psychology 12 (1987), 303–23; John I. Goodlad, A Place Called School (New York, 1984); James Howard and Thomas Mendenhall, Making History Come Alive (Washington, D.C., 1982); and Karen B. Wiley and Jeanne Race, The Status of Pre-College Science, Mathematics, and Social Science Education: 1955–1975, vol. 3: Social Science Education (Boulder, Colo., 1977).

❹ 原註：教師評鑑計畫是一項結合研究與發展的計畫，起初設計的目的是為了開發出一套新的教學評鑑法。見本書第八章。

由同儕推薦的十一位專家教學者所知、所想和所為。以下是針對其中兩位老師的記述，以及他們如何思索自己所教的歷史。

一、隱身的老師

這是星期一早上伊莉莎白・楊森 (Elizabeth Jensen)❺美國史的第一節課，這所中學有白人、黑人、亞裔以及西班牙裔的臉孔。學生進入教室後，將他們的書桌排列成三組，教室左邊坐著「反叛派」(rebels) 小組，右邊是「忠誠派」(loyalists)，以及坐在前面的「法官」(judges)。楊森是個三十好幾歲、身形嬌小、嗓門很大的女性，她坐在一旁角落，腿上放著線圈筆記本，手上拿著鉛筆。今天她保持靜默，而她的十一年級學生將要展開一場有關英國在美洲殖民地徵稅合法性的辯論。黑板上寫著這段陳述：議決——英國政府擁有在美洲殖民地合法徵稅的權利。

反叛者陣營第一位發言的女生，有著金色捲髮與一個擺動的耳環，她在記事本中取出一張紙條，開始發言：

> （英國認為他們保留）軍隊在此地，是為了要保護我們，表面上看來似乎相當有道理，然而實際上他們的宣稱根本毫無根據。首先，他們是要保護我們免受誰的威脅？法國人嗎？引用我們的朋友貝雷 (Bailey) 先生的話：❻「根據 1763 年巴

---

❺ 原註：根據我們進行此研究之該學區的規定，在本篇文章的原始版本中，我們係以化名來稱呼兩位老師。然而，自從初版之後，楊森已公開了她的真名 Bonnie Taylor。

黎的協議，法國在北美大陸的勢力已經完全被逐出了。」……
事實上，唯一可以威脅我們現有一切的只剩印第安人，但我
們已有很好的民兵團……所以他們為什麼在這裡部署軍隊？
唯一可能的理由是要控制我們。隨著愈來愈多軍隊的到來，
很快地，所有我們所珍視的自由也將被剝奪。❼

另一位反叛陣營代表信心滿滿地起身說道：

撇開道德與實務上的爭議，這裡還必須指出一個很重要的事
實：美洲殖民地已經被課稅了。……而只要確信理由正當，
殖民地當然也很願意繳稅。這點在 1765 年 5 月 30 日維吉尼
亞州立法機關已經很明白地揭示了。❽我們也願意共同負擔
為了維繫美洲和平所需的花費。然而，由於稅額已經沉重不
堪，我們的能力有限。除非由我們自己來決定提高稅收的方
式，否則我們不願再多繳稅。

一個個頭高、留著剷青髮式 (fade haircut) 的非裔美籍學生從座
位起身，走到忠誠派的代表團之中，開始了忠誠派的回應：

---

❻　原註：Thomas Bailey and David M. Kennedy, *The American Pageant: A History of the Republic*, 7th ed. (Lexington, Mass., 1983).

❼　原註：為了文字的簡潔，我們以節錄的方式呈現學生的意見，但保留他們原本的用語。

❽　原註：1765 年 5 月 30 日維吉尼亞州議會通過了如下的決議：儘管承認有繳稅給國王的必要，議會代表將有權決定合理的徵稅方式。

讓我們來檢視我們被徵稅的理由——主要原因很可能是因為英國負債一億四千萬英鎊……你們知道這當中超過一半的負債都是為了在法印戰爭 (French and Indian War) ❾ 中保護我們的嗎？……沒有代表權就徵稅是不公平的，這確實是一項暴政。然而模擬代表權 (virtual representation)❿ 足以讓你們的抱怨不過是無的放矢。每一位英國公民無論他是否擁有投票權，都由國會來代表，為何此代表權沒有擴展到美洲？……如果說它可以延伸到三百英里以外的曼徹斯特與伯明罕，為什麼不能延伸到三千英里以外的美洲？難道美洲的人不是不列顛的臣民？不是英國人？

一位反叛派起身詰問忠誠派的此一論點：

反叛者：向國王繳稅，我們能得到什麼好處？

忠誠者：我們可以得到保護。

反叛者：這就是你唯一能說出的好處——保護？

忠誠者：你們實在有點自私，以為可以拿了別人給的東西，

---

❾ 譯註：美國人對七年戰爭 (Seven Years War) 的稱呼。

❿ 原註：根據最積極的提倡者 Edmund Burke 的說法，「實質代表」指的是無論有無投票權，所有的英國人都由國會所代表的信念。Burke 聲稱：「國會是一個審議單一國家事務的議會，抱持著單一的利益，亦即整體的利益；非由地方的目標或區域的偏見所主導，而是聽憑全體的普遍利益與普遍意志所作出的決議。」 參見 Robert A. Gross, *The Minutemen and Their World* (New York, 1976), 36.

又不繳該繳的稅。你們如何證明不向英國繳稅是正
當的呢？

反叛者：我們不是說不應該繳稅，我們是說不應該在沒有國
會代表的情形下繳稅──繳稅而又無法對現況表達
意見……

在她有機會把話說完之前，忠誠派陣營齊聲大喊「獲勝！獲勝！
獲勝！」，這個語詞是用來標示對手陣營說出了事實或觀念上的錯
誤。現在，忠誠派有一點時間可以向法官陳述他們的立場：

忠誠者：我們確實委由國會代表……根據模擬代表權。我們
都是不列顛公民並且都由國會來代表我們。我們曾
有機會……在不列顛的國會上有實質代表，但你們
（責難地用手指著反叛者）卻不願意……許多不列
顛的公民也只有模擬代表權，所以是相──

反叛者：不！他們同時擁有模擬與實質代表權。

忠誠者：不！在一些大城市中只有模擬的代表權，所以你們
就和許多英格蘭本土的公民一樣。

霎時，教室裡充斥著相互指控的刺耳聲音，一名忠誠派的成員
大喊著：「這和在伯明罕並無不同」，❶反叛者嗤之以鼻：「模擬代表

---

❶　原註：在此忠誠派的論點是正確的。此時只有十分之一的英國人口擁有投
票權，而許多的大城市包括伯明罕與曼徹斯特在內，在國會均無代表。

權根本是胡扯」，三十二個學生似乎同時開口，主席法官是一位身材削瘦的黑人學生，戴著粗框的眼鏡，用力敲擊著木槌。但是他的同學——爭執中的忠誠派與反叛派——卻對他視若無睹。楊森依然待在角落，依然將線圈筆記本放在腿上，下達了這天她唯一的一句命令，她大喊著：「保持安靜！」。秩序立即恢復，而法官支持忠誠派「獲勝」。

雙方都進行開場陳述之後，接下來是一天半的交叉辯論，到第三天反叛派和忠誠派各自做了結辯，辯論隨之結束。忠誠派的最後一位發言者，留著及肩長髮、身穿褪色的牛仔夾克，站起來對同學述說：

我們國家的政府有沒有權利向我們徵稅呢？當然有，問出這樣的問題時，反方的論點就很愚蠢。但是，我們莽撞的國人同胞卻認為我們應當免除這項責任……他們說他們沒有代表權，所以為什麼他們得繳稅？但同時，他們又拒絕了在國會中有代表權……他們到底想要什麼？在國會擁有過半的代表力量嗎？如果他們想要廢止殖民地的徵稅，則必定會遭到否決，就像任何其他的不列顛行政區，如果也想嘗試這樣的行動，也會有同樣的結果。因為他們知道要獲得國會代表們壓倒性的 (humongous) 投票支持是荒誕不經的假定，所以他們只好說，事實上徵稅本身是一種詐騙。他們不需要保護，因為看到英國已經處理了法國和西班牙的威脅。他們感到很安心，是因為這兩個國家或任何其他國家受到嚴重打擊後，不

會再來攻擊了。然而一旦與不列顛的連結斷絕了，美洲將再次成為所有人可以任意進出之地……很清楚的：對我們所有人而言，比起與英國交惡，繳稅帶來的糾紛較少，所以我要大聲疾呼：請保持理性。我們的國家有沒有權利向我們徵稅呢？肯定有的。

雖然沒有對她的學生施行前測與後測，在我們眼中，學生像這樣的陳述有力地證明了楊森課堂上所進行的學習型態。我們應該注意這位學生所建構出的這段陳述，及他為了模仿十八世紀的語言所做的努力。他犯了語言學家所謂「語言風格的錯誤」(mistake in register)（用「壓倒性的」❷這個字眼來述說反叛者之要求代表權），但我們可以看到他的其他部分是如何地完善。他優雅地使用諸如「交惡」(commence hostilities) 和「荒誕不經的假定」(it's preposterous to assume)，去捕捉一個表達訊息風格與其內容意義同等重要的時代精神。正常來說，16 歲並不會說「大聲疾呼」(put forth a resounding plea)，但在楊森的指引之下，這位學生將自己浸透在十八世紀的原始文件中，學習到語言本身也有豐富的歷史。

二、讓老師現身

當法官吃力地閱讀三天份的證詞，緊張的氣氛彌漫了整間教室。急切想知道最後判決的學生，低聲討論著能博得法官青睞的論點。

---

❷ 譯註：「壓倒性的」(humongous) 此字直到 1968 年之後才成為一般用法，是大學生的常用俚語。

雖然正式辯論已經結束，學生仍繼續討論十八世紀國會代表權的概念。與此同時，法官正努力歸納各式觀點與對立之見，以整合出一個結論。

這三天，楊森似乎從教室中隱身不見，她窩在角落，在自己的筆記本上作記錄。有時，她難掩欣喜之情，如果有學生對於「有益的忽略」 (salutary neglect) 或是 「自然權利原則」 (imperatives of natural rights) 提出特別深刻的見解，她會對其微微一笑。但是，她唯一說的一句話（除了「保持安靜！」外）是針對法官，提醒他們偶爾要記得敲擊木槌以維持秩序。在這幾堂課裡，楊森的作為不太能符合傳統所謂的 「教學」：沒有授課；沒有寫板書；沒有發學習單、小考或是舉行隨堂測驗。

一開始有人或許會想，楊森能坐在後面，並像她自己所說的「扮演上帝」，是拜學生所賜。也許只要有看來這麼積極的青少年，任何老師都能表現出色。無可否認，楊森的學生的確積極進取。這些自願選修的優等生，知道他們選擇的這堂課要求額外的工作，但楊森的學生中有近三分之一來自少數族裔，他們的背景與這所學校以及其他大型都會高中的其他學生並無多大不同，他們所就讀的綜合中學甚至和其他都會中學有著相同的外觀與氣息——隨處可見剝落的油漆、裸露在外的管子、廁所隔間牆上散布的塗鴉。

楊森讓人以為她在整個過程中只扮演了微不足道的角色，此正證明了她的技巧高超。就如同我們看不到百老匯音樂劇的編舞者在舞臺上指揮舞蹈團一樣，當她的學生辯論徵稅合法性問題而構思和組織論點時，我們也無法看見楊森的作用。編舞者不厭其煩地與舞

者演練，幫助他們為有朝一日獨自登上舞臺中央的那一刻做好準備。
同樣地，楊森多年來已知道如何協助學生準備好扮演忠誠派、反叛
派和法官。

　　舉例來說，她知道青少年要超越狹隘的自身經驗、去擁抱那些
生活在與自己截然不同的世界中人們的問題、情感、動機，絕非易
事。要讓學生勝任此工作，部分關鍵在於讓他們了解活動成功與否
係取決他們自己，他們知道，即使不知所措，老師不會伸出援手。
有時這意味著楊森必須克制自己，放任學生走一段甚至是很長的徒
勞無功之路，但她只能做此選擇。「除了避免雙方大聲嚷嚷或是脫序
場面的發生之外，我不能再多加干涉，」她解釋道：「否則他們**從頭
到尾**都要仰賴我。」

　　但楊森之所以能扮演好編舞者的角色，並且導引學生投入尋求
原因與動機的學習體驗，不只是出於她對青少年的敏銳理解。最重
要的是，楊森安排的辯論乃是建立在有關什麼是歷史教學的一種「願
景」上，此願景提供了課堂活動的架構，並使之充滿意義。

　　對楊森而言，歷史是由各式各樣的理念與主題連結而成，它們
使歷史具有連貫性，並且提供一個理解人類經驗之豐富性的途徑。
因此，楊森這學年的課程並非始於「地理大發現」（Age of
Discovery）單元中的探險家名單，而是關於「人性」的討論。學生
們閱讀哲學家（例如：休謨、洛克、柏拉圖與亞里斯多德）、政治領
袖與革命家（例如：傑佛遜、甘地、毛澤東）和獨裁者（例如：希
特勒、墨索里尼）的作品摘錄，並向同學發表這些觀點。學生學習
到關於人性的理論是人們做出選擇的支柱，有些理論描繪人類為已

開化的生物、只稍稍低於天使,而有的理論則視人類為邪惡的壞蛋、只比禽獸好些。在歷經幾個月後,來到批准美國憲法的時刻,這些如今已然熟悉的形象——柏拉圖、亞里斯多德、休謨、洛克、艾瑪‧高德曼 (Emma Goldman)、 ❸列寧——就成為充滿激情的聯邦主義者與反聯邦主義者兩方陣營拉攏為證的伙伴。

這些活動都展示了楊森所欲傳授的更廣闊的課題:歷史的形成乃是一個動態的過程。過去所發生的事情並非命定或必得如此。事情發生是因為身為行動者的人們做出抉擇從而塑造了他們自身的命運,一如今天人們的抉擇亦形塑了他們的未來。

三、前置作業

楊森對歷史的理解決定了她如何來捕捉學生的心思。對她來說,美國史不只是一些特定的年代、人物或法令規章,歷史圍繞著諸如權威、自由與代表權等議題——這些議題連繫了過去與現在,並提供了統整十一年級課程中大量資訊的架構。這個架構主導了她的課程決策,讓她可以提前幾個月預設學生將接觸到的觀念。例如,當她在學年開始,介紹十八世紀對於人性的看法,她知道這些同樣的議題將在討論憲法、權利法案和聯邦主義時會再次出現;而早在學生著手準備辯論以前,楊森就已經做好打底的工作:藉由向學生介紹某些概念,讓他們思索權威的性質。

她採取了幾種方法。在忠誠派與反叛派辯論前兩週,她發下功

---

❸ 譯註:艾瑪‧高德曼 (Emma Goldman, 1869–1940) 出生於立陶宛,1885 年移民美國,她後來成為美國無政府主義的代表之一。

課，那是來自一本內容與美國史課程主要單元可以對應的油印小冊子「關於權威的學生手冊」(Student Handbook on Authority) 內的選文——這是一種「非教科書」的教科書。學生閱讀到一則有關船長毆打水手的小故事：「海上的鞭打」(A Flogging at Sea)。接著，他們閱讀「兩個作出抉擇的人」(Two People Who Make Choices)，這篇短文比較了兩個人，一是波士頓大屠殺 (Boston Massacre)❶❹中替那個被控謀殺的英國士兵辯護的律師橋西亞·奎西 (Josiah Quincy)，一是一百五十年後阿拉巴馬州蒙哥馬利市 (Montgomery) 一位不畏輿論、拒絕移到巴士後方座位的黑人婦女羅莎·帕克斯 (Rosa Parks)。當學生閱讀這些選文時，楊森點出故事當中的隱含之意，將潛藏的問題凸顯出來。她藉此幫助學生為即將到來的辯論做好準備。

辯論開始前的連續四節課是「研究日」(research days)，期間學生分成小組運作，研讀楊森蒐集來幫助他們形成論據的文獻、書籍與文章。忠誠派、反叛派和法官小組忙碌地來回翻閱書籍、籌劃各自的辯論策略。楊森在小組之間來回穿梭，扮演教練、難題解決者和監察員的角色，確保學生討論的話題是美國革命而非週末舞會。在我們有一次觀課時，她解釋道：「那個坐在那裡和朋友聊天的傢伙……我就會問他：『你的東西在哪裡？』他說：『我今晚會做』，然後我說：『呃，現在就開始做！』」

確定學生專注在課題上只是楊森的工作之一。她就好比行動的

---

❶❹ 譯註：發生在 1770 年 3 月 5 日麻州的波士頓城，起因於英國士兵向手無寸鐵的殖民地群眾開槍，這件事也成為美國革命爆發的背景之一。

百科全書、資料索引和檔案室，神速地提出各種建言和暗示。她對
這組說：「看一下第四十二頁的《維吉尼亞州議會宣言》
(*Declaration of the Virginia Legislature*)」，一下問另一組：「你們有
沒有讀到貝雷怎麼提及《1763 年公告》(*Proclamation of 1763*) 的看
法？」接著又提醒第三組：「記得查看圖表中《印花稅法案》(*Stamp
Act*) 不同的印花稅換算成一日工資的實際等值」。她將美國革命的豐
富知識轉化為給予學生的資料與素材，但從不直接提供現成的資訊。
她總是以暗示（「看看貝雷怎麼說到英屬東印度公司……」）或提問
（「哈克 (Hacker) 和詹森 (Jameson) 對此有何不同的看法？」）的方
式傳達。❶❺

　　各小組提出的問題從 1770 年代波士頓航行至倫敦要多久（大約
五週），到辯論的開場白是否要先背下來（並不需要）。但有時學生
所提問題難以用簡單一句話回答。舉例來說，在法官組這邊，當七
位學生在研讀法理學時，一個男孩子告訴楊森，他害怕自己的立場
也許會受到朋友間的忠誠之情所左右，而非同儕論證的說服力。楊
森停頓了片刻思索著，然後溫柔地解釋說，法官從來無法完全地與
社會隔絕，他們總是得控制自己的情感，並在判斷每一個案件的是
非曲直時，努力將個人的偏見排除。當她說話時，學生看著她，點
頭同意。在察覺到學生有所領會後，她便走開了。

四、判　決

　　辯論終結時，法官的判決既是開始也是結束。判決結束了辯論，

---

❶❺　原註：Louis Hacker 和 J. Franklin Jameson 是楊森指定學生閱讀的項目。

但開啟了學生理解所學的過程。楊森的記事本，也就是她針對學生困惑的即時評述與洞察，成為隔日檢討報告課程的基礎。重新審視辯論議題時，楊森澄清若干經久存在的誤解，並且為學生完成這個單元的最後作業做準備：一份有關英國徵稅合法性的學期報告，在報告中學生必須針對學過的材料，作出決定、總結，並且呈現他們自己獨有的特色。

楊森的上課方式非比尋常。教科書沒有主導教學，老師的發言沒有掩蓋學生的意見，沒有半張學習單。學生投入一趟非常棒的智識之旅，在這過程，他們所擁抱的是他者的信念，並為之熱情辯護。透過重建歷史，而不僅僅是閱讀歷史，學生學到托利黨人 (Tories) 並不像教科書裡所描述的壞蛋，不過是和其反叛的鄰居有著不同世界觀的普通人而已。這種學習的變化有時可以目睹得到──學生從詫異的表情變成會心一笑。在辯論最後，一個女孩子先是盯著天花板一臉茫然，然後緩緩的，她開始點了點頭，並不特別針對任何人而低聲嘀咕著：「你知道，我們差點就和加拿大一樣」。能夠理解，若忠誠派取得勝利，則伊莉莎白女王的頭像將會出現在我們的郵票上，一如在北方的鄰居那樣，這點對於生長在一個由美國而非英國支配世界局勢時代的青少年而言，誠屬不易。

法官的最後結論震驚了整個班級。忠誠派獲判勝利，美洲殖民地並沒有斷絕他們與英國之間的聯繫，反倒是重新確認了這樣的關係。在學生等待下課鐘響的一段時間，忠誠派小組負責結辯的學生不敢相信法官的判決。他困惑的問老師，「為什麼會這樣子呢？七年級時所聽到學到的都是這些殖民地居民突然起來造反，而英國人在

極度恐慌中逃跑，為什麼從來沒有人告訴我們這些呢？」這位學生說話時，楊森點了點頭說：「我也很想知道為什麼。」

五、看得見的老師

在距離楊森學校大約二十分鐘車程的一所中學，我們進入了另一個歷史課堂。兩所學校的樣貌大同小異——同樣剝落的油漆、一樣破舊的外觀、同樣雜揉了多個族群的面孔。一位年紀大約 40 出頭的老師約翰・普萊斯 (John Price)，踱步於黑板、學生以及排成馬蹄型的桌子之間。他正在討論《不可容忍法令》(*Intolerable Acts*)。

> 普萊斯：事實上，喬登 (Jordan) 先生❶怎麼稱呼這些法令？
>
> 吉　姆：《不可容忍法令》。
>
> 普萊斯：《不可容忍法令》！不寬容！我們無法忍受它們！如果你去閱讀某一本英國史的書籍，他們會把這些法令稱為《不可容忍法令》嗎？
>
> 學　生：不會！
>
> 普萊斯：不會！我不知道他們會怎麼稱呼那些法令，但他們大概會把它們稱作「波士頓建立法律與秩序基本法」之類的名字。了解嗎？因為他們的觀點不同。他們看見茶葉的損失、看見私人財產遭到破壞。事實上，

---

❶　原註：Winthrop D. Jordan, Miriam Greenblatt, and John S. Bowes, *The Americans: The History of a People and a Nation* (Evanston, Ill., 1985). 這是普萊斯課堂上所使用的教科書。

我們今天所要做的是查看《不可容忍法令》的結果。
英國確實派遣軍隊過來，山姆‧亞當斯 (Sam
Adams)⑰為這一切喝采！他愛極了這個結果！現在
英國所做的正是他所希望的那樣。我們已經有波士
頓大屠殺，事情一度平靜下來，現在情況又再度喧
騰了起來，感謝英國人所犯下的錯誤。現在我們只
需要用來觸發整件事情的意外事件。現在，我們有
了一個導火線 (triggering events)，⑱我要你們讀讀
看，促使它發生的是什麼。我們要做的是去閱讀兩
份 1775 年的報紙記述，所以我要把資料發給你們，
每人拿一份然後往後傳，動作快一點，每一份都一
樣……這是一份報紙上的記述，描述 1775 年 4 月
19 日在萊辛頓所發生的事情。由於對我們來說，裡
頭的用辭過於古老──兩百年前的，我將帶你們讀
第一段，好讓你們開始進行。聽聽看這裡的語氣：
「上週三，4 月 19 日，」報導者說：「大不列顛陛
下的軍隊」──這是說誰？

⑰　譯註：山姆‧亞當斯 (Sam Adams, 1722–1803)，美國革命前麻州的反英領導
人，1776 年 7 月 4 日美國《獨立宣言》的簽署人之一。

⑱　原註：「導火線」 (triggering events) 一詞係援引自 Crane Brinton 的革命理
論，這是普萊斯在本學年初為了幫助學生統整美國革命前夕所發生的一連
串事件而引介的一個理論架構，參見 Crane C. Brinton, *The Anatomy of a
Revolution* (Englewood Cliffs, N.J., 1952).

辛　蒂：國王。

普萊斯：國王，所以是什麼軍隊？

學　生：英國軍隊。

普萊斯：英國軍隊。「和這個地方的人民為敵……也就是和麻
　　　　薩諸塞州的人民，他們遭到了殘暴的對待，殘忍的
　　　　程度不亞於蠻荒可鄙的野蠻人對我們偉大的先祖所
　　　　做的」……英國軍隊做了什麼？

伊莎貝爾：英軍對待殖民地人民就好比印第安人對待他們的
　　　　方式那樣的壞。

普萊斯：對他們西部邊疆地區的祖先所做的……「一些詳情
　　　　(particulars)，」也就是，細節 (details)，「關於這個
　　　　有意思的事件，我們因此陷入內戰的種種恐懼之中，
　　　　我們正嘗試、力圖收集相關訊息，包括目前被認為
　　　　的混亂情況。」這真是拗口的句子，但它要表達的
　　　　重點是：「萊辛頓已經亂成一團，就像一場內戰。」
　　　　什麼是內戰？

蘇喜葉：一個地方內部的戰爭。

普萊斯：好，兄弟鬩牆……現在，因為你們在讀這篇文章，
　　　　我要你們先抬頭看黑板，等下再繼續讀。在我們開
　　　　始之前，我想確定你們是否理解事實 (fact) 與意見
　　　　(opinion) 之間的差別，這是一個當你們閱讀東西並
　　　　試著分辨其內容是否屬實時所要培養的非常重要的
　　　　技巧，所以我希望在座有沒有哪位說出你所想到的

任何一個對於事實的陳述。好的，如果你們想要的話也可以用美國革命、殖民地來舉例，我們知道哪些有關美洲殖民地的**事實**？給我任何一項事實。

普萊斯和學生的對話不超過五分鐘。他主導了整個談話，講出了超過七百五十個字，對比之下他的一小群學生只貢獻了二十六個字。的確，他在這幾分鐘內所講的話就比楊森在三天課堂辯論中講的話還要多。一個漫不經心的觀察者如果目擊普萊斯上課的情形，很可能會宣稱他看到了與其他研究者同樣觀察到的狀況——老師主導、全體教學，以及以老師的提問與解釋為中心的課堂活動。

但這門課卻有些與眾不同之處。課堂中的氣氛活絡熱烈。學生在位子上身軀前傾，提出深思熟慮與饒富趣味的問題，下課鐘響後仍繼續待在教室裡討論。普萊斯精力充沛——他大笑、踱步、與學生打趣、有著激動的肢體語言。普萊斯不是一個普通的老師，而是一個能攫得三十五位青少年共同想像力的表演大師，並帶領學生走一趟探險過去的旅程。

在這麼一小段介紹性的討論後，普萊斯指示學生閱讀第一則報紙的記述，在閱讀的同時，他們得要找出證據回答黑板上的一系列問題。學生安靜地進行任務，獨自或和一位搭檔合作，普萊斯則在教室中四處走動回答問題。十分鐘後，這個班級課堂因為珍妮的提問又重新動了起來，「誰寫了這篇報導？」

普萊斯：好的，這篇報導看起來像是誰寫的？

珍　妮：一個殖民地的人。

普萊斯：看來像是美國報紙的口吻，不是嗎？因為看起來無
　　　　論你在這裡讀到什麼，英國人都是壞蛋、邪惡的野
　　　　蠻人。……而美國人，他們又如何被描述呢？

珍　妮：友好的。

普萊斯：還有呢？

珍　妮：勇敢的。

普萊斯：英勇的 (heroic)，他們是勇敢、堅定的……有看出這
　　　　段書寫如何精心地營造某種氛圍嗎？所以，你們如
　　　　何回答黑板上的第三個問題？這則新聞報導對革命
　　　　有何影響？是要給誰讀的？

馬　克：這會讓他們情緒激昂。

普萊斯：它讓人們情緒高昂，宛如火上加油，使局勢惡化。
　　　　你會想到這個人的朋友或自己本身可能就是自由之
　　　　子 (Sons of Liberty)❶的成員嗎？他試著動搖那些在
　　　　一旁觀望而不想介入的人。

　　師生對談持續了好一會兒，然後普萊斯指示學生進入活動的第
二部分，包括閱讀另外一份報紙的記述並回應一組類似的問題。第
二段記述來自《倫敦公報》(*London Gazette*)，再一次仔細閱讀文本
之後，普萊斯和學生討論了作者的觀點如何影響了這第二份對萊辛
頓之役極其不同的描述。

---

❶　譯註：1765 年美洲殖民地為了反對《印花稅法案》而成立的地下愛國組織。

六、檢驗看得見的老師

　　有些人把教學拿來和演戲相比擬，那麼普萊斯便是一位出類拔萃的演員——他一方面能夠覺察於觀眾的反應，一方面又是運用肢體語言溝通的能手。他對學生的理解甚深、能問出他知道學生可以回答的問題；能夠將當日的課程連結到他們所習知的事情，並且敦促學生尋找證據來支持他們的論點。

　　但如果普萊斯是一位演員，那麼他是一位自編自演的演員。他沒有正式的腳本，既非一絲不苟地精心設計課程，也並不把教科書當成指南，相反地，他隨身攜帶一本筆記本，裡頭記滿了他十七年的教學生涯中所累積的各種資料：萊辛頓和康考特戰役英軍死亡人數、毛澤東最欽佩華盛頓的哪一點、有關湯姆・潘恩 (Tom Paine) ⑳父親（一位女用束腹裁縫）的記錄。

　　鐘響後，普萊斯繼續待在講臺上——回應學生的問題、偶爾從他的筆記本中分享一些軼聞趣事，並且運用譬喻和例舉來闡述他的觀點。正如同楊森為了協助學生準備好認識美國憲法的批准問題，她首先介紹十八世紀的人性觀點，普萊斯同樣也在學年之初引介了一些思考的架構與觀念，好讓學生面對眼前的資訊時，能夠有所選擇、去蕪存菁。談到《不可容忍法令》，他必須介紹《湯森法案》

⑳　譯註：湯姆・潘恩 (Thomas Paine, 1737–1809) 為英美政治哲學家，其作品對美國革命與法國大革命都有重大影響。他在 1776 年 1 月 10 日出版了一本名為《常識》(Common Sense) 的小冊子，力陳殖民地應該脫離英國獨立，並且建立屬於自己的共和政府。

(*Townshend Acts*)，㉑以及蓋斯皮 (Gaspé) 事件、㉒山姆・亞當斯與
調和委員會。㉓他也介紹了改編自克蘭・布林頓 (Crane Brinton) 這
位史家的革命模式理論，㉔普萊斯說：

> 我要學生理解，這樣他們才會記得……我要他們從所有革命
> 中必然會出現的某些要素這個角度入手，那麼當他們以後再
> 遇到革命時，就有指標可尋了……因此在我們研讀革命的所
> 有時間中，學生羅列了一些引發抱怨之點，那是跟我在開始
> 講培根叛亂 (Bacon's Rebellion) ㉕時所使用的一個詞彙有
> 關——不滿 (grievances)，他們了解了這個字的意涵。他們所
> 要追查的第二件事情是出現的領導人，因此那時我開始談論

㉑ 譯註：以法案的發起人，也就是英國財政大臣查理斯・湯森 (Charles
Townshend) 為名的法令，通過增加對美洲貿易的徵稅來減少英國人在稅務
上的負擔，內容包括加強了海關管理，對從英國運往殖民地的紙張、玻璃、
鉛條和茶葉徵稅。這些稅收的目的在於增加英國的財政收入，以便將一部
分稅款拿來供養殖民地的總督、法官、稅務人員和駐紮美洲的英國軍隊。

㉒ 譯註：此事件源自一艘名為 Gaspé 的英國海關緝私艇，在 1772 年 6 月 9 日
追趕一艘走私商船時擱淺，隔晚遭殖民地人民放火焚燒，並擊傷緝私艇指
揮官。事後英國加強對殖民地的控制。

㉓ 譯註：調和委員會 (Committees of Correspondence) 將美洲各個殖民地立法機
構的核心成員齊聚一堂，以協調各殖民地對英國的舉措能有一致回應。

㉔ 原註：同原註 18。

㉕ 譯註：1676 年由那撒尼爾・培根 (Nathaniel Bacon) 領導的培根叛亂在維吉
尼亞殖民地爆發，抗議殖民地政府對低價的煙草課徵過高的稅，以及政府
面對印第安人騷擾邊境時的無能。

山姆‧亞當斯，或他們閱讀有關約翰‧漢考克 (John Hancock)❷❻或者其他人、自由之子以及相關的人等，這就是另一個指標。

　　普萊斯的學生並不會因為他提出事實與意見差異的問題而感到奇特，一如他之使用「導火線」一詞。因為從學期初開始，他便督促學生尋找價值觀 (values)、意見 (opinions)、詮釋 (interpretations)——先從分析教科書作者的部分：「我們總是始於價值觀，我們從……這個觀念開始……他們所說所做都受到價值觀的影響。」此一強調乃是基於普萊斯的歷史觀念。「喬登先生在這裡（教科書）所講，」他說：「不是歷史。人類總體經驗太複雜了，以致於關於發生的事情，不可能只有一個簡單的解釋……而這正是歷史如此有趣的原因。」

　　儘管普萊斯希望他的學生體會並認清歷史的詮釋本質，但他無意讓學生變成「小歷史學家」(little historians)，他承認學校期待他給學生一定分量的事實性訊息，而他所以認為某些訊息有價值，是因為它們提供學生一股實在感。但普萊斯充分了解在一門概論課程中不可能同時兼顧歷史的內容和歷史學家重建這些內容的過程：「我在尋找一個平衡……我的任務是在過程中確實激起（學生）對某些歷史人物的興趣……（以及）讓學生體認到這些知識被發掘出來的過程本身即有令人雀躍之處……這是我心中始終惦記的兩件事情。」

　　就像楊森一樣，普萊斯是公認「嚴格的老師」，他們對學生之敦

---

❷❻　譯註：約翰‧漢考克 (John Hancock, 1737-1793)，美國革命的代表人物之一，參加過大陸會議，是第一位在《獨立宣言》上署名的人。

促超過學生過去所曾經歷過的。與楊森的課程不同的是，普萊斯的課並不屬於資優課程，學生選擇修習這門課是因為知道他是一位好老師所以慕名而來。學生知道他們必須認真學習，而美國史課程是必須嚴肅看待的事情。

然而這門課的「敦促」，並非像其他許多歷史課所強調的記誦人名、日期和事件。誠然，課堂中的對話少不了人名與事件，但普萊斯介紹的不是教科書中死氣沉沉的人物，他們是活生生、會呼吸、有感覺的人，具有特點也有缺點。山姆‧亞當斯既是一名出色的宣傳者與「革命寫手」(Penman of the Revolution)，也是一個穿著邋遢的傢伙──邋遢到自由之子這個組織得幫他買一套新衣服以應付公開場合。而約翰‧漢考克之所以怨恨《茶葉法案》(Tea Act)，並不只是因為法案違反了他身為英國公民的權利，而是因為威脅到他作為茶葉貿易商的生計。普萊斯課堂中所提及的男男女女都有各自的動機──有些是個人的、有些是政治的──而他便是透過這些曲折複雜的動機來教導歷史。

普萊斯在課堂中賦予人物有血有肉的個性，激發學生思考這些歷史人物所作所為。當他介紹了故事裡頭的人，學生便渴望聆聽這些人物如何創造歷史。但普萊斯所說的故事並非定論，它們並非有著開頭、過程與結局的固定版本。普萊斯強調歷史學家所呈現的是對事件的記述 (account) 而非事件本身。學生學習有關萊辛頓和康考特戰役的種種，但他們是從英國與美洲殖民地兩方觀點來考察。他們也學習有關賽倫 (Salem) 獵巫事件，❷但他們也習得晚近歷史學

---

❷ 譯註：1692 至 1693 年間爆發於麻州東部鄉鎮的巫術迫害 (witch hunts) 事

已經提出有別於教科書作者所提供的解釋。他們學習到英國認為《不可容忍法令》十分合理。在普萊斯的課堂上，結論是令人激動的，因為歷史並非是一群陳舊與過時的人物和地點的彙集。反之，歷史是由持著不同信念、投身於不同目的的人所述說的故事選集，其中許多人甚至對故事的情節都沒有共識。

七、差異與相似

以上對普萊斯與楊森的分析提供了一個可資對照的研究。審視普萊斯，我們看見的是賴瑞・辜本 (Larry Cuban) 所謂的「持續不斷的教導」(persistent instruction)——以教師為中心的全體教學，不但主導討論、要求學生，並在黑板上寫出關鍵詞。❷❽楊森的課堂則有別於傳統，小組合作取代了全體教學，學生辯論與發表重於老師的講述，而老師下達指示與提供資訊的聲音幾不可聞。

雖然楊森與普萊斯的教學風格與組織課堂的形式明顯不同，他們撼動學生的方式卻大同小異。在兩人的課堂上，歷史議論都超過了每堂課那五十分鐘的時間，而且在鐘響之後仍繼續成為學生主要討論的課題。當學生放下課本、前往下一間教室時，我們聽見他們評論的，不是週五夜晚的舞會或籃球賽，而是有關模擬代表權和導火線。這兩個教室中，迴盪著各種思考之聲。

件，先後有數百名男女因被指控為巫師而入獄，其中二十多人遭吊死或處死。

❷❽ 原註：Larry Cuban, "Persistent Instruction: The High School Classroom, 1900–1980," *Phi Delta Kappan* 64 (1982), 113–18.

為了營造這樣的環境，楊森與普萊斯必須具備什麼？顯然，兩位老師都很擅長規劃課堂而且將清楚的目標傳達給學生。然而，這兩位老師都是其學科領域內的專家。不論是培根叛亂、詹姆斯・歐提斯 (James Otis)、 ㉙山姆・亞當斯、 喬治・葛瑞維爾 (George Grenville)、 ㉚ 《航海法》 (*Navigation Acts*)、《英軍駐紮法案》 (*Quartering Acts*)——兩位老師都將這些以及其他無數的資訊統合成事實網絡，儲存在腦中。兩人也都深刻熟知有關此一時期更廣泛的概念和理論議題，他們可以侃侃而談模擬代表權的概念、國內稅與國外稅的分別、重商主義、有意的忽略與自然權利等等。

但兩位老師也都擁有更寬闊的知識，能將雜亂無章的資訊梳理組構。舉例來說，普萊斯將美洲殖民地的情形與當代的南非作了比較，並借用克蘭・布林頓關於革命模式理論為基礎；楊森則藉助其所通曉的史學研究——查理斯・比爾德 (Charles Beard)、 富蘭克林・詹森 (J. Franklin Jameson)、 路易斯・哈克 (Louis Hacker)、 戈登・伍德 (Gordon Wood) 和其他學者的解釋，來梳理殖民時期的那些複雜且經常相互矛盾的資料證據。對兩位老師來說，這些更廣泛、更概括的解釋架構，將能使細節產生意義之中。在他們眼裡，歷史並非人名與日期的無止盡展示，而是一則迷人的故事，其中蘊含著可辨的模式與趨勢。

㉙　譯註：詹姆斯・歐提斯 (James Otis, 1725–1783)，美洲殖民地的領導人之一，曾在許多場合反對英國的政策。

㉚　譯註：喬治・葛瑞維爾 (George Grenville, 1712–1770) 於 1763 至 1765 年間擔任英國首相。

他們看待學科內容的態度有著驚人的相似之處，兩人都將歷史視為人的建構、一項人們嘗試解決某個難題的工程，雖然當中有些片段已經模糊不清，有些被人扭曲而無法辨認，一些更因歲月流逝而化為灰燼。楊森和普萊斯向學生保證，我們可以確知若干的人、事與行動等事實，然而一旦觸及意義 (significance) 的問題——為何會發生某些事情，而不僅僅是發生某些事情——歷史便成為了一種關乎評斷的行為。

在許多歷史課堂中，教科書為學生篩選證據，卻從不提及這種篩選所涉及的詮釋。然而，教科書在這兩門課中所扮演的角色則全然不同。有時教科書成了幾種互相衝突的解釋之一，有時是為老師所支持的解釋提供佐證，還有其他時候則成為幫助學生掌握歷史故事發展的資源。將教科書視為對過去的記述而非過去的摹本，教科書因此不是支配、而是豐富了學生對過去的理解。

楊森和普萊斯根據他們對歷史還有教學的理念，將知識轉化為來自不同背景的青少年所可理解的形式。在轉化知識的教學過程中，他們兩人研發了各式各樣呈現教學內容的方式——透過舉例、類比、示範、模仿、故事、戲劇演出以及辯論。所有這些不同的呈現都有一個特性：它們都是嘗試要為老師精熟的理解與學生正在發展的理解，兩者間搭起一座橋梁。

創造某種教學呈現，就是一項教學邏輯的論證。❸ 老師首先必

---

❸　原註：為了教學而針對學科內容來設計「呈現方式」(representations) 的行為，是「學科教學知識」(pedagogical content knowledge) 的核心，參見 Lee S. Shulman, "Those Who Understand Teach: Knowledge Growth in Teaching,"

須先向內理解、思索他們所教學科的核心概念、事件、觀念與解釋。可是為了形構呈現方式，他們也必須轉向外部。他們必須試著使自己進入學生的心智之中，因為學生並未如老師擁有深刻的理解。一種教學呈現，所顯示的是老師對學科內容的理解，以及洞悉學習者的需求、動機與能力的結果。

就思考歷史教學經驗的性質而言，我們明白此處的研究標誌的是一個開始，而非結束。迄今仍有許多有待了解之處。關於專家教師對歷史的認知、對教學和學習者的認識——這些不過是構成專業教學的知識基底那整套複雜的理解中一些片段而已。

我們對楊森和普萊斯的記述，未能提及若干我們所以將他們歸為專家的重要細節。當聚焦在楊森的辯論和普萊斯對於萊辛頓和康考特戰役的討論時，我們選擇不去談我們在他們其他課堂中的觀察。我們並未描述楊森在一次課堂中的講述，那響亮的聲音緊緊抓住了學生的注意力，讓他們如癡如醉地度過五十分鐘；我們也沒有描述普萊斯的政治體制課程，那是完全由學生主導、進行為期六個月的模擬美國國會實況，每位學生都扮演了一位國會議員的角色，練習提出法案、在議會休息室折衝協商，那時的普萊斯則隱身不見。

因此，我們要以一段忠告結束本章。學科內容知識對教學而言是重要的，但是精通內容知識並不是好的教學的唯一要素。正如同楊森和普萊斯所教的歷史並非僵化沉悶，他們並不是一招走天下的

Educational Researcher 15 (1986), 4–14; and "Knowledge and Teaching: Foundations of the New Reform," *Harvard Educational Review* 57 (1987), 1–22.

教學者，只擅長做一件事。兩位老師對許多事情都有豐富而深刻的
理解，這份理解展示在他們可以借用極其多的可能方式。事實上，
或許就是有能力在不同的教學模式之間靈活轉換，讓他們獲得了「智
慧實務家」(wise practitioner) 的美稱。

後　記

　　本章係與 Suzanne Wilson 合撰，最早刊登於 *Phi Delta Kappan*
70 (1988), 50–58 ，經細部修正後登在 *History Teacher: Journal of
the Society of History Education* 24 (1992), 395–412。這項研究曾刊
載於《紐約時報》(*New York Times*) Fred Hechinger 的「論教育」專
欄（1988 年 10 月 12 日），因而使這項計畫引發甚多關注，超過任
何其他我參與過的研究。教師評鑑計畫（李・舒曼是計畫主持人）
的經費乃是由紐約卡內基 (Carnegie) 機構所贊助。Louette McGraw
協助本報告蒐集資料，在此致謝，也感謝 Pauline Gough 和 Bruce
Smith 敏銳而頂尖的編輯功夫。

版權聲明

時空中的皺摺——
以實作評鑑來了解歷史教師的知識

　　很少課題會像教師評鑑一樣引起如此多的爭議。這有其道理，因為無論測量的是基本能力或教學專業，評鑑本就是對「何者是教學中最為重要」的宣示。多年來，國家教師考試（National Teacher Examination，簡稱 NTE）主掌了這個領域。他們用選擇題的方式，分就學科知識與教學法各別檢測，把教師知識僵化成對問題答對或答錯的作用，然後用一套預設好的答案來評分。儘管這套評鑑有其限制，而最要不得的是，其與現場教學品質的關聯性之低，❶但 NTE 卻數十年來位居主導且未曾受到質疑，部分原因是這種方式易於執行，甚至容易評分。

---

❶　原註：Edward H. Haertel, "Assessing the Teaching Function"，於 *Applied Measurement in Education* 第 1 期 (1998)，頁 99–107；T. J. Quirk, B. J. Witten 和 S. F. Weinberg, "Review of Studies of the Concurrent and Predictive Validity of the National Teacher Examination" 於 *Review of Educational Research* 第 43 期 (1974)，頁 89–113；Linda Darling-Hammond, "Mad Hatter Tests of Teaching" 於 B. Gross 和 R. Gross 編的 *The Great School Debate* (New York, 1985)。

　　1980 年代出現了許多新的教師評鑑方式。❷這些評鑑產生於爭論不休的政治環境中，有時是用做分配教師績效工資的工具，❸有時是作為檢測教師基本能力的方法。❹儘管專業科目知識和教學法這兩方面在實際教學時實為一體，大部分的評鑑仍然依照 NTE 的做法，將兩者分開評量。此外，大部分的測驗也繼續要求老師做的是——在測驗卷中塗黑某個空格，全然背離平常的教學實務。

　　這些評鑑最破壞性的效果，或許是其影響了大眾對教學一事的認識。作為政策的一部分，這些評鑑讓大眾以為教師知識可以輕易確定和組裝、可以隨意去脈絡化和傳輸。一如給學生的測驗側重強調「基本知識」更甚於「理解」，給老師的是強調「易於測試」更甚於「根本」。無論是否有意，這些測驗可能已經降低了大眾眼中教學的地位。

　　由於以紙筆測驗評鑑老師的方法令人沮喪，1980 年代後期出現了第一個實作評鑑的雛形，雖然這種方法在其他職業更早就採用了。❺基本來說，實作評鑑要求受測者操作和產出。在教學上，這

---

❷　原註：Edward H. Haertel, "New Forms of Teacher Assessment" 於 Gerald Grant 所編 *Review of Research in Education* 第 17 卷 (Washington, D.C., 1991)，頁 3–29。

❸　原註：見 B. Berry 和 R. Ginsberg, "Creating Lead Teachers: From Policy to Implementation" 於 *Phi Delta Kappan* 第 71 期 (1990)，頁 616–621。

❹　原註：Lorrie A. Shepard 和 A. E. Kreitzer, "The Texas Teacher Test" 於 *Educational Researcher* 第 16 期 (1987)，頁 22–31。

❺　原註：見 B. Davey, "Evaluating Teacher Competence Through the Use of Performance Assessment Tasks: An Overview" 於 *Journal of Personnel*

意味著要求老師實際地來教一堂課、評估報告、草擬單元計畫、考核教科書，以及觀摩並回應他人的教學等等。實作考核不在於老師能否符合一套標準答案，而是在於他們對專業觀念與行動的原則標準有何見解。

　　採用實作評鑑不僅是新測試技術的問世，更是建立良好策略的新嘗試。對決策者而言，如此轉變象徵了教學觀點從一種官僚化 (bureaucratic) 轉到專業化 (professional)。❻在前者觀點下，老師被看成不過是執行高層命令的職員。他們不會依自己經驗或情況而去質疑、推翻或改變這些命令。為了確保教師教學的一致性，當局實施單一化的考試，而無視於不同的學科內容與情境。琳達‧哈蒙德 (Linda Darling-Hammond)❼對官僚化的教學觀念作出了如下的總結：老師「既無須設計、也不用檢驗自己的工作，他們只管執行。」❽而另一種觀點則將老師看作是熟練的專家，他們深思並分析學童的需求，考量學科內容、教學和學童發展等議題。一如其他領域的專家，教師在做決定時所根據的也是他們豐富的知識基礎。此觀點之下，老師擔負了該領域的評估與考核責任，他們開創、施行並且評估專業知識和技巧的考核工作。❾

Evaluation in Education 第 5 期 (1991)，頁 121–132。Barbara W. Grover,"The Teacher Assessment Dilemma: What Is Versus What Ought To Be !" 於 *Journal Of Personnel Evaluation in Education* 第 5 期 (1991)，頁 103–119。

❻　原註：Darling-Hammond, "Mad Hatter."

❼　譯註：琳達‧哈蒙德 (Linda Darling-Hammond)，為史丹佛大學教育系榮譽教授。

❽　原註：同原註 6，頁 532。

　　從官僚化到專業化教學觀點的轉變乃是受到認知心理學研究的啟發，而且兩者同時開展。❿教學一度被人們看成像史金納 (B. F. Skinner)⓫論及數學教學定義時所說，是以強化方式進行「將活潑的生命體帶入受數學式行為管控的領地中」。⓬然而，如今教學被視為是一項複雜的任務，無法化約成一些簡單的公式事業。行為主義的用語讓位於「目標和行動的事項」、⓭「個人與社會的認識論」、⓮「知識的轉化和再現」、⓯「知識基模實例化與模式辨識能力」、⓰

---

❾　原註：National Board for Professional Teaching Standards, *Toward High and Rigorous Standards for the Teaching Profession: Initial Policies and Perspectives of the National Board for Professional Teaching Standards* (Cetroit, 1989)。

❿　原註：見 Holmes Group, *Tomorrow's Schools: Principles for the Design of Professional Development Schools* (East Lansing, Mich., 1990); Carnegie Forum on Education and the Economy, *A Nation Prepared: Teachers for the 21st Century* (New York, 1986); Nel Noddings, "Feminist Critiques in the Professions" 於 C. B. Cazdan 所編 *Review of Research in Education* 第 16 卷 (Washington, D.C., 1990)，頁 393–424。

⓫　譯註：史金納 (B. F. Skinner, 1904–1990)，美國心理學家，哈佛大學心理學教授，是行為主義重要代表人物之一，其最著名的理論是以操作制約的概念來解釋學習行為。

⓬　原註：B. F. Skinner, "The Science of Learning and the Art of Teaching" 於 *Harvard Educational Review* 第 24 期 (1954)，頁 91。

⓭　原註：Gaea Leinhardt, "Expertise in Mathematics Teaching" 於 *Educational Leadership* 第 43 期 (1986)，頁 28–33。

⓮　原註：James C. Greeno, "A Perspective on Thinking" 於 *American Psychologist* 第 44 期 (1989)，頁 134–141。

「心智鷹架 (mental scaffolding)」、❶❷和「認知學徒制 (cognitive apprenticeships)」。❶❷這些術語，以及它們所指涉的概念系統說明了一件事實，即教學的評準已從記錄和記量行為本身，轉而去探索行為的意義，以及能否適切配合特定的學童群體、特殊的教學內容篇章、教師的目標與知識，還有更大的學校社群的需要。教學的認知觀點結合了思考和行動，以及思慮和決策。

　　本章所呈現的研究結果係屬首批研發和實地測試教師實作評鑑的計畫中之一：史丹佛大學教師評鑑計畫 (TAP)。❷這個計畫旨在

---

❶ 原註：Lee S. Shulman, "Those Who Understand Teach: Knowledge Growth in Teaching" 於 *Educational Researcher* 第 15 期 (1986)，頁 4–14。

❶ 原註：David C. Berliner, "In Search of the Expert Pedagogue" 於 *Educational Researcher* 第 15 期第 7 號 (1986)，頁 5–13。

❶ 譯註：強調社會或成人對孩童的學習提供支持與引導，而這種協助應建立在學習者當時的認知能力上。

❶ 原註：Annemarie Palincsar 和 Ann Brown, "Reciprocal Teaching of Comprehension-Fostering and Comprehension-Monitoring Activities" 於 *Cognition and Instruction* 第 1 期 (1984)，頁 117–175。

❶ 譯註：「認知學徒制」強調達成教學目標是透過下列過程：首先由教師示範所欲學的知識或技能，在教師的協助下，使學生對學習內容產生認知，最後再由學生獨立完成作業。

❷ 原註：Allan Collins, Jan Hawkins 和 Sharon M. Carver, "A Cognitive Apprenticeship for Disadvantaged Students" 於 Barbara Means, Carol Chelemer 和 Michael Knapp 所編 *Teaching Advanced Skills to At-Risk Students* (San Francisco, 1991)，頁 216–243。

❷ 原註：TAP 的主要審查者是 Lee S. Shulman。在其四年的歷史中，TAP 發行了超過一百篇的文章、專業報告和其他文獻。這裡所提到的每一項測驗

開發一些評鑑範型，以提供國家專業教學標準委員會 （National Board for Professional Teaching Standards，簡稱 NBPTS）參考。此委員會自 1987 年以來便致力於擬定一套非官方的國家教師認證制度。❷這個認證和教師執照在許多方面不同。教師執照係由州教育局來負責管理和核發，代表了在這個領域中的最低標準，其明確目的是擔保凡任教者，都能勝任這份工作的基本職務。而國家認證的評準則高過基本技能與最低門檻，它代表的是一個 「出眾的標準 (bold standard)」，❷那不是新進教師所期望能達到，也不是每個有經驗的老師都能夠如願達成。由是，這個認證象徵了一種成就，標誌著專業上的傑出表現。

史丹佛大學教師評鑑計畫在其四年的歷史當中，研擬了中學歷史／社會科、國小數學的實作要務 (performance exercise)，以及一系列針對中學生物和國小語文的評鑑文件夾系統 (portfolio

---

在 TAP 專業報告中都有更完整的說明，其中包括了一份完整的評分手冊、對施測者的指示、對應試者的指示，以及測驗資料的副本。

❷ 原註：見 Joan Baratz-Snowden, "Performance Assessment for Identifying Excellent Teachers: The National Board for Professional Teaching Standards Charts Its Research and Development Course" 於 *Journal of Personnel Evaluation in Education* 第 5 期 (1991)，頁 133–145 ；National Board for Professional Teaching Standards, *High and Rigorous Standards*。

❷ 原註：Lee S. Shulman 和 Gary Sykes, "A National Board for Teaching: In Search of a Bold Standard"，這篇文章是為 Task Force on Teaching as a Profession 所寫 (Hyattsville, Md.: Carnegie Forum on Education and the Economy, May 1986)。

assessments)。❷此處焦點將放在這個計畫中為中學歷史／社會科所
研發的三項評鑑上。

一、背　景

㈠實作要務發展

　　史丹佛大學教師評鑑計畫的實作要務之進行，始於一系列的「實
務智慧」(Wisdom of Practice) 探究，密集地觀察十一位被教授、學
校行政人員和同儕老師提名的歷史「專家」教師。❷我們在此發展
階段的目標，並不是要對整個歷史教學領域進行調查，以便從中隨
意抽樣。一般而言這種「工作分析」的策略經常為發展商業測驗的
人士所使用。我們是採取較穩健的作法，嘗試從優良歷史老師專擅
的重要活動中，選擇其所展示出的核心概念。

　　這當然不是一個毫無預設立場的過程。我們最後一組的九個實
作要務活動所反應的教學意象，是受到先前的理論和經驗工作的影
響。此一意象所描繪的老師是擁有深厚學科知識的人，並積極尋求

---

❷　原註：見 Angelo Collins, "Portfolios for Biology Teacher Assessment" 於
　　Journal of Personnel Evaluation in Education 第 5 期 (1991)，頁 147–167；
　　Rick Marks, "Pedagogical Content Knowledge: From a Mathematical Case to a
　　Modified Conception" 於 *Journal of Teacher Education* 第 41 期 (1990)，頁 3–
　　11；Kenneth Wolf, "The Schoolteacher's Portfolio: Issues in Design,
　　Implementation, and Evaluation" 於 *Phi Delta Kappan* 第 73 期 (1991)，頁
　　129–136。

❷　原註：見本書的第七章。

將那些知識呈現給學習者的方法。這種看法假設教學並不是一般性
的過程，優良教師必須建構管用的呈現方式（類比、譬喻、示範、
舉例、故事和模擬），作為他們所知以及他們期望學生習得知識之間
的橋梁。這些表述方式各異，所運用的知識端賴所教的是數學、英
國文學、藝術史或體育，而有不同的傳授內容。除此之外，我們的
實作要務系列認定：優良教學並沒有固定形式可循。老師們可以依
據自己的目標和情況，選用演講方式、安排一個小組合作的活動、
扮演教練和協助者幫助學生進行個別計畫、或是主持一場同學之間
互相教導的活動等等。❷❻

㈡研究策略

　　樣本。在 1987 年的夏天，十九位具有各種背景和經驗的歷史老
師來到史丹佛大學，參加一項以歷史教師評鑑為中心的三天會期的
現場測試。以下的分析只限於其中兩位老師的實作要務表現。蘇珊
納‧威爾森 (Suzanne Wilson) 和我參與了收集實地測試資料，以及

❷❻　原註：見 Shulman, "Those Who Understand"，頁 4–14，和 Lee Shulman,
　　"Knowledge and Teaching: Foundations of the New Reform" 於 *Harvard
　　Educational Review* 第 57 期 (1987)，頁 1–22；Pamela L. Grossman, Suzanne
　　M. Wilson 和 Lee S. Shulman, "Teachers of Substance: Subject Matter
　　Knowledge for Teaching" 於 M. C. Reynolds 所編 *Knowledge Base for the
　　Beginning Teacher* (New York, 1989)，頁 23–36；Suzanne M. Wilson, Lee
　　Shulman 和 Anna E. Richert, "'150 Different Ways' of Knowing:
　　Representations of Knowledge in Teaching" 於 James Calderhead 所編
　　Exploring Teachers' Thinking (London, 1987)，頁 104–124。

後來的資料分析。

被選中的這兩位老師具有許多有趣的異同點。若依據一般評量教師學科知識的方法（即在大學或研究所中修習的課程數量）來看的話，**㉗**兩位教師均列屬「高等」。其中一位老師大學主修歷史，另一位則是歷史碩士，而且兩位所就讀的大學歷史系都名列全國十大。由於大部分的歷史／社會科老師主修的都不是歷史學，**㉘**因此以他們修習過的課程而言，這兩位老師算是特例，而非常例。兩位老師的第二個相似點是他們都任教於主要是中產階級學區內的城郊中學。兩間學校的社會科課程有分班，兩位老師的學生涵蓋了各種不同的程度。另一方面，兩者間的教學經驗幾乎相差了將近四分之一個世紀。伊德・巴恩斯 (Ed Barnes) 在 1950 年代完成他的大學學業，而珍・凱西 (Jane Kelsey) 則是畢業於 1980 年代（兩位都用假名）。較年輕的老師來評鑑中心之前只教了三年書，而較年長的這位則有長達二十七年的教學經驗。

這裡的分析僅是九個實作要務中的三項：(1)評改學生的試卷：老師閱讀和回應學生的申論題；(2)運用文件資料：老師如何設計有關使用原始資料的課堂活動；(3)分析教科書：老師必須評估摘自一本通用的美國史教科書中的段落。**㉙**這三項實作提供了與學生互動

㉗ 原註：見 National Center for History in the Schools, "Teachers' Academic Preparation in History" 於 *National Center for History in the Schools Newsletter* 第 1 期 (1991)，頁 4 和 10。

㉘ 原註：Ibid.

㉙ 原註：有關歷史科的其他六項測驗，與國小數學科的九項測驗，見 Lee

以及自主進行這兩種工作的對照，綜合來看，又能傳達出整套評鑑系列的精神。

　　資料分析。參與史丹佛大學教師評鑑計畫 (TAP) 的研發，我們在思想上獲益良多，但考量分析的目的，我們決定不使用他們制定的一般評分準則。史丹佛大學教師評鑑的評分準則是以資料簡化為旨，但我們這個計畫的目的是更深入地理解較小範圍的資料，而這是一般分析大量樣本的個人和活動時較不可能做到的。我們在資料收齊兩年後開始著手分析。我們每個人都先各自聽完所有的錄音帶，並且檢閱所有和這三項要務有關的資料；與此同時，我們彼此也寫下備忘錄，包含對這些資料的印象、假設、問題以及對檢閱實作的考量之處。再者，我們將錄音帶內容打成逐字稿，再互相校對逐字稿是否正確。我們逐一地審視這些實作要務，從中提出一些假設來說明這些現場實作。其後，我們藉由來回檢視先前的實作要務，以便檢驗這些假設，追查確定的和不確定的證據。

　　在分析的早期階段，我們往往對老師何以如此思考和表達有不同的解釋。然而，與其急著達到未臻成熟的共識，我們反倒藉助這些異議來激盪出更多元、並且時而互相衝突的假設。然後，我們再回到資料中來看看這些假設的有效性。歷經一次次的過程中，我們有取有捨、既確認也排除掉某些假設。

　　接下來的討論中，我們會呈現出最能說明兩位老師不同表現的假設。以下的展示，我們將大量援引老師們的口頭與書寫意見為證，

Shulman, Edward H. Haertel 和 Tom Bird, *Toward Alternative Assessments of Teaching: A Report of Work in Progress* (Palo Alto, Calif., 1988)。

而不是使用史丹佛大學教師評鑑計畫的記分準則那樣，給予一個總結的分。因為我們想要釐清的問題與一名老師在實務中得到 4 或 5 分無關。甚且，我們認為最有意義的問題是去探問老師是如何做出這些評價、所根據的資料是什麼、其中反映出的標準又是何在。❸

我們並不打算在描述教師的表現後便提出最終的評斷。相反的，我們將依次呈現我們檢閱的教師實作，並試著重述我們如何做出最終的評斷。我們採用此種修辭的策略乃基於兩個理由。第一，我們有意於一種新的論證形式，可用來進行和發表一種尚未能完全歸類為「民俗誌研究 (ethnography)」或「社會語言學 (sociolinguistics)」的質化研究。藉著把我們的心智思索清楚地展露，我們邀請讀者一起來評判我們論點的正確性、合理性和有效性，同時也能夠對這兩位老師的能力和知識提出自己的結論。第二，我們相信分析這些實作資料所需要的思考極其複雜，如同一堂高水平的教學所蘊含的思考那般。教師的這些意見資料不能完全化約為數字，也不能隨意脫離其脈絡，那是實作評鑑中不可或缺的部分。就此來看，這些評斷構成我們所描繪的評鑑中必要的成分。

---

❸ 原註：同樣的，在我們的評鑑中，我們並沒有統計評分者間信度 (interrater)，也沒有採用柯恩係數 (Cohen's *Kappa*) 來計算，因為我們的評價不是比較編碼標準或等級，而是不同的詮釋觀點。在此前提之下，我們同意 Donna S. Sabers, K. S. Cushing 和 David C. Berliner, "Differences Among Teachers in a Task Characterized by Simultaneity, Multidimensionality, and Immediacy" 於 *American Educational Research Journal* 第 28 期 (1991) 頁 70 中的想法，他們表明「對於要給多少數字的一致意見，與研究者之間關於如何忠實描述資料的共同看法，同樣都帶有主觀性。」

二、兩位老師

㈠巴恩斯先生

巴恩斯先生年約 55 歲上下，教學經驗長達二十七年。在 1950
年代早期，他從赫赫有名的西岸大學拿到語言學文學士後沒多久，
巴恩斯便開始在中學教社會科。1961 年，他在同一所大學拿到美國
史的碩士學位。巴恩斯目前任教於一所位於舊金山灣區的中學，最
近正在教導高二生「進階先修課程班」和「普通班」的美國史課程，
但也同時教世界地理、美國政府、近代歐洲史和社會心理學。

㈡凱西小姐

凱西小姐是年近 30 歲的女性，在 1983 年時從常春藤的盟校之
一拿到美國史的學位。在私立中學教了一年的二年級社會科後，她
去修習五年制的師資教育課程，結業後取得碩士學位。其後，凱西
小姐的實習是任教於一所類似巴恩斯老師任教的郊區中學，且於翌
年成為學校的正式教員。在接受現場測試時，她已有三年專職的教
學經驗，一年在私立學校，兩年在公立學校。她曾教過七和十一年
級的美國史、八年級的公民、九年級的中古史，和心理學及藝術史
的選修科目。

三、測驗一：評改學生的試卷

㈠描　述

「評改學生的試卷」是一項為時九十分鐘的測試，其包含兩部分。**❸** 在第一部分，教師評論六份高中生針對以下問題所寫的試卷：「請說明和評價導致美國殖民地反抗英國的事件和人們的行動」，（這些試卷是來自十一年級普通班學生社會科課堂中的計時考試。雖然我們已將這些申論重新打字，但是我們保留了其中拼字和標點符號的錯誤。）老師們被帶到一個安靜的房間裡，並且給他們二十分鐘的時間來思考批改這六份考卷的標準。我們也要求他們要思考「這群學生的知識程度和所見到的一般可能會有的錯誤」。二十分鐘之後，我們開始訪談，讓老師解釋他們評分的標準。在第二部分中，我們發給老師三份新的試卷閱讀，請他們「評分並在每份試卷上寫下有助於學生的評語」。之後我們又進行了另一次訪談，讓老師評述他們所給的評語。我們問及老師以何策略幫助學生改善答題。

㈡老師的回應

巴恩斯先生。巴恩斯先生在訪談一開始就先描述他給這些試卷的評分標準。他提到他首先會對學生講解他的期待：

---

❸ 原註：Suzanne M. Wilson 和 Louette McGraw, *Evaluation of Student Papers, History*, Tech. Rep. No. H-3 (Palo Alto, Calif., 1989)。

我會強調他們應該盡力去做到題目中所有的要求，才能得到滿分或最高的分數。題目說明是要學生兼顧描述和評價引發美國殖民地反抗英國的事件與人們的行動。所以在他們的答題裡，應該既要敘述這些事件，也需要評價這些事件的意義。而且他們應該同時提到英國政府這邊發生的事件，以及殖民地人民的行動與反應。所以申論的內容其實有四個部分，而學生如果想獲得滿分，就必須盡力去完成這四個部分。

巴恩斯先生總結他的評分標準為：(a)注意呈現正確的事實、(b)描述事件和關鍵人物、(c)評價這些事件、(d)學生的表達方式。他給第五份試卷的作答評分 "B"，如下：

很不錯的答題。但在後面部分表達觀點的方式變得非常粗糙。從他寫出足夠的事實資料和對資料的分析來看，我相信這名學生很清楚知道自己在說什麼，不過他在試卷上的表達確有困難。我尤其對他把「准許 (allowed)」寫成「減緩 (slowed)」，還有把英國東印度公司搞混成英國西印度公司的錯誤，感到憂慮。我確信對高中生來說，這實在沒什麼不同，但對歷史老師而言，此一不同可謂差之千里。

以下是給第二份試卷答案為 "A–" 的評語：

這個學生展現了掌握事實的優越能力，但他在事件的排序、

時序上有點小問題。在我看來，他可以用更強烈的主題句。他用「英國開始被殖民地討厭」這樣的講法來引介美國獨立戰爭的發生，顯得相當隨便馬虎，但是接下來的事實細節又寫得如此地條理并然與思慮周密。

巴恩斯先生對學生的評價頗為一致。他的評語集中於學生的事實和拼字錯誤、他們對歷史訊息的嫻熟度、他們不當地混用正式和非正式的用語，還有某些時候他們成功表現出聰敏的說法與「令人激賞」的論點。

凱西小姐。凱西小姐也清楚訂出她評改試卷的標準。她用圖表臚列以下標準：

(a)選定一個立場並且貫徹到底（提出一個論證或說明一則歸納性概述）。

(b)運用先前課程中的一些具體事實來支持論證。

(c)所選的證據能支持其立場或足以編排故事。

(d)答題時要充分寫出特定的細節，便於準確地回答問題。

(e)答題時使用正確的文法和拼字（我才能知道你在說什麼！）。

分段、架構清楚和條理分明。

凱西小姐一開始便指出，六份試卷中至少有三份反映出學生認為歷史只是「名字和日期的陳列」。她推測學生之前所接受的教導是「嚴重的事實導向」，並且懷疑這些答題內容是否能如實反映學生的所知。她最初的意見和巴恩斯先生一樣，把重心放在她會如何教導學生來準備這項測驗：

如果是我的話，我會給學生更多（關於申論題目答題）的鷹架，這樣孩子們才會知道他們不但得陳述事件，同時還得評價它們。這些看來是普通程度的孩子，他們要做到這兩點真的並不容易。對歷史學家來說已經不容易了，對這些普通程度的孩子而言是真的真的很難。所以我大概會這樣跟他們說「要提到這些事件並且解釋它們」……給一些原則像是：「我要你們至少寫出以下幾點或其中的三點……」……「當你在解釋時，你應該要考慮到『這主要是政治性的還是經濟性的？』之類的議題。」

在回應第二份試卷時，亦即巴恩斯先生說的「掌握事實的優越能力」的那份，凱西小姐則評論道：

這個孩子在我看來很像是那種非常用功的孩子。我有種感覺，這個孩子接收到的訊息……就是歷史只是一堆名字和日期的陳列……我猜測這個學生寫完後心裡想著「我寫了一篇很棒的申論，我應該得到 A。」

在他們的評分標準中，兩個老師把重點放在學生是否針對問題而答；他們都將學生的拼字、文法和表達方面的程度列入考量。一如表 8.1 所示，他們給的分數大多極其相近。

表 8.1

學生作答的分數

分　　數	第一份	第二份	第三份	第四份	第五份	第六份
巴恩斯	D−	A−	B+/A−	D+	B	D
凱　　西	F	B/B+	B/B+	D	B	B−/C+

註：此斯皮爾曼等級相關係數 (Spearman rank correlation) 已在電腦中從字母分數轉換成一種 4.0 的級數，0.7 等於最低分，4 等於最高分，並且將過於極端的分數併成一個平均分數。r = .94, p < .001。

但是這樣的相似性是會騙人的。雖然兩位老師的評分幾乎一致，他們給出的分數意義卻不同。針對如下的問題：「你對這個班級學生的理解程度整體的評價是什麼？」，巴恩斯先生答道：

> 我們改了六份試卷。A−、B+、D−、D+、B 各一個，沒有 C 的。然而，如果要給一個數值係數並且平均來看，我認為這算是一個中等程度的班級……鐘型曲線的能力分布是合理的。

針對同樣的問題，凱西小姐的回應是：

> 我的印象是：這些學生認為理解歷史就是去背誦一堆資料，描述一連串的事實。沒有提出什麼疑問，也沒有任何的解釋。這是根據我目前所看到的來說。

在他們的回應中，巴恩斯先生把重點放在學生的能力上，而凱

西小姐則著眼於他們的理念和誤解。另外兩位老師不同的聚焦在本測驗的第二部分中持續可見，這部分要求他們給另外三位學生「提供補救和加強的方法」。舉例來說，雖然兩位老師都同意 A 學生的答題寫得最差，然而他們的補強措施無論在語氣或實質內容上皆頗為不同（參見表 8.2）。巴恩斯先生說他會鼓勵這名學生多多閱讀。

> 我個人的見解是（這談不上創新）現在的學生寫作能力薄弱，包括這位在內……因為他們幾乎什麼都不閱讀，除了指定的東西外……他們閱讀不是為了獲得有關寫作的知識，而是為了背下一些事實應付考試，好拿到足夠的分數讓他們可以在週末開車，或也許是可以進入他們所選擇的大學。但是他們不會留意他們拿到的資料其寫作風格。而我相信，這是人們學習寫作的方法——藉由閱讀。所以補強之道就是：讀得愈多，寫得愈好。兩者互為因果。

凱西小姐看的方式則不相同：

> 我專注孩子的是要……「說出你的想法」並如何更有效的表達……我會教導他們如何把他們所知，也就是把在腦子裡的東西變成一種具體的格式架構。我覺得一旦有個更好的格式架構，其他的東西就比較容易編排有序，而孩子就能夠把他們所知道的東西較好的表達出來……要從他們自己的感覺開始，因為這個開始，是建立你自己和訊息之間一道橋梁的好

地方⋯⋯我很可能把這樣的孩子和能力較好的孩子配成一組，或是有機會的話，我會個別地和那個孩子一起，來了解情況如何。也許運用全班分組方式來討論大綱⋯⋯因為這裡還有很多的潛能沒有開發出來。

表 8.2
學生的答題和老師的評語

編號七學生的美國史
當法國與印第安人的戰爭結束後，英國期望美國幫忙償還戰債。如果這場戰爭是為了美國殖民地而戰，這樣的要求便是合理的。但這場戰爭是為了英國帝國主義而打，所以你不能怪他們不想付錢。稅收不過只是逐漸轉向反抗過程中的開端，另一個因素則是當國會決定禁止殖民地政府不再能鑄造更多錢幣時，錢幣前所未有地缺乏，很多商人陷入進退兩難，並且面臨破產。 　　如果我可以在效忠、或是反抗但有東西吃兩者中選擇的話，我想我知道我的選擇會是什麼。真正忠心的殖民地人士從未反抗，但也有三分之一的人支持革命。 　　扭轉大部分人想法的主要緣由是大量的宣傳，像來自派屈克・亨利 (Patrick Henry) 的演說，以及如「協會 (Association)」的組織。在波士頓屠殺 (Boston Massacre) 和《不可容忍法案》(Intolerable Act) 公布後，人們開始相信皇室政府密謀要消滅美洲人的自由權。 　　我想很多人也只是隨波逐流，或是受到自由之子的威嚇。沒有參與聯合抵制的商人往往成為群眾暴力的受害者。大體而言，人們受不了苛稅和受到輕視，而決定要採取些行動。

巴恩斯的總結評論	一你的主題句太弱 一更多的事實細節將可改善你的答題 一注意拼字和文法的修改 C–
凱西的總結評論	這份答題最大的優點在其非常努力地深入掌握「為什麼殖民地要反抗？」這個問題，並一直設身處地的思考，「如果是我的話會⋯⋯？」這是一個很好

的開頭。

——不過要寫出好的申論，你需要大幅修整你的組織策略。記住你的讀者基本上對此一無所知，所以必須盡可能清楚地表達你的觀點。試著從開頭、中段到結尾來構思你的想法。

在開頭，先告知你的立場：殖民地人民為什麼反抗：錢、宣傳手腕，還是從眾性？

在中段部分，為你的觀點舉證。有哪些因素可以支持你的想法，且足以說服你的讀者？

在結尾，向讀者重申你的觀點。

——回去改寫後再交來！

　　除了共同都提到的拼字和用詞之外，兩位老師給 A 學生的建議少有相似之處。他們不同的著眼點也顯現在批改其他兩份試卷上（參見表 8.3）。巴恩斯的評論較不那麼強調答題中的歷史內容，而是注意有關寫作與表達的一般性問題。而凱西雖沒有忽略寫作的問題，但她主要把重點放在如何寫出更好的**歷史**申論上。在這項測驗中，我們只要求老師給寫作者提出建設性的回饋意見，並沒有要他們打分數。從巴恩斯先生選擇評分而凱西老師卻沒有這點來看，或許反映他們對此項工作的不同認定。對巴恩斯來說，這些試卷也許代表了有待最後批改的成品，反之，對凱西而言，它們可能是有待修改的初稿。事實上，在三份試卷中，她鼓勵學生改寫後再交來的就有兩份。

表 8.3
教師對三份試卷的評價摘要

			巴恩斯	凱　西
學生A	對學生表現的評鑑	優　點	對所發生的事有基本的理解。	學生「成功地嘗試去評價這個議題」。
		缺　點	在「正式的論說文」中使用低俗用語。內容、拼字，和文法方面的知識在「平均程度以下」。所援引的證據不足。	「實在無法了解這個孩子的意思」。拼字、組織，和文法上有待加強。
		改善或加強的方法	鼓勵學生多閱讀；多閱讀可以提升寫作力。	幫助學生說出自己的「意見」，並且「將他或她的所知置於一個適當的格式架構下」。指導學生改寫答題內容並且要提出殖民地叛變的原因。透過分組教學，討論題綱。
	試卷上的評價摘要		（註 A）	
學生B	對學生表現的評鑑	優　點	對於引發美國獨立革命的事實、事件、人物和行動的理解在「平均程度之上」。	「訊息正確，看得出來學生很用功，對事件掌握的很好。」
		缺　點	「呆板」的書寫表達，不夠通順。句子常常支離破碎，這可能是時間不夠所致。	學生「認為歷史就是事件的排列」；「並且把事件的時間表記住、寫出來」。分段方式和大寫的使用有待加強。

		改善或加強的方法	「和 A 學生的改善方法一樣」；多閱讀；額外練習申論題的寫作。	讓學生知道只是把很多事實寫下來並不會得到高分。鼓勵學生多嘗試。採用小組方法，幫這個學生搭配程度較好的學生。
		試卷上的評價摘要	「你在記憶事實的部分相當不錯，但你的寫作可以再流暢些。我們將繼續加強這點（例如："a lot" 指的是一塊土地，而不是測量的單位）。」B+（註 B）	「要學習評價事件。這是頗為困難的部分。你需要告訴我這些殖民地人士為什麼要叛變？為什麼他們對這些法案這麼憤怒？政治上的不滿？經濟因素？是什麼促成殖民地人民團結？所有這些議題都得要解釋，就會使這份回答變得很棒。還有，要注意拼字和分段的問題。要試著把你的回答劃分成若干段落，並且避免用縮寫。」
學生 C	對學生表現的評鑑	優　　點	內容陳述極佳。令人印象深刻的書寫，尤其是使用像「英國人的膽大妄為 (audacity of the English)」之類的語句。「鉅細靡遺。」	很好的引言和結語；寫得很好；使用一些絕妙的詞語如「激怒 (enraged)」和「膽大妄為 (audacity)」。
		缺　　點	有些句子不連貫，並且顯得含糊不清。	需要提出更深入的問題；需要更努力思考一些歷史歸納性概述 (generations)。

改善或加強的方法	「提醒他英國 (Britain) 是一個單數主詞，而『他們的 (their)』則是複數的形容詞，在英文語法裡你不能把這兩者連在一起……提醒他：他忽略了在戰爭激烈對峙中的一些細節，並且告訴他要繼續保持好的表現。」	（學生需要重新思考這段陳述：英國在自己和殖民地之間劃出一條清楚分明的界線。）「有益忽視時期 (the period of Salutary Neglect)，❸❷問題在於……重商主義。英國和殖民地的角色兩者間誠然有別，但『有益忽視』的情況下，這也是一段寬鬆的時期，因為沒有人會嚴加執行這樣的區別。」「我會想要指點那個孩子去嘗試……推他一把：這個說法聽起來不錯，但是你到底要說什麼？」
試卷上的評價摘要	你對事實的掌握非常好，除了些微瑕疵，你的表達相當不錯，繼續保持下去。A–	（學生寫道：「英國在自己和殖民地之間劃出一條清楚分明的界線。」）（註 C）「有趣的看法，但我懷疑它的真確性。事實上，讓我驚訝的是，英國雖然一直在製造這樣的區隔，尤其在三角貿易的議題上，但在『有益忽視時期』卻真的未曾嚴格實行

❸❷　譯註：指 1621–1756 年期間，英國政府很少干預北美十三殖民地事務，殖民地的移民就過著天高皇帝遠的日子。

| | | | 過。」（學生寫說，在法國與印第安人的戰爭之後，殖民地人民意識到他們在生產上已不再需要大不列顛了。）「是的，此處如果可以再簡短地加上如下的解釋會更好：這是因為法國的威脅解除了，連帶地也使英國能較無後顧之憂地加強其對殖民地的控制；還有英國也希望能利用殖民地來幫忙償還戰債。」 |

註 A：參見表 8.2。
註 B：我們要求老師在試卷上寫下評語，但沒有明白要求他們要打分數。巴恩斯先生選擇給分，而凱西小姐則是在與口訪者確認過評分是否為此測試的必要之後，選擇不給分。
註 C：凱西沒有作出總評，但是在頁緣寫下了這些旁註。

㈢關於教師知識方面的問題

　　如果上述簡要的摘錄可讓我們一窺老師的思考方式，那麼它們究竟展露了什麼呢？首先，兩人有一些顯著的相同點。兩位老師都希望學生呈現有組織的論證，並且言而有據。兩者都希望學生的申論能符合標準模式的原則。兩者所給的分數呈現驚人的相似性，如果有不同的話也是在半分的差距範圍內。然而當我們退一步看時，讓我們驚訝的不是他們的相似，而是相異之處。

　　巴恩斯先生以其二十七年批改試卷經驗的自信來面對這份工

作。他穩健地審視這些試卷，點出有關事實和拼字的錯誤，並且激勵學生要多讀點書才能寫得更好。確實，巴恩斯流暢的進行讓人想起一種在有關教師專業的文獻中時常描述的那種按表操作。❸另一方面，凱西小姐的處理速度緩慢，她的評價中語帶保留並提出其他的假設：這些試卷告訴我們更多的是學生先前所受的教導，還是他們真正知道的東西？如果有提示和其他的支援，學生很可能答得更好？如果能藉助其他的方式，他們會否更好的展現他們的知識？的確，凱西指出在她的班上，她把申論題和其他形式的測驗結合（例如製作時間表和「學習海報」），因為很多學生「不太會使用文字，但他們真的懂得不少。毫無疑問，在我的課堂上我想要幫助他們來使用文字……然而我也會找出其他可以幫助他們表達自己的方式。」

　　如果只有這些表現去做比較，要找出這些差異的根源實非易事。在此我們提出了一系列的假設，或許可用來解釋。

　　假設 A：老師對師生的角色和責任持有不同的信念。這些不同的表現可能是源自老師對師生之間的角色與責任有著不同的認知。巴恩斯很可能認為學生有責任汲取老師所提供的訊息。只要學生專心，他們就能學到所需的內容。只要學生注意作者的寫作方式，他

---

❸　原註：參見，例如：Berliner, "Expert Pedagogue"；Gaea Leinhardt 和 James
G. Greeno, "The Cognitive Skill of Teaching" 於 *Journal of Educational
Psychology* 第 78 期 (1986)，頁 75–95；Ralph T. Putnam, "Structuring and
Adjusting Content for Students: A Study of Live and Simulated Tutoring
Addition" 於 *American Educational Research Journal* 第 24 期 (1987)，頁 13–
48；Sabers, Cushing 和 Berliner, "Differences Among Teachers"。

們就能成為更好的讀者與作者。在此觀點下，教學遵循的是一條直徑，就是指導學生閱讀好書，並且讓他們將注意力放在作者的寫作上。要求他們在書寫作業中展示他們所知，訂正錯誤的事實和表達方式。

另一方面，凱西小姐可能相信的是學生得要勉力學習和書寫。他們可能存有不完整、需要被挑戰的觀念；他們可能不熟悉要如何閱讀和寫出論說文；他們對於創新的和個人的想法可能感到不安。基於此，老師便有責任營造各種環境，提供學生嘗試自我表達以及新的學習方式。

假設 B：老師持有不同的學習理論。 一個相關的假設是，老師持有不同的學習理論。或許巴恩斯先生相信學習乃是經由接觸和吸收而來。倘若讓學生接觸資料的時間夠久（並且鼓勵他們多練習），他們終究會吸收到他們所需的知識。凱西小姐似乎認為知識是建構來的，並非只是吸收，而學生在建立自己的歷史理解時需要他人的協助。

假設 C：老師對歷史課程持有不同的概念。 這些差異可能部分歸因於老師對歷史課程的不同概念。巴恩斯更正了一些多數學生不太覺得嚴重的事實錯誤，例如把英國東印度公司和西印度公司搞混。在他看來，這些錯誤「失之毫釐，差之千里」。而為了確保每位學生都能弄清事實，他在一篇學生的答題卷中劃掉了「一整堆茶葉」的字眼，並且用鉛筆寫上「三百四十二箱」（這個學生寫道「殖民地居民……把一整堆茶葉推下船」）。雖然凱西小姐也會訂正事實錯誤，但她似乎更關心的是，用她的話來說：「一個宏大圖像」。她的評論

重點在於答題中缺乏解釋和分析，更甚於事實性的內容。兩位老師的評語強調的點不同，也許反映的是他們對於什麼樣的歷史才是學生最需要學習的，有著不同的信念。

　　假設 D：老師對歷史知識的根本概念不同。假設 C 或可視為各個老師歷史認知下的副產品。是不是巴恩斯先生認為有關事實的知識與細節（一連串有趣的人物和事件）才是歷史知識的核心要點？有沒有可能凱西小姐更著重的是約瑟・史瓦博 (Joseph J. Schwab)❸❹ ❸❺所謂歷史的「句法結構」，也就是歷史知識是如何被建立和確證、解釋和說明理由所扮演的角色、證據的誤用，以及如何使用證據來架構論點？

　　這四種假設或能部分說明我們所觀察到的差異，但這個測試對我們想了解教師的知識、信念和技巧等整體面向來說，僅僅帶來一點粗略的認識而已。為了拓展我們的視野，我們接著進行下一個測驗。

---

❸❹　原註：Joseph J. Schwab, "Enquiry and the Reading Process" 於 Ian Westbury 和 Neil J. Wilkof 所編 *Science, Curriculum, and Liberal Education* (1958; reprint ed., Chicago, 1978)，頁 149–163。

❸❺　譯註：約瑟・史瓦博 (Joseph J. Schwab, 1909–1988)，美國教育家，芝加哥大學教授，他倡導知識體系建構法，根據知識體系的邏輯架構原則安排課程和教材的內容，以主要概念為核心，再依概念本身的複雜程度，採取由易而難，從簡入繁，自具體到抽象的方式出現。

四、測驗二：文獻材料的使用

㈠描　述

在「文獻材料的使用」這項測驗中，❸❻我們給老師三十分鐘的時間來讀完一組有關萊辛頓 (Lexington) 和康考特 (Concord) 戰役的八份書面和三份圖片文件。書面資料包括了原始和二手資料，而圖片材料則是三份有關戰役的場景，每一張繪製的時間均不同。三十分鐘之後，老師們接受訪談，被問及在教室中會如何使用這些材料，同時也請他們評述「（文獻資料）說了什麼故事，以及它們與我們國家歷史的關係」。

㈡教師的回答

巴恩斯先生。訪談開始：

> 訪談者：首先，可否請你簡短說明在你的教學中，你可能會用哪些方式來使用當中的若干資料？
>
> 巴恩斯先生：嗯，首先，我不會在我的一般課堂內使用，但是我可以在進階先修課程班 (AP) 中用到它們，因為我認為對我所任教的一般程度高中生來說，這些資料的閱讀層級太難了。我知道我的

---

❸❻ 原註：John McGreevy 和 Lawrence Hyink, *Documentary History Exercise*, Tech. Rep. No. H-1 (Palo Alto, Calif., 1989)。

　　先修班學生可以應付這些資料，儘管他們會反
　　對其中的不確定性，以及他們必須做出抉擇和
　　做出判斷這樣的事。他們寧可被告知發生了什
　　麼事，然後為了考試而記住。

　　對程度較好的學生，巴恩斯先生進而闡述道，文件可以提供「歷
史研究究竟是怎麼一回事這個特點」。

　　我一開始會告訴他們，就過去究竟發生了何事這點，歷史並
　　不總是像教科書裡讀到的那樣簡單。他們在學校待得愈久，
　　上了愈多的歷史課後，愈是可能會對歷史中某些事件的真實
　　性質感到困惑，尤其是那些在動機和原因等方面出現衝突與
　　歧見的事件。這往往是史學討論會中所探討的議題。如果學
　　生決定要主修歷史，那放心好了，這是他們在修畢歷史課程
　　之前必得多次運用的技巧。但即使對那些不打算繼續進修歷
　　史和進一步學習歷史以及選修史學課程的人而言，他們可以
　　在證據衝突中學到寶貴的經驗，也就是人們必須能夠閱讀事
　　件的文件，或能夠察看這些事件的圖片，然後就它們在某些
　　事件上之確實性、相對重要性或價值做出選擇。

　　當問到他會設計什麼樣的課堂活動時，巴恩斯聚焦於誰在萊辛
頓開了第一槍這個問題上：

所有的學生可以在一次課堂上閱讀這些書面和圖片文件，或
者作為回家作業。然後，隔天我們可以進行一場相關的討
論⋯⋯哪一方先開槍？是殖民地居民先開槍，或者我們根本
不可能知道？⋯⋯當然還有其他很多不同的方法。你可以用
拼圖活動 (jigsaw activity) ❸⋯⋯你可以讓孩子閱讀這些文
件，並考考他們其中兩個基本的觀點和兩個基本的不同點是
什麼。或是你可以用口頭報告，由那些已經讀完全部材料的
孩子作個別的口頭報告，談他們認為發生了那些事以及為什
麼會發生。你可以用一篇論文的方式，像是研討會論文報
告⋯⋯讓學生針對哪些證據較有效度以及為什麼，試著提出
某個結論，還有盡其所能地判斷、給予事件的性質一個總
結⋯⋯所以基本上，要不就把文件分成幾個部分，讓個別的
學生負責，並且向小組或全班報告，要不就是全班學生閱讀
所有的文件，然後在課堂上總體地詳細剖析每份資料。就從
其中一份開始，再逐一討論其餘的資料。我想兩種方法都有
其優點。

---

❸ 原註：在 Barnes 來評鑑中心進行「合作小組」的活動以前，他從來沒有聽
過 Aronson 的「拼圖式學習法」，他在他處的意見可以證實這點：「另外一
種方式，便是我在來此之前從未想過的拼圖式學習法。」簡言之，這種學
習策略是讓每個人學習不同的內容之後，再把他們各自學到的東西在團體
中呈現出來。見 Elliot Aronson, *The Jigsaw Classroom* (Beverly Hills, Calif.,
1978)。

當問道如果某些學生不懂文件的重點時，他會怎麼做。巴恩斯
先生說，他會採用「優良的傳統教誨方法。如果他們推測不出來，
我就告訴他們。」

凱西小姐。巴恩斯先生關注的是他程度最好的學生。凱西小姐
則提出多種可讓不同程度學習者使用文件的方法。她說文件提供了

> 一個絕佳的途徑，能讓孩子開始從歷史的角度思考過去到底
> 發生了什麼事……就精準的學習、當然還有讓孩子了解到我
> 們的歷史解釋會因我們的觀點而改變來說，這是一個很好的
> 活動。是一個很棒的方式，可使孩子接觸當時的語言與人們
> 的觀念。能夠真正地投入其中，並且開始使用一些批判技巧
> 來建構發生了什麼。還包括每一種記述之間可能有何不同以
> 及為何不同。我剛剛想到的是歷史解釋的問題，還有在我們
> 詮釋中隨時出現的偏見……我會從一些觀點著手，還有每一
> 種觀點內如何使用偏見自我圓說……此處亦含著情感的目標
> (affective goal)，就是學生應該真的投入其中並且真正地來體
> 驗……我會鼓勵孩子這樣做，去想想他們經驗的世界中自己
> 所感知的真實為何。這個活動可以很好的連結到當前新聞報
> 導中的偏見，也可以成為讓他們把自身經歷精確地記錄下來
> 的一個練習……如果要考量技巧的層次，我會認為這個活動
> 在層次上稍微低於去評估偏見，而且這也取決於我要教的學
> 生程度如何。大多數學生對語言的感受力不強且不精確，就
> 是他們寫的東西，老師會瞄一眼後，給個過得去的分數，卻

不能提供有關過去的豐富見解。對程度較低的一群孩子，我
可能只會請他們想一下，哪一份（文件）可以告訴你最多關
於發生何事的細節……我可能還會搭配另外一個活動讓他們
嘗試建立某件事的解釋。至於程度非常好的學生……呃，事
實上我可以用各式各樣的方法來進行，並依一些層級訂定作
業──我應該會鼓勵孩子們援引文件內容並試著提出一項論
點。如果是針對進階先修課程班的學生，這會是一個很棒的
史料題 (Document-Based Question)。

對凱西小姐來說，這些文件展示出一些課程和教學法的可能方
案（參見表 8.4）。她同意巴恩斯先生所說，原始文件對大多數學生

表 8.4
教師運用文件的目的之摘述

巴恩斯的用途	凱西的用途
1. 歷史學 2. 證據的衝突 3. 教導偏見如何影響到對現實的觀察	1. 歷史學 2. 對照文獻證據和教科書中的解釋 3. 記錄和觀察的技巧 4. 觀點和偏見 5. 不同時代的語言和概念 6. 思考為什麼會有不同的記述 7. 探討學生對現實的感知 8. 當代新聞報導中的偏見 9. 使用具說服力的詞語 10. 使用引文來建構解釋或論證 11. 為先修班考試中的史料題預做準備

是一大挑戰，但不同意他針對此一挑戰的教學提議。文件產生的問題會讓巴恩斯先生在程度好的學生之外不敢輕易運用它們。另一方面，凱西小姐則將之用於全部的學生上，但會根據學生不同的能力、經驗和興趣來設計不同「層級」的活動。她並非不清楚文件帶給程度較低學生、較高學生，甚至是老師的困難（如同以下她的說法），但她相信，只要老師先「搭起橋梁 (build bridges)」引領學生走入原始材料之中，他們便能克服這些困難：

第一天，我會先以一個練習來開始，那是有關精細觀察……我會先為學生搭起某個橋梁，談談當今一些事件，……（我）會關注（學生）自己的個人經驗：當你今天早上起床時發生了什麼事？上個星期我們都去參加的集會發生了什麼事？諸如此類，是我們可以一起討論的事情。有些孩子若有看報紙或新聞……我會用那些來作為橋梁，然後回頭來看這段有目擊者記述的時期，我首先會檢視每項記述的內容，然後可能讓他們從事像我剛剛進行的（活動）。我會要他們談談文件說了什麼。他們必須摘述他們確認的事實。去區分事實和推論之別是一件相當困難的工作……我之前在一個研習會上看到一群老師在這個工作上也跌跌撞撞，而如果我們都跌跌撞撞，更遑論學生了……我會要他們彼此合作……我現在想到，或許可用搭檔的方式一組最多三人。這……很耗費心神，某些孩子要把文件內容摘述出來，都有困難。不過我想每個人多半能問出一到兩個問題，而且這些問題都很有趣。所以我會

執行到底，跟孩子們一起逐步進行，並幫助他們建立某種表列。然後我會分析哪一個比較可信，我會再加進一些站在英方觀點的文件，學生就可以真的投入並再多些體驗。也可以讓學生扮演這些人……我會用一篇文章作為整個活動的結尾。

五、檢視文獻，再驗假設

在兩位老師的規劃中，學生都要閱讀和討論文件，可能也會參與辯論並且完成一些書寫作業。巴恩斯先生打算把學生處理文獻的工作當成回家作業，或者可能以課堂上一項閱讀活動來完成。學生讀過這些文件之後，會在課堂上討論或是彼此報告。

凱西小姐從一套不同的前提出發。萊辛頓戰役乃是很久以前所發生的事，學生自己可能很難對這樣的過去產生聯繫感。或許凱西小姐她需要從一些比較近前的事情入手，像是學生的個人經驗或是他們在電視上所見到的事。再者，學生和成人一樣，在區別事實和推論上會遇到困難，因此有必要檢視他們既有的念頭。學生很可能需要練習對證據的可信度問問題。由於這些材料如此複雜，她會把學生分組，分派他們不同的任務，好讓全部的學生都能參與。

兩位老師針對如何在課堂上使用文件，都費盡心思。他們都考慮到了學生的能力和學科內容。然而，何以他們對於運用這些文件的目的，以及採用的活動，想法如此不同？

在第一項測驗之後，我們猜想兩位老師可能在歷史知識上的觀念不同（D假設），亦即巴恩斯先生看待歷史主要為事實，而凱西小

姐視歷史為詮釋性並且是有觀點的。不過，在此兩位老師所想聽起來卻很類似。至少有一點是，巴恩斯先生曾謂歷史「包含許多篩選過的事實，很多有關資料的詮釋，然後再提出最好的、有根據的可能推測」，他把這個過程比擬為一則「引人入勝的偵探故事」。這樣的說法讓我們重新省視 D 假設。兩位老師似乎都承認歷史知識的詮釋性質、證據的重要性和觀點的影響。就此而言，老師們的看法比我們原先設想的更相似。

巴恩斯和凱西也許都同樣認定歷史知識的複雜性，然而他們對學校歷史的性質卻有不同的信念（C 假設）。巴恩斯先生似乎從兩方面來看待歷史教育：對普通程度的學生，歷史是事實與事件；對那些能上大學的料子，歷史是事實與事件，再加上一些理解歷史知識的詮釋面向。於是，教學計畫成為配對的過程，教師先判斷學生的能力，再發放他們可以應付的教材。歷史知識就轉成了一塊塊的事實與詮釋，而事實性知識在前，詮釋居後，並且根據巴恩斯先生的安排，能力較差的學生可能永遠都無法觸及歷史學科的詮釋層面。

雖然凱西小姐任教的學校也是按能力分班，但她對歷史課程抱持著不一樣的看法與見解。她看到她在大學時所學的歷史和她教給青少年的歷史之間密切相關，在她看來，事實性知識和解釋緊緊相扣，相互交錯以致很難劃分彼此。的確，凱西會依據學生能力來調整她指派的作業和活動，但是這些差別立基於一個共同的目標——要讓所有的學生投入詮釋過去的過程。

我們在這個測驗中看到更多支持 B 假設的地方 （學習理論）。如同先前的測驗中，巴恩斯先生多次提到接觸與吸收的學習理論。

學生只要專心注意老師「呈現」、「講解」和「說明」若干主題，就會學到東西。另一方面，凱西小姐則一再強調要建立起歷史和學生生活之間的關連，以及需要創造情境幫助學生看到過去和今天的相關性 (relevance)。然而，我們還是很難斷言這些差異是根植於老師的學習概念，抑或歷史知識的觀念（D 假設），因為這兩者其實密切相關。倘若知識是事先包裹好了，教學就很簡單容易：只要傳遞這個包裹就好。但假使知識是動態的，老師便不能只是傳遞包裹好的事實，因為要理解這些「事實」，唯有深入地去了解那些承載事實且經常改變的詮釋架構。

這個測驗裡的資料也幫我們擴充了 A 假設（角色和責任）。在分析凱西小姐的計畫時，我們注意到她的學生也閱讀文件材料，但她會先示範，給學生看她大概會如何來質問這些文件。她會引導他們穿越史學的重重糾結，因為她深知學生們多麼容易會迷失方向。另一方面，巴恩斯的學生則可能在家中或課堂上閱讀這些文件，但是不論哪種方式，學生在進行此項作業時的準備極為不足。巴恩斯先生假定學生能夠自己疏通前往文件之路，而凱西小姐則假定她有責任提供學生在此路徑上需要的一些踏腳石。

此外，這些資料中還顯示了另一個假設。我們在這個測驗中所發現的差異，可能和學習理論或是角色概念較無關係，反而和老師的學科教學知識 (pedagogical content knowledge) 更為有關，此由學科內容知識與對學習者的認識交織構成，李・舒曼 (Lee Shulman) [38] 將之標示為「教師的獨特領域」（我們稱這個可能性為 E 假設）。學

[38] 原註：Shulman, "Those Who Understand"。

科教學知識的要點是轉化，在此過程中，教師把學科內容知識轉為課堂中的呈現，由此連接起他們所知和要學生所學兩者間的裂縫。在巴恩斯先生的計畫中，我們只看到少許的轉化，相對的，凱西小姐的計畫則展示了多樣的內容轉化。

學科教學知識也包括了老師預見教學內容對學生可能會是困難或者容易的能力。巴恩斯先生的確意識到這些材料的困難度，因而限定運用於先修班的學生上，但他看來不太了解，這些文件對能力較強的學生——甚至那些在 SAT 測驗中得到高分、成績優良，並且在學科能力測驗中表現優異的學生，仍是一項難以克服的挑戰。相反的，凱西小姐注意到，即使是老師，在處理文件時都可能遭遇困難。為了簡化這個工作，她會去掉冗贅的文件，並安排學生兩人或三人一組合作學習。❸⑨

我們懷疑，或許聚焦於學科教學知識這點上，其實是某些更深層意涵的顯現。也因此，我們重新檢視並且改寫了 D 假設（歷史知識）。有沒有可能巴恩斯之所以沒有設計事前的準備活動，是因為他不清楚這些文件所帶來智識上的挑戰？同樣地，凱西策劃有關夾帶著色彩的言論、偏見和立場鮮明的活動，是因為她身為史學家，比

❸⑨ 原註：把鏡頭轉回測驗一的學科教學知識，便能洞察出有關此項測驗的另一種觀點。知道如何給學生有助益的評語是教學上的一個重點。人們往往將明確性視為關鍵的判準，而能夠做到這點，亦即能將問題從「你如何改進這篇答題」變為「你如何改進這篇歷史文章」時，也就是由一般教育知識 (general pedagogical knowledge) 提升到了學科教學知識 (pedagogical content knowledge) 的位階。兩位老師的評語在明確性這點上有顯著的差異，特別是涉及歷史內容的部分時。

巴恩斯更熟悉這些面向嗎？的確，當凱西在交叉檢驗證據、思辨文件的出處、提出多元相競的假設，以及根據證據呈現的模式而歸結出符合的主軸時，巴恩斯先生則只談到了文件的一個面向而已：誰開了第一槍的爭論。巴恩斯和凱西也許都把歷史視為是「偵探工作」，但是凱西似乎——至少在這個測驗——是一位較敏銳的偵探。

我們承認還有其他方式來解釋這些差異。或許是凱西小姐比較努力，也或許巴恩斯先生只是瀏覽過文件而沒有仔細閱讀。我們無法從這些資料中確知這點。因此我們帶著這幾組假設再展開第三項也是最後的一項測驗。

六、測驗三：教科書分析

㈠描　述

在三小時的教科書分析測驗中，❹教師評估一段節錄自保羅·托德 (Paul Todd) 和美爾·柯提 (Merle Curti) 被廣為使用的《美國的興起》(*Rise of the American Nation*) 中❹的內容。我們要他們設想這是某個都會學區正在考慮採用的一本教科書，而他們的任務是

提供坦誠的評論……並且思考以下層面如：這本教科書所呈

---

❹　原註：Samuel Wineburg 和 Deborah Kerdeman, *Textbook Analysis, History* (Tech. Rep. No. H-7, (Palo Alto, Calif., 1989)。

❹　原註：Paul Todd 和 Merle Curti, *Rise of the American Nation* (Orlando, Fla., 1982)。

現的歷史是否合理、這本書對學生的吸引力、寫作的品質、這本書用來增進社會科所要求技能的潛力、這本書對不同學生的適切性、此書一般的優缺點，以及任何與此書的相關資訊。

為了讓我們的分析可以聚焦，老師被要求特別考慮美國獨立革命中的三個子題：⒜少數族群和女性的角色、⒝波士頓大屠殺、還有⒞徵稅與代表權的議題。老師拿到的是該課文的選錄、一份附帶的教師手冊中的簡短節錄（包括現成的學習單和測驗卷），以及一份寫有問題和可用來充分作答的空白卷。樣本問題如：「這篇課文反映近期學術研究成果的程度如何？」、「不同閱讀程度的學生對這篇課文可能會有怎樣的反應？」、「在歷史／社會科課堂上採用不同教學方式時，這篇課文的適用程度如何？」另有一系列簡短的問題指明教師注意課文中的特定段落。這個測驗並沒有包括訪談部分。

㈡老師的回答

以最基本的層次來說，兩位老師書寫的多寡有別：凱西小姐寫了一千八百九十二個字，而巴恩斯先生一千零一個字。但是我們明白，回答的長短並不等於回答的深度和廣度。❷在分析教師的回答時，我們發現他們在以下幾點的意見分歧：⒜課文所呈現歷史的合理性、⒝這本書對學生理解的實效性、⒞教師手冊裡的學習單和活

---

❷ 原註： Suzanne M. Wilson, *Understanding Historical Understanding: Subject Matter Knowledge and the Teaching of U.S. History* (Ph.D. diss., Stanford University, 1988)。

動在教學上的實用性。

課文內歷史的合理性。在評價課文內呈現歷史的合理性，尤其是論及女性和少數族群的歷史時，巴恩斯先生寫道：

> 我相信這篇課文在涉及獨立戰爭中女性和少數族群角色方面，呈現了合理的歷史，對這兩個群體所給予的關注遠多過我現在所使用的課本。我以前用過的課本從沒有像《美國的興起》這本書裡，提供兩個完整段落之多的篇幅給「獨立運動中的女性」……我所知悉關於此三個子題的近期學術成果，《美國的興起》都留意到了。

凱西小姐則不同意：

> 這是一個標準的陳腔濫調，帶著一般所見的白種人、男性與政治史傾向的偏見。看到這本書對近期的研究說得那麼少，實在很令人氣悶，尤其沒提及如南西・寇特 (Nancy Cott) 探討殖民地女性，❸或許多歷史學家對少數族群的研究。例如九十七頁的插圖（一般載運奴隸的船）廣為人知，我在別的地方也看過，但說它是「唯一一張生活寫實的圖片」卻不正確──去查查這段時期的奴隸買賣手冊，其中就展示了如何盡可能地裝載奴隸身軀以及制服他們之法，裡頭詳細描繪了

❸ 原註：這裡凱西提到的是美國的作者 Nancy Cott，她的作品如 *Bonds of Womanhood* (New Haven, 1977) 以及 *Root of Bitterness* (New York, 1975)。

手銬和鞭子。這些一般都能驅使孩子去思考，相形之下，這
張插圖卻像是在乘船遊覽。再者，課文儘管象徵性地提到了
利斯普司・阿圖卡斯 (Crispus Attucks)，[44]但有關奴隸買賣和
非裔美國人對殖民地經濟和文化上的貢獻，卻都含糊帶過，
而且女性也被貶為客串的角色。

兩位老師的差異在他們回應教科書對龐帝雅克 (Pontiac) 叛變
的記述時更是明顯。相關行文如下：

在渥太華酋長龐帝雅克的英明領導之下，印第安人為了防堵
領土受到進一步的侵略而加入了戰事。將近一年的時間裡，
印第安人和白人陷入了激戰。印第安人摧毀了尼加拉
(Niagara) 以西大部分的英國要塞，死亡和毀壞蔓延了整個西
部疆界。最後英國和殖民者的軍隊收復了這些要塞，而印第
安人也接受了優遇的和平條款。龐帝雅克宣稱：「我們應該拒
絕任何趨向邪惡之事，並且要同心協力去展現，誰最能戮力
維護那份我們之間在和樂中所建立的友誼。」[45]

巴恩斯先生將這個解釋標記為「清楚、正確、程度合宜」。凱西
小姐再次不表同意：

---

[44] 譯註：利斯普司・阿圖卡斯 (Crispus Attucks, 1723–1770)，非裔美國水手，
在波士頓大屠殺中被英軍殺害的烈士之一。

[45] 原註：Todd 和 Curti, *Rise*，頁 98–99。

啊！我實在很難相信事情是這樣簡單愉快，而很糟糕地，我的學生恐怕太遲頓而無法對這樣的一段文字有所置喙。第二到第四段的模糊行文，聽起來好像只有英國和殖民者的軍隊對恢復秩序有所貢獻（而且暗指這是美德）。至於引用龐帝雅克的那句話更是令人作嘔，根本就是拔除了龐帝雅克說這句話時的相關脈絡困境。像摩根 (Morgan) 的《美國奴隸制度》(American Slavery) 和 《美國的自由》 (American Freedom)（1975 年）之類的作品，就清楚指出了殖民者實際施加的暴行（還順道一提，這些「優遇的和平條款」究竟是什麼？此外，這些早期的土地衝突確確實實推進了日後「天命昭彰」這個論點的籲求──作者忽略了這是可以引介此一概念的機會。）

對學生理解的實效性。老師們在這本書幫助學生理解的實效上看法也不相同。巴恩斯先生於回答此課文在「澄清許多學生都有的歷史誤解」 方面有無實效的問題時 ， 認為這本書有兩處 「特別有效」：第一個是一張波士頓茶葉黨圖片的附文，圖片所示是白天進行襲擊 ， 而附文則警示讀者 「實際上襲擊者是在夜晚偷偷地上船的」。 ❹❻第二個地方是一張波士頓大屠殺的版畫附文，它提醒讀者 「1770 年 3 月衝突爆發的那天，實際上只有十個士兵和大約六十個抗爭者」 發生衝突。 ❹❼另一方面，凱西小姐把「學生的誤解」詮釋

---

❹❻　原註：Ibid., 109.

❹❼　原註：Ibid., 106.

為她在測驗一中所提到的那種普遍且根深蒂固的歷史信念。而她看到這個課文「加深了這些誤解，幾乎沒能改善」，因為「如此糟糕地對待女性、黑人和美國印第安文化，只會加深學生的絕望意念，以為歷史不過就是政治、戰爭和白人的行動。」

補充教材的教學實用性。 上述歧見也延伸到教師們對課文補充教材的評價上。巴恩斯先生寫道：這些資料包含了「很多很棒的設計活動和建立概念的技巧」，他唯一反對的是其中建議的一個申論問題，他認為若以「客觀的形式 (objective format)」來提問會比較好。

凱西小姐較不是正面肯定。例如，兩位老師都針對一張繪圖技巧的學習單作了回應。❹ 這張學習單以「完成一張地圖：西部土地」為題，要求學生「標出十三個殖民地」，並標明「1774 年通過之《魁北克法案》(*Quebec Act*)❹ 所新增的魁北克以西領土的南界」，還要說出「是哪五個殖民地在 1763 年英國所頒定公告界線 (Proclamation Line)❺ 以西擁有土地」。巴恩斯先生把這張學習單列

---

❹ 原註：答案卷上提出的問題讓回答者有一些發揮的空間，而老師們的回答只在某幾點上重複。例如，在「課文和社會科的技能」之下的提示是說：「這篇課文和附帶的教師手冊（包括習題卷）是否有助於培養社會科的技能（如：閱讀地圖、理解數字和圖表、評估資料、原始資料、藝術作品等等）？（引用時必須註明頁碼）」老師可以自由地對任何一個或是全部的補充教材作出評論，但是有時我們會要求他們對特定的段落和例子來進行評價。

❹ 譯註：《魁北克法案》是 1774 年由英國議會通過的一項法案，旨在解決將法國在加拿大的這一殖民地改成英帝國在北美的一個省而引起的爭議，此法案確保了魁北克地區的法語和法國文化。

❺ 譯註：公告界線 (Proclamation Line)，此公告是以法律禁止在阿帕拉契山西

為他會使用的六個「培養技巧的優良活動」之一，凱西小姐卻不那麼熱切支持：

> 這張地圖學習單沒有給學生任何發揮創意的機會，無論是在用色、象徵或詮釋上。這個地圖太過簡略，僅提供了政治上的資訊，而遺漏了其他重要的訊息，像是南方的主要水道、阿帕拉契山脈 (Appalachians) 的重要地位，以及阿帝倫達克山脈 (Adirondacks) 和綠色山脈 (Green Mountains) 的位置。它也沒有顯示波士頓或查理斯敦 (Charleston)。它因此嚴重阻礙學生在面對殖民地時有待發展的那種認識：殖民地既多樣又是整體的這兩種性質。

七、檢驗與評估

教科書分析測驗釐清了一些我們先前的預估，同時又加強了其他的假定。從「我所知悉的……近期學術成果……都留意到了」之類的評語顯示，巴恩斯先生並沒有跟上 60 年代之後的美國史研究。他似乎對「教科書歷史」有很廣博的知識，也就是學校教科書裡的事實和編年敘述內容，但對於歷史學家用來賦予過去意義的解釋架構知之甚少。這因此使得兩位老師在學科教學知識上看起來有實質上的差別，此為 B 假設（歷史知識）的延伸。

兩位老師意見明顯相左之處或許是在教科書對女性和少數族群

邊的印第安人土地上殖民。

的處理方面。我們推測此一歧見來自每位老師在評價書本的合理性時，使用了異質的檢視標準。巴恩斯先生把這本教科書拿來和其他的教科書相比，尤其是他使用的那兩本。凱西小姐則用了不同的標準來對照課文——她用南西‧寇特的女性史或是摩根的奴隸制度探究。依此標準，只在正文一旁的邊欄和篇章末段部分才提到女性及少數種族，確實是太不公平了。在測驗一之後，我們推測巴恩斯和凱西對自己所扮演的角色和責任有著不同的理解（A 假設），在此我們發現了更多有關此一斷定的證據，特別是在教師處理課程資料的角色上。就巴恩斯先生來看，教師的決策是採一種二元取向。當他評價該書的某些方面時，如同評論申論題那樣，他要不是說非常好，不然就是說應該換掉。在他看來，教師就是接受或拒絕課程資料，但卻很少設法去調整或修改它們。此種觀點說明了巴恩斯在前一項測驗中的反應，亦即他堅決認為，原始文件只適用於先修班，而無法運用在一般程度的學生上。

　　凱西小姐則把課程資料視為必須調整和修改的。我們在前一項測驗中即見證了這點，當時她提及要修改這些文獻的計畫。而在此項測驗中，她描述她會如何來重塑書中提示的活動和現成的學習單。例如她看到了編號 22 學習單的價值，這是一篇目擊者描述佛吉峽谷(Valley Forge) 的情勢，而學習單「一開始就問出一些嚴肅的問題，如『你認為這是一份可靠的資料嗎？』」不過，她也看出此等層次的問題在發給學生前必須加以修改。

　　或許最能展現這些不同取徑的是老師們在「採用本書的優缺點」上所給的評論總結。對巴恩斯先生而言，採用此書的主要益處就是

「把一本寫作得體、包含最新研究成果、程度適中的教科書交到學生手中,還有一套附帶的優質補充資料給予每位老師」。主要的缺點是在花費上, 因為花太多錢在書籍上,「而學生可能仍然拒絕去讀……因為它畢竟只是一本教科書」。巴恩斯先生習慣以黑白二分法來訂出教學決策:這本書是應該被採用,但學生並不會去讀。

大家很可能料想凱西小姐將不會看到太多採用這本書的好處。恰恰相反,她發現了一種可以將本書的缺點轉化為教學機會的方法:「一個有創意的老師可以用各種不同的方式來改編(此文本)。這本書的閱讀難易度適中,而資料上的小毛病正有利於批判思考的練習,尤其可藉用補充教材。」不同的預設立場似乎驅使每一位老師各有面對課程的立足點。對巴恩斯先生而言,課程材料呈現的是固定的選擇;對凱西小姐而言,它們呈現了可以配合特定情境和目標而調整的潛在機會。

還有其他的不同,在老師書面意見的字裡行間聲聲迴盪著。此項測驗中,凱西小姐對於歷史和學生動機之間關係的敏覺度與關注又再次浮現,也支持了 E 假設(學科教學知識)。她評估教師手冊裡一則要學生進行瑪麗・瓦倫(Mary Warren)、約翰・漢考克(John Hancock)、約瑟夫・瓦倫(Joseph Warren)、山繆・亞當斯(Samuel Adams),以及其他美國獨立戰爭期間人物的專題研究所提出的建議時,她的評論是:「我的學生對於研究亞當斯的興趣,大概就如我聆聽扭曲姊妹(Twisted Sister)(一個 1980 年的搖滾團體)的歌曲時那般。這個活動非常需要藉助一些引子來點燃興趣。」同樣地,她在第二項測驗中也多次提到閱讀原始資料的情感經驗,亦即閱讀那些

創造歷史的人物其一言一行是如何地引發青少年興趣，這是一個「讓學生開始歷史地思考之絕佳方法」。**❺1**

　　這些評述透顯出一種絕不忽略青少年興趣和趨向的思考歷史之道。它們意味著凱西小姐相信，歷史資料只要慎選且呈現得宜，自可吸引並激勵學生。相反的，我們在巴恩斯先生的回答中很少看到關於學生動機。若有的話，我們發現的證據是，巴恩斯認為學生缺乏動機，而在歷史課中也沒有什麼可以引發他們的興趣。當他在測驗一批改那份得 "A-" 的答題時，他假定這位學生是在寫「一個他個人可能根本不感興趣的主題」。在同個測驗中，他又評論道：「現在的學生都不閱讀」，除非是為了要獲得高分，或是為了「週末可以用車，甚或是為了進入他們中意的大學」。在測驗二中，他相信即使是他的先修班學生也不願參與文件閱讀活動。「他們寧願被告知發生了什麼事，然後為了考試而背起來」。他在此假定學生不會去讀教科書，不管它寫得多有趣或寫得多好。我們找不著他曾提到某一歷史內容可以吸引、挑戰或牽動學生心緒的例子，也看不到有類似凱西小姐憶及給學生看手銬和鞭子照片的情景，凱西小姐當時說：「那通常能刺激學生去思考」。

八、評斷的脈絡：時空中的皺摺

　　我們重視專業的判斷，但是這個分析也提醒了我們其中的複雜問題。在某個層面上，我們有自信說巴恩斯和凱西的表現確有不同，

---

❺1　原註：見 John A. Scott, "Historical Literature and Democratic Education," *History Teacher* 25 (1992), 153–73.

而且這些不同具有多重的意義。再者,從其他六項測驗中的資料(我們在完成這篇文章前已檢驗過),亦支持我們上述所訂的假設,當然,也給予補強和擴充。❷然而,如果再進一步決斷他們思考的基礎時,浮現的卻是如何評價老師——以及該由誰來評價的問題。我們接著要轉向其中的一些議題,從身為「評審」的我們所面臨的考量開始。

如果我們宣稱兩位老師之中我們並未偏好凱西的回應,這無疑是自欺欺人。我們也不會提出說:我們肯定其中一位教師更甚於另一位,不過是巧合或歷史的偶然。事實上,我們從兩位老師發現到的差異,代表著身為個人以及學界成員的我們,對於教導、學習以及歷史這個學科所抱持的概念,已有重大轉變。凱西小姐接受教師培訓的時間是 1984 年,地點是在一所有聲望的研究型大學,彼時認知革命的影響力正值高峰。在凱西的課程學習中,她接觸到維高斯基 (Vygotskian) ❸的媒介學習 (mediated learning) 概念,以及習得各

---

❷　原註:見 Suzanne M. Wilson 和 Samuel S. Wineburg, "Using Performance-Based Exercises to Measure the Pedagogical Content Knowledge of History Teachers",這篇文章發表在美國教育研究協會的年會上 (Chicago, April 1991);Samuel S. Wineburg, *A Candidate-Centered Approach to the Assessment of Teaching*, Tech. Rep. No. H-15 (Palo Alto, Calif., 1989);以及 Samuel S. Wineburg, "Unanswered Questions About Performance-Based Assessments of Teaching: A Case Study",這篇文章發表於美國教育研究協會的年會 (Chicago, April 1991)。

❸　譯註:維高斯基 (Vygotskian, 1896–1934),為俄國心理學家,他關注兒童思想與語言及教學的互動關係。

種加以實踐的策略如小組合作學習、能力交叉式的教學和配對式學習 (dyadic learning)。在一堂讀寫能力的課程中，她認識到琳達‧芙勞爾 (Linda Flower) 和約翰‧哈耶斯 (John Hayes) 的寫作模式，其中特別強調要多準備各種寫作版本樣式。**❺❹**而她修的教育課程中所瀰漫的氛圍是，深信應讓所有的學生學習複雜的內容，同時，亦強調藉由建構教學鷹架，可以實現此一目標。**❺❺**

　　同樣地，凱西對歷史的理解反映出這門學科近年來的發展。歷史在過去幾十年間**❺❻**經歷重大的轉變，如在傳統的政治與經濟史之外，加入（有些人會說是取而代之）前所未聞的歷史類型。一篇有關這些發展的評論寫道：

> 新的社會史、新的勞工階級史、新的教育史，以及黑人史、
> 原住民史、女性史，和族群史不過是那些興起於 1960 年代晚
> 期和 1970 年代、挑戰整個傳統歷史的主題領域和方法論中少
> 數的例舉而已。**❺❼**

---

❺❹　原註：見 Linda Flower, *Problem Solving Strategies in Writing* (New York, 1981)。

❺❺　原註：Palincsar 和 Brown, "Reciprocal Teaching"；David J. Wood, Jerome S. Bruner, and G. Ross, "The Role of Tutoring in Problem Solving," 於 *Journal of child Psychology and Psychiatry* 第 17 期 (1976)，頁 89–100。

❺❻　原註：見 Michael Kammen, *The Past Before Us: Contemporary Historical Writing in the United States* (Ithaca, 1980)；Peter Novick, *That Noble Dream: The "Objectivity Question" and the American Historical Profession* (Cambridge, England, 1988)。

　　過去標榜著偉大的、主要是白種人成就的單一敘述，逐漸轉向
了百家爭鳴的情景。以往無權的獲得了權利，而以往有特權的則經
受了轉化。❺

　　這些改變不單單只在一系列新的主題，而是直搗此一學科的知
識論核心。那種以為歷史學家是在發現「官方說法」的觀念，在
1980 年代初期逐漸衰退，當時歷史以及實際上是其他每個學科都因
為語言學轉向的衝擊而震盪不已。歷史敘述不再只是單純地被寫出
來，它們是被建構的；❺而那種認為可以完全與作者信念脫鉤的不
偏不倚的歷史觀點，雖然直至 1960 年代中期仍居主流地位，❻卻也
逐漸讓位給一種接受或甚至頌揚創作者印記的歷史。❻簡言之，如
果一位像巴恩斯先生的人，在其養成背景之下，卻能具備如凱西小
姐所展現的那種知識與對此知識的觀點的話，那將會非常了不起。
同樣地，像凱西小姐這樣出身於 1980 年代中期某個素有聲望的歷史

---

❺　原註：Peter Sexias, "Parallel Crises: History and the Social Studies Curriculum"
　　於 *Journal of Curriculum Studies* 第 25 期 (1993)，頁 235–250。引用於頁
　　237–238。

❺　原註：見 Robert F. Berkhofer, "The Challenge of Poetics to (Normal) Historical
　　Practice" 於 *Poetics Today* 第 9 期 (1998)，頁 435–452；William Cronon, "A
　　Place for Stories: Nature, History, and Narratives" 於 *Journal of American
　　History* 第 78 期 (1992)，頁 1347–1376。

❺　原註：Cronon, "A Place for Stories"。

❻　原註：見，例如：Henry Steele Commager, "Should the Historian Make Moral
　　Judgments?" 於 *American Heritage* 第 17 期 (1966)，頁 92–93。

❻　原註：Kammen, *Past Before Us*。

系的人，若沒有這些認知，就會被說成未能得其神髓。**⑥**

　　我們兩人身為研究者，且扎根於教育、心理學和歷史學界，我們過去所習得的架構思考的模式，也與先前段落中所呈現的頗為類似。再者，我們並非唯一抱持如此觀點者，而是以屬於那個建構，並共享這些理念的論述群體中的成員身分，來支持這樣的觀點。重要的一點是，我們所以偏好凱西小姐的表現，是因為她對學習和教學的看法與我們自己所持有的同屬一類。事實上，我們無法想像還有更相符的可能了。

　　以上簡要而盡力地將我們自己、我們的實作測驗，和兩位老師的答覆置於脈絡中，因而使這些資料反映出了不同的含義。教學評鑑無法脫離其所在的時間和空間。如果這些實作測驗是在 1957 年而非於 1980 年後期進行的話，巴恩斯先生的很多評述將不會受到質疑。例如，很少人會挑戰他的信念：教歷史主要是傳授一套有關經濟和政治史的事實；他援引一名學生誤把波士頓茶葉事件當成白天發生這點作為學生錯誤認知的例證之一，也很少會令人驚訝。很多人會同意，相對於「一般生」或「補救生」的程度，原始文件更適合先修班學生。**⑥**同樣地，認為這些答題反映的是學生能力的正常分布——而非反映他們之前接受的教導、他們想要成功的動機，或

---

⑥　原註：我們要感謝 Peter Seixas 幫助我們明瞭這點的重要性。

⑥　原註：James B. Conant 所提出之改革美國教育的計畫即針對如此的課程分化。見 James B. Conant, *The Education of American Teachers* (New York, 1963)；以及見 Robert L. Hampel 在 "Conant Plan" 裡的敏銳分析，收於 *The Last Little Citadel* (Boston, 1986)，尤其是第三章。

施測的安排情況——以及多練習就可以回答和書寫得更好的想法，一定能找到一群全心接受的聽眾。最後，巴恩斯倚靠他所稱的「傳統教誨之道」，在 1960 和 1970 年代間有關教育研究的文獻中普獲支持，這類著述致力於創建最有效的方式來傳遞口語上的資訊，好讓學生在考試時可以熟練背出。❻❹

當然，我們是可以將巴恩斯先生的觀念置於一個不是在 1980 年代後期所設計的評量標準那樣的脈絡下，那就不會使他的想法顯得問題重重。再說，我們並無須搭乘時光機，就能找到如此的情境。雖然學者和改革者大概都會呼籲廢除分班制度，❻❺並以其他方式取代教師在前面講授的教學 (Frontal instruction)，❻❻大部分的學校依舊採取分班，多數的教學也是講授教誨。不乏改革者和學者會為新型態的學校教育而論辯，❻❼但是看起來，今日教學卻怪異地與本世

---

❻❹ 原註：J. H. Hiller, "Verbal Response Indicators of Conceptual Vagueness" 於 *American Educational Research Journal* 第 8 期 (1971)，頁 151–161。

❻❺ 原註：見，例如：Jeannie Oakes, *Keeping Track: How Schools Structure Inequality* (New Haven, 1985)。

❻❻ 原註：Roland G. Tharp and Ronald Gallimore, "Rousing Schools to Life" 於 *American Educator* 第 13 期 (1989)，頁 20–25，46–52。

❻❼ 原註：California State Department of Education, *Mathematics Curriculum Framework for California Public Schools, K-12* (Sacramento, 1985)，以及 *History-Social Science Framework for California Public Schools, K-12* (Sacramento, 1988)；Holmes Group, *Tomorrow's Schools*；National Council of Teachers of Mathematics, *Curriculum and Evaluation Standards for School Mathematics* (Reston, Va., 1989)；Theodore R. Sizer, *Horace's School: Redesigning the American High School* (Boston, 1992)。

紀其他多數時候沒有兩樣。**68**

即使我們力求改變，教師在各式各樣的信念、知識、經驗與習性方面依舊如故，新舊雜陳，自由與保守並立。這種混雜情況將使評鑑的問題一再陷於困難與不可解的複雜之中。在本章最後一個部分，我們會再次提供一套可能的結果，並請讀者逐一思考。

九、另一種評量，另一種作為

從我們對凱西和巴恩斯的描繪中浮現出幾個可能採取的評鑑方式。我們的目標是要陳述一些可能的選擇，探索其中的含意，並重在提出而非解答存在於詮釋與行動之間的難題。藉由勾勒這些資料可以透過不同方式的運用，我們希望能彰顯出：使用這類評量作為評定教師優良與否的標準，有其模糊含混之處。

為了簡單明瞭起見，我們藉助幾種虛構的表達方式。首先，我們假裝只運用此處所呈現的資料，而沒有使用同一系列中的其他六項測驗、實地教學觀摩，還有其他在真實評鑑中會一起參照的訊息來源。第二，我們把評鑑方向盡可能地簡化，只用通過和失敗的二元決定，雖然任何評量的制度都會以低、中、高的序列來呈現結果。第三，在以下討論中，我們扮演魔鬼代言人 (devil's advocate)，用一種令人不舒服的嚴厲語氣來陳述各種可能性，希望此種嚴厲的方式更能展示每個可能結果的意涵。

---

68 原註：Larry Cuban, "Persistent Instruction: The High School Classroom 1900–1980" 於 *Phi Delta Kappan* 第 64 期 (1982)，頁 113–118；John I. Goodlad, *A Place Called School* (New York, 1984)。

第一種可能的結果：巴恩斯先生通過評鑑，而凱西小姐未通過。

人們很容易就被凱西小姐的回答中所充滿的那股年輕理想主義給沖昏了頭。很多人大概會稱許她致力幫助所有的學生學習她認定為重要之事，但也有人會有所保留。例如：她側重「歷史是一種觀點」，卻貶低了將我們連結在一起的知識，那些共享的歷史知識，許多論者相信，乃是見多識廣的公民所必備的基礎。而巴恩斯先生對「三百四十二箱」茶葉的強調，雖然不去銜接其背後脈絡的話，是會顯得可笑，但它代表著一種源出深厚傳統的學習觀點。當三分之二的17歲學生無法說出五十年誤差內的南北戰爭日期，當將近三分之一的年輕學子不知道美國在第二次世界大戰是和哪些國家作戰時，**❻❾** 我們如何能同意像凱西那樣花一星期的時間教導 「記錄和觀察技巧」，是合理正當的？歷史是詮釋，但是詮釋必須立足於堅固的事實知識上。凱西看輕事實意味著她需要和有經驗的老師共事，以培養一種對歷史知識性質更為均衡的眼光。

至於巴恩斯對女性主義或是少數族群的歷史缺乏專業知識，這不是一種過失。歷史課堂上需要的是通才，而不是只懂得我們過去某一塊角落的人。新型態歷史研究的勃興，危及我們為美國歷史勾勒「宏大圖像」的能力。在「人人都是自己的專家」這樣的精神下，造成知識的零碎化，並且造出了大批的砌磚工人，卻見不著一位建築師。**❼❶**1960 年代的社會科已見證了此種零碎化，其時學校課程中

---

❻❾ 原註：Diane R. Ravitch 和 Chester E. Finn, Jr., *What Do Our 17-Year-Olds Know? A Report on the First National Assessment of History and Literature* (New York, 1987)。

就是充斥著雜亂的「微課程」(mini-courses)。而凱西小姐意欲以深度的方式來處理如女性史或社會史的議題，很可能會導致學生同樣的心智混亂。

從凱西小姐的話語中，可以很清楚看到她認為深度比廣度更重要。然而美國史的老師有責任教導我們所有的過去，而她若用長至一年來規劃某一個單元，這是不切實際的。**❼**我們無法以同樣的深度來涵蓋所有的主題，在凱西的回答中我們無從洞悉她是否意識到這點，或更重要的，她是否有足夠的技能來因應這樣的情況。她所擁護的教學基調在學校中很顯然難以長久持續。或可預見的是，她的理想主義預示了她將無法在教師崗位上久留。另一方面，巴恩斯的取徑則代表了一名行事明快的專家，並且可以迅速地處理大量的訊息。他的方法和識見是歷經實驗且確實可靠的教學範例，這樣的教學方式足可經得起時間的考驗。而在此改革的時代中，我們卻急於要否定這樣的傳統，並且嘲笑他們提供給學生的這些經驗。誠如《社會科評論》(*Social Studies Review*) 的一位編者感嘆道：「像反覆練習和背誦這類嚴格的技巧成了可恥的行為，那些前瞻思考的課程力圖要把學生從老舊的態度中解放出來，好像那是狄更斯筆下的監獄一般。」**❼**

凱西小姐所言在那些身受當代改革話語洗禮之人聽來自是頗為

---

❼ 原註：見 T. S. Hamerow, *Reflections on History and Historians* (Madison, 1987)；Gertrude Himmelfarb, *The New History and the Old* (New York, 1987)。

❼ 原註：我要感謝 Jere Brophy 提醒我們注意到這一點。

❼ 原註："Europe Reconsidered" 於 *Social Studies Review* 2 (Fall 1992)。

悅耳。另一方面，巴恩斯則在改革的洪流中安然地實行著一套經時耐久的教法。於是，一些問題由此而生：教學優良的標準是不是該考慮到長久以來的觀點，亦即把過去所珍視的認定良好教學的方式納入考量之中？或者我們應該勇於採取當前的標準，而且滿懷希望的相信，今天我們所提出的是又新又較好的？或是我們應該試圖兼顧兩者，引舊入新，並相信折衷主義將不會導致混亂，反而能產生力量？

　　第二種可能的結果：凱西小姐通過評鑑，而巴恩斯先生沒有通過。以最嚴峻的語辭來說，人們很可能辯駁：教學包含著一種道德責任，要確保所有的學生都能夠接觸到重要的知識，都有機會運用這些知識來拓展他們的心智。根據這個論點，當巴恩斯先生斷然拒絕讓頂尖學生之外的其他人來使用原始文件時，實已犯下了致命的錯誤。他相信不同能力的學生應施予不同的課程和目標。但是這種以為只有菁英學生才得以接觸專門性知識或才應給予機會參與啟發性課程的想法，受到當今改革行動的挑戰。[73]巴恩斯先生並非不同意「所有的學生都能夠學習」這一觀念，他相信學生可以；但他不認為所有的學生都能夠學習複雜的學科知識，並從事精細的思考。巴恩斯說的話顯示他並不質疑學生進教室前已被歸類的能力標記；再者，在他的教學實務中，也看不到會讓他重新思索這些既定標記

---

[73]　原註：見 Lauren B. Resnick 和 Daniel P. Resnick, "Assessing the Thinking Curriculum: New Tools for Educational Reform" 於 Bernard R. Gifford 和 Mary C. O' Connor 所編 *Changing Assessments: Alternative Views of Aptitude, Achievement and Instruction* (Boston, 1991)，頁 37–75。

的跡象。

　藉由否定巴恩斯先生的資格，這第二個可能結果乃立足於有關教與學的實務上，教師應如何去了解、去思考、去抱持什麼信念。但是撇開此一立場——以及那些具代表性的改革者、政策制定者和學者的陳述——在很多學校裡，巴恩斯先生應會是一名備受重視的教師成員。我們因此可以進一步說，「所有的學生都能夠學習複雜的學科內容」這樣的想法，乃是一個尚未得到經驗性證據支持的規範性理念。我們並不知道有任何研究展示了待補救的學生可以很好地解析困難的歷史資料，也沒有任何研究系統地記錄老師成功地幫助所有的學生學習去辨別、探討和解決歷史問題。我們相信——我們的確希望——未來會看到這類研究成果。然而在此之前，我們能因為巴恩斯沒有抱持一個尚未得到驗證的希望而處罰他嗎？

　那麼，在評鑑教師實務工作時，教師的歷史、智識和社會脈絡，應該在多大的程度上列為評鑑結果的參考因素？我們應該以同樣的標準來評判巴恩斯和凱西嗎？或是這些標準應該要將每個老師的學、經歷，甚至他們任教學校的規範都納入考慮之中？

　第三種可能的結果：兩位老師都通過。如果是一群資深的歷史老師來審查巴恩斯先生的表現，他們很可能會認可他是一名適任的專業人員，並且絕對有資格通過評鑑。他們會注意的是，他能夠合理闡明自己的說法、以他們所理解的方式來談論教學，並展現出對教科書內的歷史知識瞭若指掌。他們也會注意到他是一個深思熟慮的思想家。因此，兩位老師之間許多方面的差異——他們的歷史概念、實質的歷史知識、對於歷史／社會科教育的目標所抱持的信

念——不應該成為問題所在。再者，根據此一觀點，這些差異應該被當成教學工作中所固有，或甚至應該加以頌揚。畢竟歷史學家對於歷史學術的性質並無共識，而政策制訂者和家長對於教學目標及課程的看法也不一致，甚且心理學家和人類學家對於學習的本質亦莫衷一是。迄今沒有人能對以下的問題提出確定的答案：學生應該知道什麼樣的歷史？老師應該如何教學？學生之間有哪些重要的差別？以上這些問題，巴恩斯先生和凱西小姐的回答量必不同——我們的資料見證了此點。而且在民主的時代下，我們希望創造的是一個可以滋養並接納多樣化思考和主張的社群。

　　然而這裡有令人不安之處。我們所頌揚的多樣化是根植於知識上。舉例來說，我們珍視多元的歷史觀點，是在於它們能彼此交流互動，因而豐富了我們的整體理解。但是學校裡智識的多樣化往往起因不同。學校的多樣化來自教學中門戶閉鎖的常規，助長了孤立主義與利己傾向。教師由於形式與智識上的區隔而彼此漸行疏離，並對某個同事大概會如何教導同樣的學生、同樣的單元，經常一無所知。教師之間鮮有機會談論教學，而觀摩其他人實際教學的機會更少。如此一來，學生面臨到的是一種毫無條理的多樣化、一堆不同觀點的大雜燴，而身為初學者的他們卻被期待去自行整合。多樣化倘若是建立在眾所公認的知識、背景和觀點的差異上，那是值得稱許的，但若是因為隔絕和無知而造成了多樣性，則對任何人都沒有好處，更遑論對學生了。

　　此外，我們也懷疑某些形式的多樣化是否有其價值。例如：我們是否應該讚揚一種「什麼都可以」(anything goes) 的多樣性？或

者說，多樣性應該是奠基於可說明的知識與原則之標準上？

　　第四種可能性：兩位老師有條件通過，並且獲得機會改進他們的技巧和知識。或許上述提出的知識和教學的脈絡問題，可以透過兩位老師持續發展專業，以為因應。巴恩斯先生任教已近三十年，卻少有機會去接觸學校之外所發生的智識轉變。這些轉變乃是關乎人們如何思考教學一事。而且這些在我們看待知識、平等、民主、歷史和教育等方式上的根本改變——歷史學家、心理學家、哲學家和政治的行動者都已清楚知道此一轉變——正隨著學校的改革而逐漸散播開來。如果巴恩斯隸屬那些激發這些轉變的論述社群成員之一，或是如果他能輕易取得接觸的管道，他很可能對教學、學生和歷史有不同的想法。那他就不會受限於他當年完成碩士學位時期的智識潮流，而是會隨著知識成長而成長，隨著觀點的轉換而轉變。

　　凱西小姐也是她的時代之子。她似乎傾心於那些我們也覺得有吸引力的觀念：例如書寫中的聲音、學習上的建構主義、幫助所有的學生學習有挑戰性的內容，而不單單限於最聰穎的學生。她似乎擁有許多年輕老師身上所見的理想主義和浪漫主義，這些老師尚未經歷過那只有在多年經驗下才會遇到的教育理論與實際情況之間的衝突。因此，她如能和其他老師討論自己的假設和信念，無疑會大有幫助，無論是釐清和強化、或是改變和修正既有的知識信念。

十、結　論

　　在概述這些不同可能性的過程中，我們大概讓一些讀者感到不耐。這般提供不同的可能方案也許會被視為是一種遲疑不決的表徵。

我們的時間或許更該用在設計一些可以明確施用的測驗上。但如果一個評量的工具容許多個裁決結果——這些結果展示的不只是程度，還有方向的差異——該如何評說其效度？確實，建立效度要如何開始呢？

說來有些奇怪，我們是把這些不同的可能方案看作一個起點。每一項可能方案都呼應了李‧柯隆巴赫 (Lee J. Cronbach) 所簡述關於效度的「解釋性觀點 (explanatory perspective)」，**❼** 亦即任何觀點都是藉由擬定另一種模式來看待逐漸增多的發現，以建立其效度。把柯隆巴赫的話說得更簡要些：效度不是來自評量工具，而是取決於論證。每一種可能方案或者論證，使用資料的方法不同，並得出不同的結果。每一個可能性都給我們機會化身為魔鬼代言人來提問、質疑假設，讓我們重新思索那些我們如此珍視的事物，因為我們會忘記它們只是一些期待和抱負，而不是經過驗證的真實。

無疑地，我們也可以發展一個符合我們認為是良好教學的評量方案，但這是一個相當危險的做法。就算此一方案可能為我們信服，它仍然會是看待教學的許多方式之一而已。我們藉由勾勒不同的方法如何賦予同一份資料不同的意義，旨在喚起大家關注此一事實：各種相持不下的教學意念總是競相爭取我們的擁戴。而我們在其中的抉擇也反映了我們的珍視所在、我們對老師和學生的期望。

雖然我們樂意接納如國家專業教學標準委員會 (National Board for Professional Teaching Standards) 一類的組織所闡述的諸多信

---

❼ 原註：Lee J. Cronbach, "Five Perspectives on the Validity Argument, 於 Howard Wainer and Henry I. Braun, eds., *Test Validity* (Hillside, N.J., 1998)，頁 3–18。

念——這些信念如優良教學的許多意象概念、教學是一項結合知識
和技巧的事業、使用實作評鑑代表了更準確的教學——我們在資料
就緒之後，仍抱持謹慎分析情況究竟為何。教學，如同凱西和巴恩
斯在這些測驗中所面對的歷史那般，是受到時間和空間的牽制。對
評審而言，即使是要從上述那類型測驗得出的豐富資料中，給出「較
好」和「較差」這樣高風險的教學判決，都將是艱鉅困難的事。我
們提供這些觀察，並非要責難而是警示。誠如要對一般大眾解說教
學的複雜性很是困難，同樣的，要向政策制訂者說明他們對優良教
學的判定是如何地處處是衝突、充滿了矛盾，也非易事。

十一、補充說明

我們將以一個完全不同於前此的可能方案來為此趟探索劃下句
點。所有先前方案都出自一個非常基本卻幾乎不為人注意的假設：
它們都假設評鑑教學最好的方式便是評鑑個別的老師。這個假設是
現代心理測量學的支柱，而且在新興的實作評鑑相關文獻中，很少
對此提出質疑。 **⑦⑤**

但是當我們愈去思考個別教師的評鑑，我們就有愈多的疑問。
例如：我們最感興趣的是教學的長期效果，而非學生在一堂課後學
到什麼。在四年的高中之後，學生心智是否培養了歷史意識？他們
是否熟悉了不同的看待過去的方式，而且能否用以思考現在？課程
的分劃是否對學生的心智構成阻礙，或者老師是否幫助學生建立起

---

⑦⑤ 原註：見 Richard J. Stiggins 和 Barbara Plake 所編 "Performance Assessment"
（特刊）, *Applied Measurement in Education* 第 4 期第 4 號 (1991)。

美國的發展和國外情勢之間的連結？❼這些問題都超出了單一課堂的範疇。換言之，學生的教育並非是每一個老師努力的加總價值，而更是綜合不同的努力共同前進，並且合併成更大整體後的結果。如果歷史理解的必要條件在於統整多元的觀點、調和不同種類和形式的知識，難道我們不該去尋求某種評鑑，那是能夠掌握群體的教師一起能做什麼，而不是教師各自能做什麼？

在這一個教育圖像下，各個課堂將會互相交流，從而使某些觀點得以擴展和補強、可以平衡和調和別的觀點，以及挑戰和抗拒另一些觀點。我們不會讓學生自行統整他們老師的不同觀點，而是會去凸顯這些差異，並用這些來教導學生智識上的差異和合理的論辯。如此的學校課程若欲成功，端賴一群成人能夠聚集一起並且貢獻他們的才幹。因此教學基本上會是一種社會性的事業，而且得有一套評鑑和相應的心理測量理論，來捕捉所有個別的老師，也就是全體教員，為學生創造的總體經驗。

如果學校依此規劃，倘使某種電子檔案共享的圖像（及其隱喻）取代了個人檔案櫃的圖像，我們相信教師之間普遍存在的智識差異，將會轉為一種植基於交流和知識的多樣性。如果巴恩斯和凱西在這樣的一所學校教書，我們或許不必期望巴恩斯接受女性主義史家的觀點，也不會期望凱西開始在批改學生有關波士頓茶葉黨的試卷時寫下「三百四十二箱」。但是，我們會期待他們能健全開放的交換意見，不只是針對歷史知識的性質，還有如何能讓那些很可能被視為

---

❼ 原註：見 Paul Gagnon, "Why Study History?" 於 *Atlantic Monthly* 第 176 號 (1988)，頁 43–66。

缺乏動機，或更糟的，被當作沒有能力的學生投入學習。在這樣的
學校中，兩位老師可能會更清楚他們為何會持有那般的觀點，我們
也會期待，若干時日之後，他們可以找出方法將彼此不同的觀點發
揮於教學之上。

　　為老師設定新的標準是一回事，提供他們能夠達標的環境又是
另一回事。如果要讓教師大規模地達到此些標準，就我們所知，學
校必須有所改變。然而我們懷疑，例如有多少政策的制訂者會贊同
讓老師一天在校的三分之一時間用來反省和進修他所任教的學科？
會贊同學校有棟建築，讓老師擁有個人小間，且能遠離喧鬧的鐘聲
和其他繁瑣的需求？ 會贊同在職老師的進修管道不是像 EST 討論
會❼那樣，而更該是真正具有專業發展特色的持續學習活動？

　　像這樣的學校很少，但它們確實存在。 ❼❽如果要讓這種學校成
為常態，我們會發現，個人導向的評鑑措施是妨礙改變的要角。我

---

❼　譯註：EST (Erhard seminar Training) 是美國的 Werner Erhard 在 1971 年創建
　　的一個討論營會，營會提供學員兩週的課程，稱之為「EST 標準培訓」。這
　　個營會的目的是改變一個人體驗生活的能力，激發潛能，使學員更能面對
　　生活中的各種情況。EST 營會運作至 1984 年，並在 1976 至 2011 年期間出
　　版了大量書籍。

❽　原註：見 Deborah Meier, "Reinventing Teaching" 於 *Teachers College Record*
　　第 93 期 (1992)，頁 594–609；Sizer, *Horace's School*。關於教師在工作場合
　　進行專業進修的案例舉隅，見 Sam Wineburg 和 Pam Grossman,
　　Interdisciplinary Curriculum: Challenges to Implementation (New York,
　　2000)； 以及 Pam Grossman, Sam Wineburg 和 Steve Woolworth, "In Pursuit
　　of Teacher Community" 於 *Teachers College Record*.

們因而希望這類評鑑將只是學校改革中的一個小站，而非其終點。
實作評鑑也許可以作為催動的力量，引導我們去重視老師能夠彼此
學習和相互裨益的教學社群。當此實現之時，個人式評鑑便將完成
任務，會在通向我們未來的改變中消逝根除。

後 記

　　本章所呈現的是我和蘇珊納・威爾森合著的最後定稿，內容係
根據我們在史丹佛大學所進行的共同研究。本文曾刊載於 *American
Educational Research Journal* 1993 年冬季季刊中 （第 30 卷，頁
729–770）。本文的先前版本受惠於許多人的建言 ：Hilda Borko,
Jere Brophy, Earl Butterfield, Larry Cuban, Janice Fournier, Pam
Grossman, Mary Kennedy, Gaea Leinhardt, Dan Perlstein, Deborah
McCutchen, Sue Nolen, Peter Seixas, and Roger Soder。由於我們只
汲取了他們的部分建議，本篇中的所有內容都由我們自己承擔。我
們同時必須感謝李・舒曼，他長期以來的指教啟發了我們完成這份
分析。本文發表後數年，我又寫了另一篇文章探討實作評鑑方式的
社會用途。見 Samuel Wineburg, "T. S. Eliot, Collaboration, and the
Quandaries of Assessment in a Rapidly Changing World" 於 *Phi
Delta Kappan* 第 79 期 (1997)，頁 59–65。(http://www.pdkintl.org/
kappan/kwin9709.htm)

版權聲明

4

國家的歷史記憶

震驚得難以言語——
歷史教室中的道德兩難

在大眾文化中提供我們許多歷史課堂枯燥乏味的印象。像 1986 年發行的青少年電影《蹺課天才》(*Ferris Bueller's Day Off*)❶裡的老師就用以下的獨白開始他如龜速般的講課：

> 在 1930 年代，由共和黨控制的議會代表想努力減低什麼影響？有誰知道？有誰知道？——經濟大恐慌。通過了什麼？有誰知道？有誰知道？——關稅法案。《霍利斯穆特關稅法》(*The Hawley-Smoot Tariff Act*)，❷有誰知道？是提高還是降低？——提高關稅，為了使聯邦政府徵收更多的財源。這有

---

❶ 譯註：中文譯名為《蹺課天才》，由 John Hughes 編導，描述一個高中生蹺課一天的故事。電影大量使用「角色對著鏡頭說話」的手法，直接與觀眾溝通，創意的拍攝手法成為許多後世電影的致敬對象。

❷ 譯註：1930 年由美國國會通過，將關稅幅度提高到歷史上最高點，其他國家為保護本國利益，也紛紛提高關稅，造成國際貿易市場萎縮，加劇經濟問題。由於此法案是眾議員霍利和參議員斯穆特所共同發起，故稱之為《霍利斯穆特關稅法》。

　　用嗎？有誰知道？有誰知道其結果是什麼？這樣做沒有用，
　　反而使得美國深陷於經濟大恐慌。現在我們是不是也遇到了
　　類似的爭議呢？有誰知道這是指什麼？全班同學？有誰知道？
　　有誰以前看過拉佛曲線 (Laffer Curve)？ ❸

　　這段簡短的節錄顯示了社會上　（偏激的人可能稱之為　「典型
的」）差勁的歷史教師所有的特徵：單調的表達、如同強行軍掠過歷
史、好似戴著眼鏡的卡斯帕・米克透斯特 (Caspar Milquetoast)，　❹
這類人物用蘇格拉底式的自問自答上著課。而黑板上散布著無關連
的註解，所有的事實都是快速地右耳才聽進左耳就出去。至於學生
們則眼神呆滯、安靜的坐著，少數人潦草地寫著筆記，大部分的學
生卻是無聊的打著哈欠。不管這種意象如何傳布——透過人們痛苦
的經驗或媒體的大量放送——很顯然，這就是社會集體的想像之一。
　　的確，有些教師就像《蹺課天才》裡的歷史教師那樣，❺但也

---

❸　譯註：由經濟學家亞瑟・拉佛 (Arthur Laffer) 提出，他認為稅率和稅收並非
　　必然成正比關係，反而像是一條曲線，一開始稅收會隨著稅率提高而跟著
　　增加，但是當稅率上升到一定程度時，稅收不但不會增加，反而隨之減少。
❹　譯註：1924 年由哈洛・韋伯斯特 (Harold Webster) 所創造的一個漫畫角色，
　　有害羞膽小的形象。
❺　原註：歷史教學的經驗研究不太能挑戰這樣的印象，尤其是談及「典型的」
　　或常態的教學時。歷史教學枯燥乏味，有許多解釋。有些人將原因歸咎於
　　老師被迫教導全套法定的課綱，而犧牲了對學生最重要的內容：見 Roy
　　Rosenzweig 和 David Thelen 的文章 *The Presence of the Past* (New York,
　　1998)。其他的解釋聚焦於老師對學科內容知識的準備不足：見 Diane

有一些老師，在我們看不到的地方，提供了與電影中人物極大的對比。理查・史丁森 (Richard Stinson) 正是這樣的例子。❻他所任教的中學不管是沉悶的州訂課程標準、教室中工業區特有的綠色而暗沉的牆壁、學生混合了一般生和技職生，且學校位在舊金山南部破舊的工人階級住宅區，都標示著他的班級和一般學校相去甚遠。確實，若從外在景況來看，這所學校符合一般大眾以及學術文獻所認定的低抱負、低期望屬性。❼

但理查・史丁森並不是一般的教師。從大學主修歷史到目前擔任色蒙得 (Thurmund) 中學社會科主任，他總共有長達十七年的教學經驗。這一路走來，史丁森了解到學生對過去的理解，與身為傳教士的兒子、又常到世界偏遠地方旅行的他，不會一樣。他知道在把學生推入憲法或州權等複雜議題之前，得先抓住他們的注意力。他必須幫助他們看到過去與現在之間的遙遠隔閡不過是一個外殼，在此外殼底下包含著切身相關的長久性議題。這個觀念不只是一個教學信條或是抽象的教育哲學。史丁森在色蒙得中學贏得了創新教師的美名，因為他願意用非傳統的方式來引發十一年級學生對美國史的興趣，而這個科目通常連在同一所學校的老師都不感興趣。

Ravitch 寫的 "The Education of History Teachers"，收錄在 Peter Stearns、Peter Seixas 和 Sam Wineburg 等人所編：*Knowing, Teaching, and Learning History: National and International Perspectives* (New York, 2000)。本章中所提到的研究，與第七章中的案例，清楚呈現了「非典型的」和非代表性的課堂。

❻　原註：本章中的名字皆為虛構。

❼　原註：Reba N. Page 的 *Lower-track Classrooms* (New York, 1991)。

　　以下幾次的課堂是 1986 年 12 月在史丁森的教室所進行為期兩週的持續觀察，當時正好發生雷根 (Ronald Reagan) 暗中資助尼加拉瓜游擊隊被揭發的事件。而史丁森獲得他的同事、行政人員、學區人士和學生們提名，參與一個目的在理解熟練教師專業技能的研究計畫。以下的案例研究凸顯了一件事情，即使是在模範教師手中，歷史教學中的核心議題還是很容易就脫出掌控，抵拒我們想方設法和努力將之固定方向的意圖。

一、對　峙

　　理查・史丁森十七年教學生涯並沒有讓他對星期三早上的課程做好心理上的準備，當然也包括前兩次同系列的課程，那兩次課堂都是按計畫進行。而這堂課是關於美國政府形成的第一單元第三次課程，一般來說是三次課程中最簡單易懂的部分。如同過去，史丁森打算和學生討論他們昨天的活動。此遊戲是兩天前十一年級的學生所構思出來的，並於前一天進行。他打算協助學生思考這個遊戲——尤其是權力鬥爭和妥協等特性——與美國社會中類似力量的作用有否可比較之點。他也會幫助學生思考預定本週結束前要寫的報告，題目是：「我們所設計的遊戲與我們共同生活的美國社會之間，有何相似之處？」

　　他教這個單元已經好幾次了，而且他發現即使這個活動「搞砸」了，還是會有某些效果。雖然這幾年他看見麗治花園 (Garden Ridge) 改變很多，從一個白人中產階級家庭為主的郊外住宅區，到現今包含多元種族、出租戶多過自宅戶的社區，這個作業仍然沒變。

根據過往的經驗，他知道這個活動著實可以提供一個強而有力的暗喻，讓學生了解「非常時期」（"Critical Period"，或「關鍵時期」）的動盪，那是一段介於殖民地居民在約克城勝利，以及後來費城憲章起草之間，緊張而不確定的時期。

史丁森打算在星期三要求他第二節的「普通生」班回顧昨天的課程。這五十分鐘極可能是整學年中最不平常的一堂課。星期二時，學生把書放在書桌上，穿上夾克，走向學校的網球場上。接著，他給兩邊各一個裝備袋子，裡面有兩個羽毛球拍、一個飛盤、一個碰碰球 (Nerf Ball)、好幾個乒乓球，還有一個黑板和粉筆。他一再強調，它們唯一要遵守的規則就是：只要能找到使用每一件器具的方法，他們可以隨意、盡情地應用這些東西。

這堂課的情況和之前許多堂課極其類似：一群精力旺盛的青少年興奮地離開教室，衝到網球場準備要玩了。他們很快就想起前一天的規則並開始遊戲。但沒多久他們就發現那些規則有所不足，於是開始試作調整。大部分的學生沒有拍子或球，沒有目標地站在場邊看著他們的同學們開心地玩著。這些旁觀者於是和那些玩得活蹦亂跳的人協議，提出調整和建立新的規則，努力想辦法讓更多的人可以一起加入。

超過六呎高的史丁森站在旁邊看起來像是個指揮者，但他除了提醒學生注意前一天同意的規則外，幾乎沒做什麼。只有在最後兩分鐘時，他才展現出指導者的一面，他要學生「努力思考這個遊戲的意義，因為你們星期五要交報告。」但是史丁森很清楚他得給予更多幫助，才能讓學生順利準備這個報告。如果放任他們自己來，

學生會很難把遊戲的具體經驗和抽象的憲法爭辯連結起來。因此第二天的課中，他安排了一個述說經驗回饋的討論，藉此過程幫助學生看出使用球拍和球所做的妥協，與十八世紀時國家建立者的所為之間的相似性。

星期三的課從簡短的時事討論開始，主要是有關剛爆發的伊朗與尼加拉瓜反抗軍醜聞案 (Iran/Contra Scandal)。史丁森要學生注意貼在黑板上的報紙文章，標題是「民調顯示雷根的支持率下降十五個百分點」。高大而動作有點笨拙的都尼 (Donnie)，一邊玩弄著一頂黑色的「馬克貨運」(Mack Truck) 鴨舌帽，一邊說著：「嘿！他再怎麼樣也還是我的英雄」。其他的學生也紛紛加入支持雷根。很多聲援的學生都戴著印有他們父母工作的貨運公司商標的帽子，像是「聯合貨運」和「聯合船運」。也有其他的學生穿著背上印有「蘇比克灣」和「沖繩」字樣的軍用夾克。至少在這個環境中，雷根總統的聲望並未受到當天新聞的影響。

當史丁森走向教室中央時，學生安靜了下來。他說：「在你們星期五前要交的報告中，我希望你們想想，你們所進行的遊戲和現今人們居住的美國社會有什麼相似之處。有些人在上課前說很難找到之間的關聯性。我希望在這次的討論之後，大家可以產生新的想法。」史丁森接著在黑板上劃了兩欄：「遊戲」和「美國」。他開始問：「詹姆斯 (James)，它們有什麼關聯？」詹姆斯是一名身形瘦弱的男孩，他桌上的筆記本排列得很整齊，他看起來有些困惑，猶豫地答道：「嗯……我們都必須要改變規則。」

「沒錯，」史丁森大聲說道，「我們改變了規則，尤其是在怎麼

計分的地方。你們能想到在美國社會中有哪些基本規則或法律曾經
改變嗎？」詹姆斯看來被難倒了，而其他學生也是一樣。史丁森倒
不感到意外。他知道，學生要了解美國的法律系統是經過辯論和妥
協而來這點，需要一些時間，而這樣的見識對學生了解美國政府的
形成而言，確有其必要。當有些學生可以覺察到遊戲和美國立法過
程的關聯性時，史丁森希望這樣的認識能更清晰透徹。

史丁森繼續說，「如果我們改變了遊戲的規則，這不也類似我們
更動或改變了美國的生活方式嗎？」這個提示給了學生所需的架構。
伊蓮 (Ellen) 立刻提出：「對啊，就像經濟大恐慌和那些社會計畫。」
約翰 (John) 附和說：「以及所有的憲法修正案。」史丁森要他講得
更具體一點：「像是不能喝酒」。史丁森點頭說：「對，很好。」

討論開始熱絡起來，現在史丁森微笑著，興奮地從教室中央快
步走到旁邊又再回到黑板前。當妮可 (Nicole) 評論說這個遊戲整個
很「混亂」時，史丁森借用她的回應來說明他們正要學習的這個時
期，亦即從美國獨立戰爭結束到憲章起草之間，會以「非常時期」
之名而廣為人知，因為這段時期的標示是猶豫不決、無所行動、不
滿漸生，這些也正是星期二的遊戲確實具有的特性。當史黛西
(Stacy) 觀察到並非每個人都有參與遊戲活動或甚至制訂規則時，史
丁森力促她將這個情形和美國社會做連結。「嗯，社會上有些人會去
投票有些人不會，但就算你不去投票還是必須受到一些規則的約
束。」不久，討論自動持續進行，那真是每個老師的夢想。當一個
學生想到遊戲中的某個特色時，另一個就將它比擬為美國社會的一
些情形。在學生自主地推進討論時，史丁森就退居於後。他很認真

地聆聽學生的意見，並安靜地將這些寫在黑板上的欄位裡。

一切並非刻意造成的，沒有人料到接下來的一個意見會主導了討論的方向。都尼的問題引爆了接連而來的情況，挑戰著史丁森處理課堂中知識和道德情境的能力，就像他教學十七年來碰過的一些其他的難題那樣。

都尼說：「史丁森先生，你一直在監看我們玩遊戲，就好像政府或是別的之類的，而當我們訂定一些規則時，你其實也有一些決定權。」

史丁森：「都尼，我只不過設定了遊戲的準則。這點可以和什麼對應呢？在美國有什麼機構是負責訂定準則的？」

都尼問說：「你是指像最高法院嗎？」

史丁森拍了一下額頭說：「呃，首席法官會說他對我們設下了準則嗎？」

都尼似乎正在跟上史丁森的引導。「好吧，」都尼停頓一下，整理他的思緒。「假設你就如最高法院或說是憲法，而有個人，例如校長，他監看我們，還做記錄，這樣算不算是一種更高形式的政府？」

史丁森滿臉洋溢著滿意之情，他再一次抓住機會讓都尼和班上其他學生思考得更深入一點。「現在世界上有哪些政府或法律力量可以叫美國該做什麼嗎？」

有些學生回答說：「絕不可能！」其他一些人則大聲嘲笑這種想法。

史丁森從教室旁邊走到前面說：「你們可以大笑，但是你們知道聯合國轄下的世界法庭，認為我們對尼加拉瓜的行動已違反國際法了嗎？我們在尼加拉瓜的港口鋪設地雷、對他們採取公開的軍事行

動，我們被認為違反了國際法。但我現在要問的是：有任何權威居於憲法之上嗎？」

學生們坐立不安，但沒有人發出聲音。

史丁森繼續說：「那道德或宗教權威呢？」

當宗教被提起時，卻引起一陣「喔」、「啊」之聲，那是顯示學生覺得碰觸到禁忌話題了。坐在前排的保羅 (Paul)，彷彿在搬演一段演過許多次的劇本說：「所以，史丁森先生，你是說上帝存在囉？」

史丁森猶豫著如何回答，而學生起鬨著說：「史丁森先生，說嘛！」但是史丁森也宛如在演出一份早已編好的劇本那樣，拒絕上鉤。

「好，都尼我問你，納粹官員在紐倫堡大審時的辯護理由是什麼？」

辛蒂 (Cindy) 突然插嘴：「遵從長官。」

「是的，辛蒂，他們是服從長官的命令，而且他們沒法不照辦，因為他們被要求去做這些事。難道這樣就可以替他們辯護而不用……」

史丁森還沒說完時，克里斯 (Chris) 打斷他的話說：「史丁森先生，你知道有三十二個納粹分子被無罪釋放。」

史丁森當然知道，而且他也知道克里斯是知道的，因為克里斯、都尼、大衛 (Dave) 三個人有參加星期三課後的「戰爭社」，他們實際上清楚第二次世界大戰的每個細節，從中途島 (Midway)❽的傷亡

---

❽ 譯註：第二次世界大戰中美國與日本之間的主要海戰，在 1942 年 6 月 4 日於中途島西北海域爆發，後續戰事一直持續至 6 月 7 日。中途島海戰是太

數目到德勒斯登 (Dresden)❾轟炸的損害程度。但他的說法並沒有讓史丁森感到驚愕。

「這有讓赫蒙‧葛瑞林 (Hermann Goering)❿逃脫罪責嗎？有讓亞伯特‧施佩爾 (Albert Speer)⓫逃脫罪責嗎？更重要的是，讓他們逃脫罪責是應該的嗎？」

史丁森的問題在課堂上引起了一陣小小的騷動。「是」、「不可能」、「當然」之聲吵雜刺耳。學生們專注熱情的彼此爭論，有如在回應史丁森的疑問。他堅定地掏出這個議題，是因為他認為讓學生了解到美國人總是相信有一個更大的道德力量在支持司法系統這點，非常重要。透過這一系列的問題，他希望引導學生去看出他們已經察覺到的事情。

「假設有無可置疑的證據顯示我涉入殘殺無辜人們的事情，」史丁森繼續說：「我不想這樣做但我被命令要這樣做。我問你們 ，」他提高聲音說：「你會去做嗎？」

平洋戰爭的轉捩點。美軍憑藉此場戰役的勝利，扭轉了開戰以來的被動局面，並恢復美日兩國在西太平洋的海權均勢。日本海軍則失去開戰以來的戰略主導權，隨後於西南太平洋與盟軍陷入消耗戰，在戰爭中漸走下坡。

❾ 譯註：位於德國東南部的城市，是薩克森自由州的首府，曾在 1945 年的 2 月 13 至 14 日受到盟軍轟炸。

❿ 譯註：赫蒙‧葛瑞林 (Hermann Goering, 1893–1945) 是納粹時期的黨政軍領袖，極受希特勒器重，曾擔任過許多重要職務如「蓋世太保」首長、國會議長，甚至據傳曾被希特勒指定為接班者。

⓫ 譯註：為希特勒的重要官員，曾經擔任軍備和經濟方面的首長級職務，是紐倫堡審判中主要的被起訴者之一。

都尼是第一個回答的：「史丁森先生，我先問你，如果你拒絕服從命令，那會發生什麼事？」「我會被懲罰，我會被……」

但還來不及說完，提姆 (Tim) 就插話：「你大概會被槍殺然後丟到坑裡。」

「所以，」史丁森停頓了一下，他六呎二吋的身軀居高臨下地向著身形瘦弱的提姆說，「這代表我這樣做是可以視為合理的嗎？」

再一次全班又陷入一片自由發聲之中，到處都充塞著對、不對、這樣做、控訴和反控訴的聲音。在這當中，克里斯的低沉聲音清楚傳來：「告訴我到底哪個比較重要，是自我的生存還是那些你根本就不真正關心的大眾的生存？」

「你說呢？克里斯？」史丁森回應道，他直直地看著克里斯，等著他的回答。有那麼一刻氣氛變得有點緊張又安靜，但克里斯並沒有退縮：「我會保住自己的性命。」

在那一刻，這個活動、黑板上的圖表和學生星期五要交的報告都已經不是史丁森所關心的事了。若放任這樣的態度而不去質疑他們，這無疑違背了史丁森整個的教學信念。難道學生在十年級時沒有上過納粹屠殺猶太人的單元嗎？難道學生們對此一點印象都沒有？他們難道不知道這樣說的後果嗎？

所有的眼光現在都集中在史丁森身上，而他第一次在這堂課上顯得慌亂。

「好，讓我們看一下。」他說，「所以……如果我了解的是對的話，克里斯，你說的是，我有正當理由殺害那些無辜的人們嗎？服從命令就可以使我脫罪嗎？辛蒂，你覺得呢？」辛蒂是班上口才最

佳的學生之一，但在討論過程中她卻出奇的安靜。而史丁森點名她回答是有意的，猜測她可能可以幫忙扭轉情勢。辛蒂堅定地陳述：「我想這只是代表你在參與你的長官所做的非法行為。」

感謝老天，史丁森在心裡面說，在這個道德兩難的困境裡，這是一線理性的希望。他盼望這樣的意見可以將討論拉回正軌，幫助他回到關於人為所制訂的法律之上還有更高的法則這點。他所需要做的就是把這點說清楚。他接續辛蒂的看法說：「所以……如果你打算違反上頭政府的規定，那你就是在遵守什麼法則或原則呢？」當然這樣直接提問可以幫助學生直觸那個導致這一切問題後面的重點。但是今天看來並不管用。黛比 (Debby) 回答說：「如此一來，你就不是……你就不是在遵從任何的原則或法則。」

史丁森的眼睛瞄了一下時鐘，還剩十五分鐘下課鐘聲就要響了。他必須要將討論做個結束，回到星期五要交的報告上面。但是他怎麼能放手不管這個議題而沒有給個適當的回應呢？又一次在史丁森回過神來之前，都尼就回覆了黛比的主張。

「有，你有，你仍然遵循一個原則。以納粹的例子來說，違背命令也就等於違反了宗教法則。因為那些親衛隊 (SS) 確實相信（至少有很多人是這樣），希特勒是他們的上帝所派任的領導者，是他們的彌賽亞。還有，回到第二次世界大戰時，我們的人殺害他們，他們也殺我們的人，這只是因為那些人被命令這樣做，而他們做的規模更大。但這並不比我們所做的還更惡劣。難道這不是同一件事嗎？他們被迫這樣做，否則就會被送上軍事法庭。」

史丁森不可置信的說：「你是把戰場上士兵打仗和衛兵屠殺無辜

人民一同類比嗎？」

「嗯，那都是軍人對軍人啊！」克里斯的意見引發一陣喧鬧的鼓掌聲。學生們的興奮，或至少在克里斯、都尼和大衛臉上的那種興高采烈，和史丁森蒼白的神情形成如此不相襯的對比。

「就算有一個傢伙在四年內殺掉了四萬人，」克里斯繼續說，「而且他如果不這樣做就會受軍法審判。如果我們其中有人不射殺他們任何一人或擅離職守，他也會受軍法審判。」

「克里斯，所以你的意思是，」史丁森問道：「親衛隊處決人們的行為是正當的，因為他只是在做第二次世界大戰期間其他人也做的事？也就是服從命令？」

克里斯似乎有點退縮，或是在重新整理想法。「我們就講越南好了。在第二次世界大戰時，至少你是在和任何軍隊打仗。但在越南，那可不一樣了。敵人遍布各地，躲在樹叢裡，是無所不在的。」

越南，至少這個字終於被提到了。在討論的整個過程中，史丁森腦中飛快地轉到麥萊村 (My Lai)，❷特別是他深印在腦中的一幅小男孩的景象；這個小男孩還不滿 5 歲，俯臥在他已被謀殺的父親身旁。史丁森也知道，越南同樣對克里斯還有都尼是很重要的，因為他們的父親都在越戰中負傷。他猶豫了一下，但還是決定探討他之前想到的一個例子。這當然是有些冒險，但他必須找些方法來震醒這些孩子，別陷入道德上的自以為是。

「好，假設你是在一個駐紮越南的小部隊裡。你們正來到一個

---

❷　譯註：位於越南南部的一個小村莊，1968 年 3 月 16 日時美軍下令處死數百名村民，多數為老弱婦孺。

小村落，而這個小村落帶給你們很多麻煩，這裡發生多次的狙擊，而負責這個小隊的隊長非常不爽 。」 史丁森的用詞再度引起一陣「喔」、「啊」的騷動，但這是幾分鐘之內全班第一次安靜下來。

史丁森繼續說，「然後他命令你 ，把所有的村民帶過來，有女人、小孩，還有老人，很多年紀較大的男孩和成年男子都不在那裡。然後他跟你說：『我實在是受夠了這該死的村莊，我們現在就把它處理掉。把這些人圍起來然後把他們斃了。我們就是要把他們去除殆盡，他們就不會再給我們製造任何麻煩了。』」史丁森停頓了一下，刻意的、慢條斯理的，將臉轉向學生，好像是直接在問每一個人一樣，他說，「你會做嗎？」

沒有人說一句話，有些人緊張的坐立不安，把紙張摺成小三角形或用鉛筆敲著桌子。他這樣做也許最後能奏效，於是他決定再加把勁。

他繼續扮演著角色，並看著克里斯、都尼、和大衛說，「我現在告訴你們，」他放大聲音說，「把他們拖出去斃了。你會怎麼做？」他逼問，「你會做還是不做？」

這些男孩避開史丁森的視線 。這時辛蒂開口了——她是之前唯一說出道德問題者——語帶同情和歉意：「聽著，當你答應要做一件事時，你是要去做一些你不喜歡的事。」

在課程中都沒說話的艾立克 (Alex) 突然開口，聲音大到每個人都聽的到，「你怎麼知道你不喜歡？」

史丁森感到天旋地轉。他當然可以了解，艾立克的逞強言語，不過是一個 16 歲男孩想要讓同儕驚嘆的一種慾望。但辛蒂呢？如果

她都這樣想，那其他人會怎麼想呢？當史丁森跌坐在桌前的椅子上時，只剩五分鐘就要下課了。在似乎無止盡的靜默後，史丁森嚴肅的面對班上學生：「我試著不將我個人情緒帶進來，但我在這裡所聽到的真的讓我擔心。發生在 1968 年麥萊村的事件，涉及開槍的威廉‧卡萊 (William Calley)，和他的指揮官麥迪那 (Medina) 上尉都受到軍法審判，不是因為沒做這件事，而是因為做了這件事。因為軍隊就是覺得這是不正當的行為。你們覺得這是為什麼呢？」史丁森問道，他的問題是詢問也是譴責：「軍隊自己就認為，這不是美國人會做出的事情，即使有命令，這已經越軌了，已經違反人性了。」

史丁森時間掌握的剛剛好，時鐘開始發出了嗡嗡聲，這是鐘聲即將響起的訊號。只剩一分鐘了，他的陳述似乎可以為這困難的討論做個結束。但是都尼不願意這樣算了，他顫抖的聲音混合著激動和憤怒。「史丁森先生，這就像美國獨立戰爭時，農夫拿起槍射擊然後再回到田裡。同樣的，在越南時你無法分辨你的朋友是誰，你無法知道你的伙伴是不是越共士兵，你就是沒辦法知道。」都尼發自內心的說，那是來自他的父親在峴港 (Da Nang) 附近被地雷炸傷左腳的經驗。

史丁森可以同情都尼但不能接受他的意見中隱藏的含意。「所以你會怎麼做，都尼？你是說我們應該先開槍然後再問嗎？」「沒錯，」大衛替他的朋友辯護，「你永遠不會知道誰是對的。他們也對我們開槍。人會做出許多錯誤的判斷。」

克里斯加入說，「你必須要採取像那樣的行動。因為你要贏得戰爭的唯一方法就是消滅所有的人。」

史丁森顯然很慌亂，他坐在桌子前，結實的雙臂抱著頭。「克里斯，你剛剛說的真的會造成一些令人擔心的後果。若唯一能贏的方式就是消滅所有的人，讓我問你，」史丁森深深地嘆了一口氣，「那是怎樣的勝利？」

克里斯毫不退縮的回答，「完全的勝利！」

學生們喧鬧又緊張的大笑起來，幾乎蓋過了這堂課結束的鐘響之聲。

二、後　續

要去事後評論史丁森當下所採行的教學方式並不困難，但我們不應該忽視他的歷史課和那些在媒體所諷刺及學術文獻所抱怨的課堂，有著明顯的差異。史丁森做到了很多人做不到的事。他的教室裡充滿了活力，在那裡歷史議題和文化記憶的議題相互融合。對史丁森的學生來說，「學校的知識」和他們日常生活經驗並不是不相干的，至少在理解過去時是如此。這是因為史丁森成功地營造一種氣氛，讓教育不是「紙上談兵」，而是一連串爭辯、討論和質疑的過程，讓這些青少年從「來學校玩耍」到勇於把他們的意見和自我展現出來。

不管是在教室、報刊閱覽室、城市內的街道裡，每逢過去與現在相遇時，不同的記憶在相互競爭的議題上，各種素材都會很快地延燒成一場無法控制的大火。在這五十分鐘內，教室已經變成了戰場，學生和家長對上老師和學校課程，爭鬥著過去究竟應該如何被記憶，彼此各據一方，相持不下。在這裡，「課程」指的不只是史丁

森被規定要教的美國歷史，也是指他教室中多半時候隱而未宣，但卻明顯叫人感覺到的「潛在課程」──他認定歷史應該是一種人性化的經驗、讓學生的思考更細膩，同時培養他們厭棄簡單的答案等的信念。雖然他從未形諸明確的言語，這個目標卻一直鼓舞著史丁森所做的一切。也正是這個目標使他面臨一個最大的挑戰：要如何激發一群青少年去思考社會生活中的黑暗面？這個觀念可以回溯到《理想國》(*The Republic*) 的第二卷，但卻未必就應該是正確的。

當討論出現暴衝、失去控制，士兵和平民百姓的差別，還有二次世界大戰盟軍行動和在波蘭前線屠殺猶太人的特別行動隊 (Einsatzgruppen) 之間的差異泯滅潰堤時，史丁森必須和時間賽跑，那是我們稱為學校的地方、在智識生活上的無形裁決者。一般來看，雖然歷史課和幾何學或化學一樣都是表訂五十分鐘，歷史課因為具有深刻意義而別具一格。在那些課程討論如何解決兩個未知數的等式或是有關亞佛加厥常數（Avagodo number，一莫耳中的分子數或一法拉第中的電子數，其近似值為 6.023×10 的 23 次方）的根據時，也許老師們會去思考較深刻的學習與教學法問題，但他們鮮少會提出何謂身而為人、以及如何回應那些壓制個人的力量等問題。除此之外，幾何學和化學老師也不需要和文化力量抗爭，這些文化力量固定地灌輸年輕人一些意象和敘事，那是為了使他們心智麻木而不是開發他們的思想。尤其是當歷史課冒險探入「活的歷史」地帶時，亦即社會記憶中仍很鮮明而且一直留存在經歷者回憶中的事件，歷史老師不過只是其中的一個聲音，甚且在 MTV、電影、DJ、父母、鄰居、同儕和其他人的眾聲喧嘩中，更常常是極其微弱的聲

音。

除了以上種種之外，青少年文化的特質，特別是 16、7 歲男孩受到雄性激素所引燃的逞強性格，讓人們看到史丁森和其他老師所面對的挑戰。我們很可能會將都尼和克里斯的莽撞言論歸究於「男孩畢竟是男孩」，總想要去做出驚駭之舉，也會歸諸於雷根執政時期軍國主義復甦的特性。但同時，當我們聆聽他們表現出不在意原始暴力的那些話語，也很難不去聽到迴響在當前時代中的暴力之聲，尤其是發生在校園圍牆內的暴力行為。

一般在思考史丁森於這樣的討論之後可以怎麼做時，通常會習慣性的去尋找一個正確的行動之道，比如某些標準原則之類，那是用來教導年輕人如何賦予過去意義，並且生活能得體有禮。但我反對這樣的方式。不同於此，我想要以開放選擇作為本章的結束──建議讀者把自己當作是面臨史丁森的處境，想想隔天的課程該會如何。按此，我提供以下三個方案。

㈠方案 A：一個有信仰的人

當史丁森被問及宗教信仰時，他是閃躲的態度。事實上他是一個牧師的兒子以及虔誠的基督徒，在他決定踏入教職前，曾經投入基督徒青少年運動。當天史丁森反省這堂課，他質疑，人們嚴肅地討論道德時怎麼可以不訴諸上帝。他在心中重新回想這個討論之後，返回到課堂上，以一個比先前更直接的方式來分享他對這個討論議題的觀點。在下次課程開始時，他堅定的直視都尼的眼睛說：

「都尼，你說殺害無辜婦孺是一種『完全的勝利』，這或許在你看來如此，但我必須坦白地告訴你，這個想法讓我很擔心。對我來說，這樣的行為是典型的罪惡，而且最終會在上帝之前接受審判。我很抱歉，都尼，但是我真的不能再壓抑我自己，我相信在那個審判日，我們要為我們所做的事負責。在那一天，我們被評斷的不是我們是否遵守軍隊長官的命令，而是我們是否遵守神聖的意旨。我相信我們最終要面對的是上帝而不是人。不管你相不相信，這樣的原則就是我們這一年要學習的憲法背後的推動力量。老師是不被准許在公立學校的講臺上宣導特定宗教信仰的，但是我們也不能假裝我們的行為、社會的約束，或我們梳理這個世界的方式，不會受我們信念所影響。在這個例子裡，我不只是你們的老師，還是一個有血有肉的人。而這正是我必須在班上說明，你說的話會帶來的可能後果。」

㈡方案 B：歷史課有如鎮民大會

史丁森仔細思考課堂上發生的事，他還是不能理解都尼的反應。究竟是什麼導致這樣的信念？他決定打電話給都尼的父親，並告訴他關於他兒子在課堂上的行為。在電話中，史丁森決定請他父親來學校，並到他的歷史課上談談他在越南的經歷。隔天早上，學生進到第二節的美國史課時，發現都尼的爸爸坐在史丁森的位子上。這位退伍軍人從一個問題開始他的談話：

為什麼我會在越南失去我的腿？我來告訴你們為什麼，因為
我被我們的「朋友」出賣了。我們被叫去打仗，不過這場仗
只是小菜一碟。我告訴你們，不管你們的歷史課本怎麼說的，
我們原本可以贏，如果我們可以用我們知道的方法來作戰的
話。在越南有老百姓被殺嗎？當然有，你告訴我人類歷史上
有哪次戰爭，人民沒有被殺的？我很遺憾，但這就是戰爭。
如果我們對這種情況的發生沒有心理準備，那我們根本一開
始就不該捲進去。而我們那時參戰了，卻犯了牽制住軍隊的
錯誤。很多我們最聰明最優秀的人最後都是裝在屍袋內回家
的，就是因為在華府的文官自以為他們知道怎麼做才對。有
許多像你們一樣年紀的孩子身旁跟著的是有殘疾的老爸，那
是因為一些號稱美國人的人支持敵人，並在我們冒著生命危
險時焚毀了美國國旗。

㈢方案 C：麥萊村 (My Lai)

當史丁森想到，他學生所說以為殺小孩子是正當的，因為你被
命令這樣做時，他腦中閃過他曾讀的第一篇有關麥萊村屠殺事件
(My Lai Massacre) 的文章。下課後他去他的檔案夾找出來，那是登
在《生活》雜誌裡的論文：「麥萊村屠殺事件」，裡面有目擊者的記
述和美國士兵在那個越南村落殺害女人和小孩的照片。⓭明天的課
上他會讓學生讀這篇文章，並在星期四講卡萊 (Calley)⓮的審判，

⓭　原註：*Life* (December 5, 1969)，頁 36–45。

⓮　譯註：卡萊 (William Calley, 1943–1971)，越戰期間屠戮麥萊村的美軍軍官，

然後要學生星期五寫一篇關於卡萊的答辯和軍事法庭的判決報告。雖然「非常時期」和《邦聯條例》是很重要，但現在應該有更急迫的議題必須處理，而且學生對此興趣盎然。「非常時期」的議題延後討論。

三、結　論

當社會持續因社會問題而分裂之際，歷史在學校課程中的地位並未變得較穩固。在當前呼籲要教導「環境教育」、「服務教育」、「和平教育」還有其他競爭科目的聲浪中，歷史被要求證明自己的重要性。近來美國學校暴力層出不窮，又增加了「人格教育」的需求，以設計課程和課綱灌輸美國年輕人的價值觀。

這般做法多半被批評是保守派為了阻絕貧民大眾怒恨的意圖，並且是更加削弱那已經沒什麼作用的課程。但是史丁森的課堂讓我們看到，勇於經營歷史課，開發其最深層的意義時，其實並不需要新的課程來探討永恆的價值問題。像他的課堂上，歷史不可能迴避人格的議題。像史丁森這樣的老師，使學生打破來學校玩耍的模式，許可他們表達自己的看法。在這樣的課堂中，討論無可避免的會因為爭議性議題而出現評斷、衝突、緊張對立的情況，這些都是自由社會的特徵。這正是杜威所言：學校並不是訓練民主的場地，而是實踐民主的場所。如果教室不能成為一個彼此學習對話的地方，那我們就得受苦於因為從未能如此學習而導致的嚴重後果。

事後他以蓄意謀殺罪被起訴。

後　記

　　這個個案研究是根據史丹佛大學教師評鑑計畫中，一位參與者其歷史課堂的實際討論而來，該計畫由李・舒曼 (Lee S. Shulman) 指導並由紐約的卡內基公司贊助。我對課堂上的實際談話作了一些修改，但已竭盡全力去保留原文的意思。這個案例研究的寫成是拜某次和阿拉斯加大學的裘蒂・克蕾費爾德 (Judy Kleinfeld) 談話所賜，原先是登在阿拉斯加大學出版社發行 (Fairbanks, 1993) 並由她編輯的「跨文化教育的教學案例」系列中。這篇文章內容做了修改並為本書呈現最新風貌。

版權聲明

新世紀賦予歷史新意義

在一次有關越戰的訪談行將結束之時，佛瑞德‧勒維斯 (Fred Lewis) 為了 16 歲的女兒安妮塔 (Anita) 對這個戰爭所知甚少而憂心忡忡。當訪談告一段落，佛瑞德想著可以如何教安妮塔認識這個時期。

佛瑞德對於女兒無知這件事的處理方式，明確表明了有關新的世紀中我們如何面對歷史、有關當今一般人如何思考傳遞歷史的知識。佛瑞德並未提議帶他女兒去圖書館，也不是與女兒一起坐下來從百科全書查閱越戰的資料。他完全未提坊間的數位多媒體百科全書或網際網路。佛瑞德雖然與一位越南退伍軍人共事，他卻從不考慮安排一場會談。他反而是提出以下的構想來教導他的女兒有關越戰之事：

> 我想或許我們可以——我們得先拿到電影《越南大戰》(*The Green Berets*) ❶ 的拷貝，你曉得，就是由約翰韋恩 (John Wayne) 主演之類的電影，這樣她就會稍稍體認曾經發生過什

---

❶ 譯註：1968 年出品，由約翰韋恩主演，是美國第一部越戰電影，具有濃厚的反共色彩。

麼事，我不知道這些東西有多精確，但至少它可以激發一些問題。

佛瑞德和許多父母一樣面臨著這樣的困境，那就是任何一個世代都難以接受自己的小孩竟然對早些年所發生的事一無所知。像許多父母一樣，佛瑞德希望他的女兒能「稍稍體認」她出生以前曾發生什麼事。而為了激發這種了解，他的反應就如同任何一位好的老師：他想到的是「課程」(curriculum)。事實上，由於他自己在政治與意識形態上的知識背景，佛瑞德對於該尋找什麼材料以及在哪裡可以找到，十分清楚。他並未求助於自家附近的圖書館，而是轉向自家附近的百視達 (Blockbuster)。

一、思考過去

1996 年，在史賓塞基金會 (Spencer Foundation) 的贊助下，我從事了一項長期研究，是關於像佛瑞德和安妮塔這樣的一般人，會如何理解自己的人生是「歷史性的存有」(historical being) 這樣的概念，他們如何看待自己的生活。我把焦點集中在十五位青少年及其雙親的生活上，這些年輕人分別就讀西雅圖地區的三所中學。其中一所位在道路曲折的舊市區內，採能力分班並施以不同的課程，而且是大班制，學生說著二十三種不同母語。第二所則是另一個極端。這所私立的大學預備學校每年學費要超過一萬美元，各班有十到十二位學生，他們與具有博士學位的歷史老師圍著桌子而坐，討論當天的功課。第三所學校，也就是安妮塔就讀的那一所，其宗旨是「擴

建上帝的王國」，欲藉由幫助學生理解與實行「經文中的原則」來
「取悅上帝」。就讀這所學校的學生大多數是白種人、中產階級，他
們來自基督教的各個教派。

　　我從這三所學校中各選出五位學生，他們正準備學習本州訂定
的十一年級美國史課程。我希望了解：這些年輕人在十一年級課程
（他們中學階段最後一次正式的美國史課程）開始之前，如何看待
身為歷史性存有的自己。我也想知道，學習美國史的這一年經驗對
他們而言有何意義；一年後，當結束中學歷史課程並準備面向未來
時，他們對學習過的內容會記得什麼。這一年當中，我和我的研究
生小組在這三所學校裡花費相當多的時間，我們觀察歷史課、將授
課內容錄音、聯繫這十五位參與者，隨時收集、歸類、整理他們的
作業、測驗、課堂筆記以及學期報告。❷

　　我們的興趣不只限於課堂內，我們還想要了解這十五位青少年
怎麼理解自己的過去，這包括他們家庭和社區的歷史。也就是說，
訪談要放在他們家庭的情境內，通常是在客廳進行，要求他們說出
自己出生的故事（這件事他們完全從他人聽聞而來），以及描述他們
生命中最重要的一些事件。接著我們要求他們對國家發展過程中最
重要的事件「畫一張圖」(draw a map)，❸這可以讓我們了解一群不
同背景的青少年，如何從他們自己的角度來梳理歷史。這個初始的

---

❷　原註：這些訪談由我自己、Alex Shih、Diana Hess 與 Susan Mosborg 共同執
　　行。

❸　原註：我在這項工作援引了 Peter Seixas 的構想，參見他的論文 "Mapping
　　the Terrain of Historical Significance," *Social Education* 61 (1997), 22–27.

訪談，有時得花上三小時之久，而在超過兩年半的研究期間內，這只是八個正式的訪談之一。❹

　　這裡每一位學生都成長自一般家庭之中，我們因此也想要捕捉他們這方面的經驗。儘管教育文獻中處處充斥著「家庭即教育者」(family as educator) 的說法，此一語詞的內涵卻總是含混不清。為了更了解學生如何發展歷史性自我 (historical self) 的脈絡，我們讓學生的父母一起加入這累人的生命歷程訪談。整個研究期間，學生父母所接受的考察或訪談至少兩次。❺最後，學生的三位老師同樣接受生命歷程訪問，還有好幾次與考察學生方式雷同的其他晤談。

二、越戰訪談

　　要把將近一百五十次與學生、父母親和老師的正式訪談、一百三十小時的課堂直接觀察，以及針對兩千頁以上的手寫文件的分析等資料所浮現的意義一一傳達出來，勢不可能。為了簡便，我在此把焦點放在兩年資料收集過程中最豐富也無疑是最難忘的一次資料收集活動：一場由親子共同參與、關於越戰以及 1960 年代意義的訪談。

❹　原註：我們的研究工作與訪談內容，從請學生閱讀當天的報紙（以查看他們如何連結過去與現在），到要求他們說出美國史上爭取公民權利 (Civil Rights) 的歷程，還要求他們向我們解釋他們老師在學期報告中所給的評語是什麼樣的意涵。

❺　原註：我們也要求父母親完成一項有關歷史事實、內容包含 30 題選擇題的測驗，父母親的回答使我們得以比較在同一項測驗他們與子女的成績。相對於保守者聲稱世代之間有「記憶流失」(erosion of memory) 的問題，我們發現雙親與學生的成績統計上並無顯著差異，而且學生反而表現稍優。

　　以越戰為研究主題，我們是希望考察這樣一個在父母輩生命中曾經歷過、但在他們子女眼中已成了「歷史」的事件。可以說，這是經歷的記憶 (lived memory) 與學習的記憶 (learned memory) 之間的差異。在檢驗這個議題時，我們面臨了許多困境。我們絕不希望把整件事情變得像考試一般，我們的目的是讓一個世代的人來向另一個世代談論某個具有歷史意義 (historical significance) 的主題。為了減輕壓力並營造一個較為自然的環境，我們決定聚焦在照片與歌曲上。❻

　　我們的訪談環繞著六張人物照片與一首兩分鐘的歌曲。照片包括：《生活》(*Life*) 雜誌中 9 歲的范地金普 (Phan Thi Kim Phuc) 在汽油彈攻擊後裸身奔跑；❼有張意義不明的照片，顯示一位美國大兵用雙臂抱著兩名越南小孩，看起來像是要逃離戰場；一張是 1970 年 5 月一群建築工人在紐約曼哈頓市政廳前，支持戰爭的集會；1967 年 10 月前進五角大廈 (March on the Pentagon)❽示威期間，一名持

---

❻　原註：照片導引 (photo elicitation) 是人類學家 Margaret Mead 和 Gregory Bateson 所發展出來的一項技術。關於此一技術近期運用的概述，參見 Douglas Harper, "On the Authority of the Image: Visual Methods at the Crossroads," in Norman K. Denzin and Yvonna S. Lincoln, eds., *Handbook of Qualitative Research* (Thousand Oaks, Calif., 1994), 403–12.

❼　譯註：此事件發生於 1972 年 6 月 8 日，小女孩金普 (Phan Thi Kim Phuc) 位於越南南部的家鄉 Trang Bang 村，遭汽油彈攻擊起火燃燒，她逃離時被美國記者 Nick Ut 捕捉到影像，經《生活》雜誌刊載後，震撼全美，記者也因此贏得一座普立茲獎。

❽　譯註：越戰期間規模最大的反戰示威運動，被逮捕人數之眾也創造了空前

花年輕人將一朵雛菊放入國家警衛隊手握的槍管之中；一個越戰老兵在越戰紀念碑 (Vietnam War Memorial) 前，以手指搜尋著犧牲同袍的名字；還有 1968 年的漫畫，內容是死亡天使背對著後面的墓碑群而立，問著山姆大叔（美國政府）：「關於死亡的理由，我應該寫什麼？」我們播放的歌曲是瓊妮・米切爾 (Joni Mitchell) 作詞、克羅斯比 (Crosby)、史提爾 (Stills)、納許 (Nash) 和楊恩 (Young) 主唱的〈伍德史托克〉(Woodstock)（幾乎半數的青少年都問到：「他們是誰？」）。我們的訪談以自由應答的形式進行，父母親與學生先在互不知道對方答案的情況下，寫出他們對照片與歌曲的反應，然後在討論中與我們分享這些回應。為了確保學生不受父母想法所左右，我們讓學生先談談每張照片。

在最初幾次訪談之後，我們逐漸明白：我們碰觸到一個力量之大到超乎我們想像的景況。在訪談室裡，面紙成了必備品之一。對許多父母親而言，越戰存在過，而且持續存在於現時之中，只需一點刺激，那種強度就會滿溢而出。他們對訪談的回應乃是當今政治態度光譜的縮影：從有些人把越戰標示為衰落的開始，是一個開啟今日美國犯罪、色情與目無法紀的事件，到一位母親愁容滿面地向著 16 歲小孩嘆息著說：「那時候我們都有目標，不像現在，每個人自私自利。」

狄拉內 (Delaney) 家庭的訪談——16 歲的約翰 (John)，以及他的母親凱倫 (Karen) 和父親肯 (Ken)——呈顯出這種探究方法深具潛力，可以展示更深廣的歷史意識 (historical consciousness) 問題，

記錄。

而這正是我們研究的動機。狄拉內一家是白種人、中產階級與虔誠的基督徒，約翰就讀前述的教會中學，他是一位聰明、外向的學生，在學校的戲劇社團中相當活躍，他的反應口條清晰，能充分地表達自己的信念。約翰的歷史課上有二十二位學生，而他一直是那些發言最踴躍的參與者之一。狄拉內一家住在秀麗的西雅圖郊區一棟新式的兩層樓住宅內，那裡有著安靜的小巷、修剪整齊的草坪，小孩子在人行道上騎著腳踏車蹓躂。

肯和凱倫年約 45 歲上下，徵召入伍令的最後幾年時兩人皆就讀於高中，他們的兄長或親人中無人在越南服役過，但這個事實並未減緩這對父母親的情緒表現。就如我們樣本中許多的回答者那般，狄拉內夫婦並不把越南經驗當作輕輕掠過他們生活的遙遠事件，而是一個持續至今仍影響著他們的重大時刻。確實，他們強烈的情緒和 16 歲的約翰成了對比。當凱倫看到《生活》雜誌那張獲得普立茲獎的金普照片時，她語帶哽咽地轉向約翰（他並不認得這張照片）並解釋其由來。肯的聲音也顫抖著，他接續了凱倫的話，所用的言詞混合著過去與現在：「我們完成了什麼，為何我們要這麼做？誰從這個軍事炫耀中獲益？他們打仗的對象看起來並不像是很強大的軍隊。」

一陣沉默之後，這對父母親恢復了平靜。我回頭問約翰，想不想問父母親一些令他好奇的事情，約翰的回答觸及了「情感」在人們理解歷史時所扮演的角色。由於他和越戰距離遙遠，約翰說明他比父母親兩人 「更為客觀」，因而能提供一個更好的歷史記述(historical account)。

約　翰：我想我能有更客觀的看法，因為我並未經歷這些，並不認識任何去了越南而沒回來的人，或任何什麼的⋯⋯我沒有經歷過，我從不必去緊盯著我們的政府問「為何他們會在那裡？」我想我（比父母親）更能⋯⋯

訪談者：你認為因為你比較不帶感情，這會幫助還是妨礙你理解過去所發生的事情？

約　翰：（比較不帶感情）會有幫助，但我認為如果要與某位曾經歷過的人相處，（比較不帶感情）將完全不會有（幫助），我想那會使我退縮，因為如果和某位曾經歷過的人談話時，而那人突然對過去感到悲傷，我就不太能和他產生共鳴，我會——我不會對他們有太多回應。但我認為應該以一種合理的學術態度——我並非學者或什麼的——但我想用一種瓦肯人 (Vulcan)❾式的合理回應（大笑）——我可以說：「好的，這是發生過的事，這些事發生了，那些事情發生了，這是⋯⋯」——我認為也許我可以更客觀地衡量利弊。

　　這是一位美國文化下聰明的 16 歲參與者大致對歷史理解的認識。在約翰眼中，情感威脅了歷史的客觀性，但卻是能幫助他「應

---

❾　譯註：電影《星艦迷航記》(Star Trek) 中有著尖耳朵、冷峻面孔的外星人，住在瓦肯星，是星際聯邦的成員之一。

付某個」經歷過戰爭創傷的人的必要因素。然而，情感這個被約翰視為神入 (empathy) 之基礎，迄今仍不在正規的歷史理解範圍之內。約翰認為，《星艦迷航記》裡頭瓦肯人史波克 (Spock) 先生的性格最能體現歷史的理解，因他最鮮明的特徵（除了他那對尖耳朵）就是沒有感知的能力。

約翰的觀點必須嚴正看待，因為在我們的受訪者之中此並非獨特的意見，相信這必然有某種道理存在。無所節制的熱情的確會對歷史理解構成威脅，尤其當情感的力量使歷史學家歪曲、封鎖資料，或者面對即使相反的證據，仍堅持自己所珍視的信念之時。可是，我們也很難想像情感在嚴肅的歷史研究中一無作用，就算不是在歷史學家對研究主題的熱情上（這讓學者能長期辛苦埋首於那些埋藏在陰暗冰冷的檔案堆裡的文獻），至少是在歷史學家試著神入他們想要理解的那些人所付出的努力上。約翰，這樣一個認真、聰明的高三學生，想像歷史是不帶情感、脫離了人性本質的機械性活動。此一認識論根本上會是一套矛盾的內在邏輯：歷史學家在不和他們的研究主題有個人接觸時，最是客觀的，然而，也正是由於歷史學家個人與研究主題有所連結，才能激發興趣與熱情。稀奇的是，對約翰來說，那些最適合從事歷史研究者正是最沒有動機去研究的人。

約翰的反應與我們在啟示中學 (Revelations High School) 觀察到的教學方式兩相符合。他的歷史老師在課程中以清楚直接的方式教導美國史，他的課中有著極大量而瑣細的歷史事實，以及每週為了進階課程先修班考試 (Advanced Placement Exam) 而準備的客觀測驗。我們注意到在教室中張貼著的一些《聖經》海報（最大的一

幅印著工整的一行字：「耶穌怎麼做？」）與一般的 「無分時地」
(anywhere any time) 要求教學品質之間，有著極大的落差。假如說
有什麼因素形塑了這個歷史課程風格的話，那應該不是《新約》中
的 〈馬可福音〉 與 〈馬太福音〉，而是新澤西教育測驗機構
(Educational Testing Service) 所定的政策。 ❿

　　根據我們在約翰的歷史課上的觀察，我們很自然地會把他的觀
念和他所接觸的歷史連結在一起。當然，兩者確實有些關連，但我
們也相信，那不只是來自單一教師在其課程中奮力不懈所鑄下的影
響。實際上，約翰對於什麼才是好歷史的看法，他的父母親也多半
有之。對約翰的父親來說，歷史就是「分析」，他甚至表達出某些憂
慮，擔心他在訪談中表現出來的情感，很可能把不需要的「偏見」
帶入我們的研究中。在這方面，父親和兒子有著一樣的思維。

　　我們相信，人們對於好的歷史的通常判準，以及關於史家工作
的性質，都來自一套強有力且相當牢固的看法。就某種程度來說，
狄拉內一家的看法反映的是歷史學剛剛進入現代研究型大學那個時
候的普遍見解， 但至 1930 年代， 這樣的觀點已為美國歷史協會
(American Historical Association) 的兩位會長卡爾・貝克 (Carl

---

❿　原註：然而，這只是部分的圖像，這所學校的宗教課堂上也教導歷史。在
　　我們針對閱讀每日新聞的訪談中， 曾要求學生評論最近密西西比法庭一件
　　在學校進行宗教祈禱的案例， Revelations 的五位學生中有四位引用了
　　Thomas Jefferson 寫給 Danbury 地區浸信會教友的信件，這是宗教課曾教過
　　的一份原始資料。 參見 Susan Mosborg, "Assessing Historical Significance,"
　　manuscript (University of Washington, 2000).

Becker) 和查理・比爾德 (Charles Beard) 所質疑。同樣值得注意的是，這些觀念與當代歷史學家對自己工作的看法，兩者間也存在著落差。甚至當前有人還主張，在我們這個後現代時代中，宣稱要棄絕情感的歷史著作本身就令人起疑，那被視為是欲透過修辭方法，掩飾潛藏在其論說中的爭辯特質。就在歷史專業頌揚主觀與立場這兩個後現代的主要美德時，客觀性以及可以達到客觀的觀念卻仍存留在狄拉內一家人的心中。

約翰也許覺得他在越戰問題上比父母親更客觀、更不那麼情緒化，但他在訪談的若干點上亦表現出清楚而強烈的反應，而他用來佐證看法的資料，卻很難稱得上是不帶偏見或客觀的。一個例子是約翰對於其中一張照片的反應，那是一名美國大兵正逃離戰場、兩臂下各抱著一名小孩。這張照片本身的意涵不清楚，我們的受訪者也各有不同的解釋。有些人認為美國大兵是綁架者，其他人（包含約翰及其雙親）則視他為援救者。確實，約翰把這張照片解讀為一名士兵在恐怖的戰爭中解救他人，他因而有以下這段回答：

> 有個傢伙在跑，也許這不是他正在做的事情，但看起來像是要逃出去，而且他的手臂抱住這兩個小孩，有點諷刺的是，當我們想到越戰時，你總會聽見某人說：「哎呀，嬰兒殺手」，而這個人逃走並且帶著兩個小孩，好像他要從後方的災難中把他們拯救出來，我認為這是一張拍得很好的照片。

約翰的用詞值得注意。首先，一位青少年如此清楚地將一個過

去的實例延伸至現在，這在整個訪談中是個罕見的情況。約翰表示，
他「總是」而非一、兩次聽見「嬰兒殺手」，這個針對越戰老兵的貶
抑之詞。那麼，約翰是在哪裡聽見的呢？我們觀察過他的課堂以及
相關的資料，知道他對越戰的認識很難達到這樣的程度，那是美國
史課程六十分鐘一堂課的討論做不到的。而這也不像是他的父親或
母親會說的話語。此一「遭人唾棄」老兵的意象其歷史基礎薄弱，
至少在三十年後，文獻記錄還不足以保證約翰這種日常說法的有效
性。❶事實上，如同艾瑞克・狄恩 (Eric Dean) 在 《地獄上方的搖
晃：創傷後的壓力、越南與自家人的戰爭》(*Shook Over Hell: Post-
traumatic Stress, Vietnam, and the Civil War*) 一書中所記，首批自越
南撤退的美國軍隊，當初就是在西雅圖市區中心、約翰居家後院那
兒，接受一些群眾的歡呼：「感謝你們，感謝你們」、「旗幟飄揚，彩
帶灑在部隊士兵頭上，還有漂亮的女孩將紅玫瑰塞到士兵手中。」❷

　　那麼，約翰是在哪裡聽過這樣的貶抑之詞呢？或者，更概括性
的說，什麼樣的資訊來源構成了約翰對越戰的理解？訪談過程中約
翰提到了幾點，其一是他寫的一份理查・尼克森 (Richard Nixon)❸
的報告，當中他欲證明「從外交事務上的成就來說，尼克森是個好

---

❶　原註：參見 Jerry Lembcke, *The Spitting Image: Myth, Memory, and the Legacy of Vietnam* (New York, 1998).

❷　原註：Eric Dean, *Shook Over Hell: Post-traumatic Stress, Vietnam, and the Civil War* (Cambridge, Mass., 1997). Dean 的資料來源是 "Joy in Seattle; Troops Withdrawn from Viet Nam," *Time* (July 18, 1969), 5.

❸　譯註：第三十七任美國總統，任期自 1969 至 1974 年，連任總統期間因水門案 (Watergate scandal) 辭職下臺。

總統。」這份報告的研究期間，約翰閱讀了「一些傳記和自傳」，但他說不出任何一本的書名。（當然我們也沒能沉著地去進一步查探）事實上，訪談中約翰所提到唯一一項明確的歷史論據，乃是他用來回應其「戰爭有益於經濟發展」的論點。

> 訪談者：好的，多說一點幫助我深入了解一些吧。人們也許會說戰爭得付出昂貴的代價，我們得花錢在所有的軍備上，我們會折損飛機，並且犧牲年輕人的性命，花大錢運送（軍隊）到戰場，因而，就你所理解的，參戰如何會有獲益？
>
> 約　　翰：嗯，因為你——在任何一段你所見的歷史中，戰爭會促進經濟，就像在《辛德勒的名單》(*Schindler's List*) 中，辛德勒說，我試過所有的生意門路，全部都失敗了，因為我缺少一件事。是什麼改變了他的運氣？戰爭，因為戰爭而使金屬用品有高度需求，因為你折損了飛機和裝備，還有直昇機、坦克什麼的，你必須製造這些東西，因此需要有人在美國替你製造這些東西。

　　當我們要求他詳述戰爭帶來利益這個主張時，約翰既非轉向學校學過的觀念，也不是援用經濟學的正規知識。他的證明文件是史蒂芬史匹柏 (Steven Spielberg) 的《辛德勒的名單》；這部電影並不是根據歷史片段來的，而是來自湯瑪斯・干尼爾利 (Thomas

Keneally) 撰寫的歷史小說。約翰關於戰爭與利益之間關係的論斷或許有其根據，然而此點並無關要旨。重要的是，他先前說道，在寫尼克森報告時查閱的「一些傳記和自傳」時，他的敘述含糊不清，相比之下，此時引述的資料卻很明確。而他在此時的措辭還相當直接，沒有：「就如，我在電影中看到的，也就是《辛德勒的名單》……」之類的引言、限定條件或開場白。約翰是假設他自己和訪談者享有共同的文化知識（在這個案例中，這的確是正確的假設），所以他用很簡單的方式來運用這個共享知識的某個片段。當論斷戰爭時，約翰訴諸過去，但他所記得的是一段電影中的過去(filmic past)，一個事實與虛構不分的過去，而在約翰的邏輯推演下，這成為他歷史論斷的依據。

在約翰或者其他人的訪談中，這不是單一例證。事實上，另外一部電影甚至在約翰的理解中扮演了更重要的角色，這部電影將實際歷史片段夾雜在虛構事件的視覺動態中。就是這部《阿甘正傳》(Forrest Gump) 促成（並且是顯然持續地）狄拉內一家人同坐一堂、討論過去。❹他們家就有這部電影的拷貝，全家人並一再地共同觀賞。約翰說：「我們談論越戰，我覺得《阿甘正傳》這部適合闔家觀

❹ 原註：《阿甘正傳》在青少年重構越戰時期中所扮演的主要角色，勝過任何其他單一的資料──包括父母、老師或是教科書。其他青少年主動提及的電影有《第一滴血》(Rambo)、《年少輕狂》(Dazed and Confused)、《前進高棉》(Platoon) 與《現代啟示錄》(Apocalypse Now)。提及《阿甘正傳》的學生遍布於三所學校之中。無論是圖像或其他媒介，《阿甘正傳》是唯一連結著兩個世代的「文本」(text)。在越戰訪談中提到這部電影的比例達百分之六十，沒有其他文本接近這個比例。

賞的電影，總是會由於它的臺詞而引出某些東西。你曉得，他們總是提到金錢和貪婪，而我清楚那些是從哪裡來的。」這部電影還成了狄拉內一家與親近友人的聚會焦點——比如說，有位越戰退伍老兵唐‧威弗利 (Don Waverly)。約翰說：「唐沒有談論過越戰，沒有真正地說過相關的事情……唐有次和我們一起觀賞〈《阿甘正傳》〉，在越戰畫面出現時，他真的安靜極了。」

《阿甘正傳》給了狄拉內一家討論 60 年代的起點。這家人不像我們樣本中的某些家庭，還曾至越戰軍人紀念碑 (Vietnam Veterans Memorial) 朝聖，狄拉內家的參照點只是一卷錄影帶。關於越戰，約翰一字不差地引用而且是唯一明確的訊息來源，並不是來自於父母、老師、牧師或任何他讀過的書籍，而是《阿甘正傳》片中的一段對白。

訪談者：你在訪談一開始的時候提到《阿甘正傳》。

約　　翰：好電影。

訪談者：而你提到它是為了要說明什麼？

約　　翰：喔，那部電影確實正是以 60 年代為中心，它是一個戰後嬰兒潮世代的故事，大概是從 1950 到 1980 年代，那個時代人的生活。我認為父母和我對這部電影有截然不同的體會。我有個朋友說這是他曾看過最無聊的電影之一，我不同意這樣的批評，我認為它的確是部好電影，片中說了許多事情，可以從裡頭學到很多——態度。不過，你看到越戰以及對阿

甘說話的某個傢伙，那是一個嬉皮 (hippie)，他看著
阿甘的軍服，然後說「誰是嬰兒殺手？」

就是這段情節——一個看似民主社會學生會 (SDS)❶❺的成員嘲笑身
著軍服的阿甘、喊他是「嬰兒殺手」，讓約翰聲稱在日常生活中「總
會聽見」那句話。而這個電影裡的意象就是他關於整個越戰時期最
清楚、最鮮明的記憶。

　　在這裡，我們或許很自然地把約翰的意見標記為當代影片如何
影響我們理解過去的另一個例證，對文化研究的學者而言，這個現
象已是一個老掉牙的課題了。❶❻極其明顯，約翰受到一部影片的影
響——確切地說，是好幾部影片，然而這樣的觀察僅僅觸及表層。
一部電影，在這個案例裡是家用錄影帶，已經變成狄拉內家人重訪
過去的起點；他們聚集於客廳，從櫥櫃中取出錄影帶、放進錄影機
裡。這並不是一趟歷史景點的朝聖或歷史博物館之旅，乃是為了迎
合美國人方便的需要，而成了家庭娛樂中心的錄影帶。雖然，我們

---

❶❺ 譯註：SDS 是 Students for a Democratic Society 的縮寫，此會是 1960 年代美
國最重要的學運組織。

❶❻ 原註：舉例而言，可參見 William Adams, "War Stories: Movies, Memory, and
the Vietnam War," *Comparative Social Research* 11 (1989), 165–83. 相關文獻
汗牛充棟，整體綜述參見 Keith Beattie, *The Scar That Binds: American
Culture and the Vietnam War* (New York, 1998); Linda Dittmar and Gene
Michaud, *From Hanoi to Hollywood: The Vietnam War in American Film* (New
Brunswick, N.J., 1990); 以及 John Hellmann, *American Myth and the Legacy
of Vietnam* (New York, 1986).

也可「出去」看電影來看見過去，但在這個錄像的時代，過去變成
了某種我們可以擁有的東西。尤其，影帶中「有用的過去」(usable
past) 就是經常可獲得的過去 (the always available past)。

　　如同我們其他的擁有物那樣，當有需求時，影帶卡匣就可以隨
時為我們所用。光在這個訪談中，就有三次明白提到把觀賞《阿甘
正傳》當作是家庭活動，其中包含狄拉內家和越戰老兵友人唐·威
弗利一同觀賞的那一次。我們甚至可以想像，其他時候，他們也常
常在觀賞這個帶子。藉著這樣重複的觀看，影像因而扮演著有如遠
古時代珍貴的書寫和神聖經文所起的作用；影片對白中的片段提供
了方便的轉喻 (metonymies)──片中的說話激起了一波波的感情、
價值觀與聯想。由於人腦記住的通常是細節而不是細節的出處，於
是細節存留下來，但它的來源卻消逝了。**❼**所以，當約翰說他總是
聽見「嬰兒殺手」時，是對的，但他最常聽見的這句話可能是編劇
家羅勃特·札美吉斯 (Robert Zemeckis) 為他筆下人物所寫的臺詞。
換句話說，小說化的過去，不是歷史事件，成了約翰現在的參考架構。

　　狄拉內家的觀看習慣，讓家庭即教育者的概念有了新的轉折。
當然，家庭仍舊具有教育作用，但卻不再是以某種傳統的諾曼·洛
克威爾 (Norman Rockwell)**❽**之類的那種方式。餐桌已經不再是世代

---

❼　原註：Colleen M. Seifert, Robert B. Abelson, and Gail McKoon, "The Role of
　　Thematic Knowledge Structures," in John A. Galambos, Robert B. Abelson, and
　　John B. Black, eds., *Knowledge Structures* (Hillsdale, N.J., 1986).

❽　譯註：Norman Rockwell (1894–1978) 是美國二十世紀初期重要的畫家，其
　　作品富有商業宣傳和愛國宣傳的色彩，他一生的繪畫大都在週六晚報中刊

之間傳遞故事之處，而是在客廳沙發前當錄影帶播放的時刻。家庭成為這個錄影帶歷史課程的脈絡，也居間傳播了好萊塢(Hollywood)製造的那套更廣的文化敘事。傳統社會中全家人會旅行至歷史遺跡──戰場、聖地、或是其他紀念場所，而在這裡，引用比爾・諾哈(Pierre Nora)之語：「記憶所繫之處」(lieux de mémoire)，已經不是地點本身(per se)，而是一件物體。❶❾錄影帶消除了朝聖旅遊的需要，並配合現代性的要求。它使得慣例中不必有朝聖之旅，只消按下一個鍵，就能連到過去。

三、集體記憶與集體封閉

狄拉內家庭的訪談結果，使我們得以一窺此研究取徑得到了什麼訊息。狄拉內是我所合作的十五個家庭中的一個。在這一節內，我將審視父母與青少年所有的樣本呈現的一些反應趨向。

如同約翰・狄拉內，這項研究裡的其他年輕人對越戰也有同樣豐富的敘述，而且每個學生都很快的就能指出那張一個人站在鑿刻著姓名的整面牆之前的照片，是「越戰老兵站在（華盛頓特區的）越戰紀念碑前」。❷⓿觀看這張照片時，許多年輕人以及他們的父母還

出，最著名的作品完成於 1940 和 1950 年代，如 「四大自由」 (Four Freedoms) 和「鉚釘女工」(Rosie the Riveter)。

❶❾ 原註：Pierre Nora, "Between History and Memory: Les Lieux de Mémoire," *Representations* 26 (1989), 1–15.

❷⓿ 原註：越戰軍人紀念碑照片顯然是我們給青少年看的六張照片中最容易辨識的一張，此並可印證諾哈(Nora)提出的觀點，亦即我們如何紀念過去的事件，而不是事件本身，才是未來世代所會記住的部分。每一年都有超過

一邊說著今日越戰老兵的故事，描述他們回到美國本土後，受到糟糕的對待。如有時是描述一位「遭人唾棄」的老兵，在路邊漫無目的地等著搭便車，他的生活因嬉皮與整個社會的鄙視而痛苦不堪。各人描繪的細節有多有少，不過總體要旨卻是相同的。今天越戰老兵不再是麥萊 (My Lai) 大屠殺 ㉑ 發生後，人們眼中那些在遙遠的國度裡犯下暴行的人，現在人們記憶中的他們是越戰的犧牲者，而非加害者。 ㉒

一百五十萬人列隊參觀越戰紀念碑，並留下兩萬五千件紀念物。十五個家庭中，有九個家庭的父親或母親或小孩或是共同前往參觀過紀念碑，關於這種朝聖之旅的研究，參見 Kristin Ann Hass, *Carried to the Wall* (Berkeley, 1998).

㉑ 譯註：1968 年 3 月 16 日，美國士兵凌虐、強暴並屠殺五百零四名手無寸鐵的越南平民，其中大多數是婦孺。消息傳回美國，引起國內新一波強烈的反戰和平運動，造成往後越南退伍軍人難以獲得民眾認同的效應。

㉒ 原註：紐倫堡大審 (Nuremberg trials) 的首席律師 Telford Taylor，在 1970 年出版 *Nuremberg and Vietnam: An American Tragedy* (Chicago)，書中提出這項指控：「我們（把越南）整個國家摧毀殆盡，且甚至也不願費心清理血跡和斷垣殘壁，……不知怎麼的，我們並不能從在紐倫堡所教導的課題中學到教訓，這個失敗是今日美國人的悲劇。」(p. 207) 根據 H. Bruce Franklin 的說法，從加害者到犧牲者此一自我形象的改變出現在戰爭後期，「那些真實的照片和電視影片──屠殺村民、以汽油彈攻擊兒童、酷刑虐待及謀殺越南戰俘、受傷的美國大兵痛苦哀嚎，以及許多裝著屍體的運屍袋載運回國，這些都被美國戰俘身處亞洲共產黨人野蠻毒手之下的模擬畫面所取代。」(*M.I.A., or Mythmaking in America* [Brooklyn, 1992], 54) Fred Turner 在 *Echoes of Combat: the Vietnam War in America Memory* (New York, 1996), 11，書中問道：「二十年之中，把美國士兵當作劊子手的形象消逝無蹤，此

受訪者所共有的意象顯示出集體 (collective) 記憶與歷史 (historical) 記憶的某些差異。❷舉例來說，許多學科的學者，都曾就返回美國的退伍軍人 「遭人唾棄」 一事是否普遍的問題做過研究。❷學術文獻中，從傑利・蘭伯克 (Jerry Lembcke) 的社會學到鮑勃・格林 (Bob Green) 的新聞學，再到加州大學聖塔芭芭拉分校的托瑪斯・貝明西 (Thomas Beamish)、哈維・摩洛屈 (Harvey Molotch) 和理查・佛列克斯 (Richard Flacks) 細查三百八十份報紙中有關「返家歸國」(homecoming) 報導的檔案研究報告，❷都推定

後，美國士兵作為犧牲者的形象取而代之，怎麼會這樣？為何這麼多美國人現在頑固地堅持老兵即倖存者的形象，而他們曾經一度也堅持美國大兵即是冷血殺手？」

❷ 原註：我承認「集體化」(collectivizing) 記憶相關的概念問題，這是一個時常被視為是個別過程的行為。誠如 Amos Funkenstein 在 "Collective Memory and Historical Consciousness," *History and Memory* 1 (1989), 5–26 一文所提到的，當國家不能哀悼或慶祝的時候，正確地說，也就無法記憶。另一方面，至少從黑格爾 (Hegel) 開始，便體認到社會歷程總是牽涉了個體記憶的行為。心理學家之中，Vygotsky 最明確表達了這個論點。關於這類議題的綜合討論，參見 Patrick H. Hutton, *History as an Act of Memory* (Hanover, N.H., 1993)，亦可見 David Gordon 對 Hutton 的精闢評論，收錄在 History and Theory 34 (1995), 340–54.

❷ 原註：相對於我們聽到越戰老兵受到嚴苛對待的種種故事，美國國內對越戰的支援在訪談中卻鮮少被提及。然而，1966 年 Harris 民意調查發現，百分之七十三的美國人說他們「高度關心」這場戰爭，而百分之六十一的人認為他們「親身參與」戰爭，參見 Turner, *Echoes of Combat*, 127.

❷ 原註：Lembcke, *Spitting Image*; Bob Green, *Homecoming: When the Soldiers Returned from Vietnam* (New York, 1989); Thomas D. Beamish, Harvey

這種集體意象除了在媒體上有具體陳述外，幾乎沒有其他基礎來源。而從歷史記錄的考察顯示，退伍軍人遭到其他退伍軍人凌虐事例比他們被盛怒的嬉皮施暴辱罵還要多 ， 這點有更可信的文獻資料為據。❷然而，退伍軍人彼此之間施暴的故事卻從未在訪談中出現過，這些故事及其所代表的意義更為廣泛的議題，已在記憶中模糊難見了；隨著時光流逝，這些故事已經在大眾記憶中集體的封閉了。

　　集體封閉是集體記憶的反面，它指的是那些已不屬於共通知識之事、不再容易為人想起或想當然耳的事情。集體封閉促使我們去思考，那些在世代交替傳遞的過程中遭到攔截的故事、意象與文化

Molotch, and Richard Flacks, "Who Supports the Troops?" *Social Problems* 42 (1995), 344–60.

❷　原註：特別是參見 David E. Bonior, Steven M. Champlin, and Timothy S. Kolly, *The Vietnam Veteran: A History of Neglect* (New York, 1984), 99–118. Bonior 及其同僚注意到 80 年代以後，現有的退伍軍人團體反對花費新的聯邦經費在越戰老兵的方案上，例如卡特總統 (Jimmy Carter) 在 1977 年，提議補償戰爭期間因不公平懲罰而導致的不當行為解職 (dishonorable discharge)。Bonior 及其同僚認為：「對主流團體而言，問題遠遠超過金錢本身，其中涉及情感的根源，而總統的方案正好激起這些奇特、陌生、有時如嬉皮的退伍老兵的矛盾心理，他們之中有些人已扔掉了勳章，似乎一點都不以之為神聖。在他們眼中，沒有得到光榮解職 (Honorable Discharge) 的越戰退伍軍人是失敗的老兵，因為他們在遙遠的越南輸掉一場『微不足道的戰爭』。不知怎的，他們對越戰退伍軍人的態度，改變了他們長久以來對退伍制度的關懷。」(p. 108) 作者指出，直到 1977 年，沒有一個主要的退伍軍人組織選出越戰退伍軍人擔任領導人，遲至 1981 年，境外戰爭退伍軍人組織 (Veterans of Foreign Wars)，也還沒有任何一位越戰退伍軍人擔任高階職位。

符碼 (cultural code)。那些被封閉的故事儘管存在於歷史記錄和保存於尚存的記憶之中，它們還是在每一天每一日，社會如何記住並將過去傳達給新世代的這個過程中，面臨了消失的危機。❷

　　我以「封閉」(occlusion) 一詞取代更廣為使用的「失憶」(amnesia)，有幾個理由。首先，「封閉」表達的是閉塞、封鎖的意涵，也就是說，這些記憶並非被消除或遺忘了，而是不被凸顯、不易被看見；其次，即使當記憶封閉了，它們也還是存在歷史與檔案文化之中，並且在書中、網路上，而且也經常在大學的專題討論上找得到；最後，「失憶」傳達的是單一的、社會一致性的過程，錯估了社會記憶的複雜性。而「封閉」一詞蘊含著偏執、晦澀難解之意，能更真確地傳遞這種複雜性。

　　我們研究的跨世代層面上，顯現出從經歷過的記憶轉換成學習的記憶時，某些東西可能會隨之遺失。舉例而言，研究中所有出生於美國的父母，都能很快確定那張一個年輕人站在圍成一圈、槍管直指的國家警衛隊前，將粉紅色康乃馨放在其中一枝槍管內的照片其脈絡為何（參見照片 10.1）。

　　就算這些父母不能肯定此件事的確切地點（1967 年 10 月 21 至 23 日的「前進五角大廈」，吸引了五萬名抗議者到首府華盛頓），他們仍能了解其更廣泛的意義：那是戰爭期間國內騷亂失序時，一位

---

❷　原註：參見 Paul Connerton, *How Societies Remember* (Cambridge, England, 1989) 的相關論證。Connerton 對記憶的具體進行 (bodily enactment) 有其煽動性，但我發現，在資訊逐漸發達、科技高度發展的全球社會中，它已顯得過時了。

照片 10.1　前進五角大廈　，1967 年 10 月 21 日　（© 1967 Bernie Boston/The Washington Post. 圖片來源：達志影像 / 提供授權。）

訴求和平與非暴力的嬉皮，勇敢地面對警察、國家警衛隊或是民兵部隊成員。但是這個父母輩視為理所當然的喻義，對他們的子女而言絕非不證自明。例如，看看底下這段 16 歲青少年約伯・考夫曼 (Jacob Curfman)（約翰・狄拉內在啟示中學的同班同學）的相關訪談：

約　伯：我完全不知道看的是什麼，但看起來像是——像是這個男的處於槍口之下，上頭還有刺刀，而他正把花放在刺刀裡或什麼的，我看不懂。但它看起來像是在一個極其惡劣的情勢中某種和平的姿態，好像這個男的正試著對戰爭有所表態，表達他期望和平。

這就是這個照片大概要說的。

訪談者：對於（這個人）怎麼會站在刺刀之前有沒有什麼想法？

約　伯：不太有，我不是很確定，要不他像是在聲援美國士兵或什麼的，我不知道，但是在做他們不喜歡的事情，也許他才剛成為囚犯吧。

訪談者：被誰囚禁？

約　伯：北越陣營或什麼的。

或再看看克勞蒂恩・瑟伯 (Claudine Serber)、一個來自菁英畢集的大學預備學校學生的回答：

克勞蒂恩：我認為這是在葬禮中的一個發表悼詞的場面，它顯示了有許多人在這段期間內犧牲了生命。

訪談者：你怎麼會覺得這是葬禮中的悼詞？

克勞蒂恩：因為他拿著幾朵小花，……看起來他像是正在朗讀……悼詞，你知道，他說著「這個人被殺害或他是一個勇敢的人」。……這是個正式的典禮，那些站立者似乎是死者的親屬，他們圍繞而站，有點像是要保護他的墓地似的。你知道的，他們聚集是為了最後一次紀念他。

約伯・考夫曼相信拿花朵的人是被北越俘虜的美國人，克勞蒂

恩‧瑟伯則認為他正在頌揚死去的美國士兵，這明顯地呈現出許多學生在解讀這張照片中隱藏的文化訊息時面對的困難。幾近半數（十五位學生中的七位）的學生無法提出合宜的脈絡說明。但另一方面，學生清楚地知道什麼是「嬉皮」，他們知道嬉皮反對越戰，甚至知道嬉皮的樣貌：長髮及背、約翰藍儂 (John Lennon) 式的眼鏡、頭巾、紮染的 T 恤、還有和平的標語。他們以此標準評斷，所以「前進五角大廈」照片中的年輕人顯然不是「嬉皮」，由於他不符合有關越南的「文化課程」中那些經典文本與圖像所界定和描述。

　　類似簡化事實的過程亦見於青少年對越戰的認定方向。在許多（但不是所有）學生的簡要敘述裡，這齣越戰劇中的角色，是毫無疑義又清楚分明：軍人在越南作戰而嬉皮在國內抗議；嬉皮之所以在美國社會中成了負面元素，不是錯在他們的反戰，而是因為他們過分地責怪軍人。❷❽ 還有，那些沒有前進首都華盛頓的美國人，其實是在自己家中進行著沉默的抗議。在這樣奇妙的重塑歷史的反轉中，我們所有人似乎都站在反戰的麥克‧高文 (McGovern)❷❾ 這邊。

❷❽　原註：看看 17 歲 Luis Fara、一位公立中學學生的說詞：「嬉皮（是）對返國士兵造成莫大困擾的那種人……這種人屬於不支持士兵的分子。然而，畢竟因為（士兵）不能為其所作所為負責，他們只是執行他們的任務，而且我想（嬉皮）使得士兵後來得去適應必須經歷的種種日子時，變得更加困難，……我認為反對戰爭沒有關係，我卻不認為譴責那些戰場上的士兵是對的，因為這些士兵對一些爭議並沒有大聲發言的餘地。」

❷❾　譯註：麥克‧高文 (George McGovern, 1922–2012) 曾任大學教授、眾議員、參議員，特別關心青少年、婦女、少數族裔議題，力陳美國應自越南全面撤兵，1972 年被民主黨提名為總統候選人，敗給共和黨的尼克森。

在這些年輕人的記憶裡，越戰是一場沒有支持者的戰爭。❸

　　那麼，當青少年面對和他們的記憶直接衝突的證據時，有何反應？譬如有張照片是一個搖旗吶喊、支持尼克森總統的集會，其中有十萬名戴著安全帽的建築工人群聚於曼哈頓市政廳（1970年5月

❸　原註：可將這種記憶拿來和當時舉行的民意調查比較，甚至是戰爭後期。例如在尼克森下令於海防 (Haiphong) 港口布雷並將戰事擴展至高棉與寮國後，《時代》雜誌委託 Daniel Yankelovich 機構從兩千份樣本中交叉分析出其中兩百名美國人，然後進行大規模的訪談，「十個人當中有七人對總統指揮戰爭表達了新的信心，只有十分之三對他投下不信任票。」 見 "Time Citizens Panel: The President Buys More Time－and Some Hope－on the War," *Time* (June 12, 1972), 16–17.《時代》雜誌的調查中有幾項引人注目的論調。首先，支持尼克森的人廣布於民主黨與共和黨之中，那些來自兩黨的支持者強烈認為戰爭應該擴大（回想一下，這時候是 1972 年 6 月！），一位住在印第安那州 Lawrenceburg 的家庭主婦、同時也是共和黨員的 Wilma ("Billie") Renner 說：「打下去，作一個了結。我們在海內外到處被逼迫著，我實在是厭惡那些不支持尼克森總統的人。」 或者：「馬里蘭州 Dublin 的中學顧問 Walter Glamp，在該州初選時把票投給了 Edmund Muskie，他以為總統的顧問如果認為布雷是過於危險的，那麼就會提出反對意見，他說：『我相信，現在北越在做出任何他們的進一步行動之前會斟酌再三。』」另有其他幾個論調也值得注意：在北越的港口布雷是「危險但值得的」；港口布雷與轟炸行動不同，而且會證明更具效用；支持者的態度偏向強硬：「我們不會被欺負」。回想當時 George McGovern 鼓吹立即從越南撤兵並赦免逃避兵役義務者的主張，卻成為美國總統選舉史上最大的挫敗，可見他所謂「就算美國人自己不是罪犯，至少也支持了一個由罪犯掌管的政府」之看法，並不是當時美國人看待自己的方式，而根據我們訪談家庭樣本所判斷，這亦非他們現在認定自己的方式。參見 Theodore White, *The Making of a President, 1972* (New York, 1973), 116.

20 日），高舉著標語如：「我們建築工人建造美國，而不是摧毀它：
天佑美國」、「這個國家並不完美，卻是世界上最棒的」、「總統先生：
你是最高指揮官，我們支持你」（參見照片 10.2）。❸無論支持戰爭
與否，十二位出生於美國的父母當中，有十一位能輕易地辨識出這

照片 10.2 建築工人遊行，在曼哈頓市政廳前，1970 年 5 月 20 日（© 2020 The
Associated Press. 圖片來源：達志影像 / 提供授權。）

---

❸ 原註：這場集會是武裝力量日 (Armed Forces Day) 活動的一部分，集會中其
他標語（未出現在給父母和學生看的照片中）包括「停止播出左翼電視節
目」、「彈劾紅色市長」，這是指反戰的紐約市長 John V. Lindsay，參見 R.
M. Fried, *The Russians Are Coming! The Russians Are Coming!* (New York,
1998).

是一場支持戰爭的集會。佛瑞德（安妮塔的父親）對照片的回應如下：

> 許多男女確實展現出愛國熱情，即使他們對戰爭的目的感到困惑，……他們聲援政府，就算他們並不全然知道出於什麼道理。我看這些人就像是典型的藍領工人，……那些就是每天在外辛勤工作的人們，而他們，他們想說：「好吧，雖然我們不是知識菁英分子，但我們將會支持你。」

對艾倫・奧珊斯基 (Ellen Oshansky) 而言──一位就讀於私立大學預備學校學生的母親，這張照片卻引發截然不同的回應：

> （照片中的這些人）是一群混蛋──他們被情緒衝動牽著走，是盲目愛國、狹猛、沒有思想的人，他們藉著壓制他人來展示力氣和自己的重要性，……我發現他們是最狹猛與最無知者，他們不思考、不分析，這些就是今天可能會去聽拉許・林保 (Rush Limbaugh) ㉜ 的人，只想聽到讓他們痛快的言論，……就是「不問是非地支持我的國家」。

至於青少年，由於欠缺「集會」的概念，又只曉得「抗議戰爭」，看到這張照片時並無法將之列為修正自己信念的新證據，反倒

㉜　譯註：美國著名的政治與時事廣播脫口秀主持人，立場明顯偏向共和黨與保守主義，1980 年代末期開始在 WABC 電臺主持 The Rush Limbaugh Show 節目，估計全美每天有兩千萬人收聽他的節目。

是將這個視覺意象硬套入他們對越戰時代的既有理解之中。百分之六十的學生把搖著旗幟的建築工人解釋成一場反對戰爭的抗議者。其中約伯・考夫曼表達出許多學生的困惑：

> 約　伯：(這張照片)和其他照片放在一起似乎是放錯了地方，因為我們在這類照片中大部分看到的人都是在抗爭，而非搖著旗子，⋯⋯因此我真的不太確定該怎麼看待，⋯⋯上面的標語「我們建築工人建造美國，而不是摧毀它」好像是某種對戰爭的不屑，但我猜他們仍試圖要表達他們依舊在努力使國家正常運作這個訊息。
>
> 訪談者：為什麼你說他們也許不屑戰爭？
>
> 約　伯：嗯，正是因為標語。我的意思是看起來整件事的態度好像是很愛國，但是這個標語引起了我的注意，它說「我們建造美國，而不是摧毀它」，好像是指著軍人或者政府或其他什麼的而說。

　　對約伯來說，標語中提到的毀滅力量是指美國軍人或美國政府。❸❸而公立高中的學生安德莉亞・克拉克 (Andrea Clarke)，她父

---

❸❸　原註：美國政府，而非士兵或甚至在國內支持他們的公民，是越戰中毀滅力量 (agent of destruction) 這一觀念，為訪談中一再出現的論調，就算這些父母有著明確的保守立場亦然。在這個層面上，我們的訪談提供了一個美國人視美國政府應受譴責的不同意涵，其有別於 Michael Kammen 的看法，

親曾在戰爭期間服役於海軍，則有更為篤定的解釋：

> 安德莉亞：我認為這是反對戰爭的抗議場面。
>
> 訪談者：（驚訝狀）反對？
>
> 安德莉亞：沒錯，反對，這看起來大概是某個團體，所有的這些人，他們像是建築工人或類似的，都戴著帽子，而且似乎有許多不同種族的人在那兒，標語上寫著「我們戴著鋼盔的人」，所以很明顯地，他們是從事勞力之類的人，所以他們不想要——很明顯地這群人覺得戰爭毀壞了他們的工作、他們的家園，毀壞了整個國家。

私立的大學預備學校學生葛蘿莉亞・勞倫斯 (Gloria Lawrence)，把這張照片解讀為「建築工人罷工事件」：

> 他們想要讓士兵返回家園，……這群人正進行罷工，冒著丟掉工作的風險，為了在越南的士兵而抗議，他們要求送士兵歸國，因為那些士兵是他們的家人、兄弟、親戚或兒子，我確定這是一場抗議活動的一部分。

參見他的 *Mystic Chords of Memory: The Transformation of Tradition in American Culture* (New York, 1991), 657. 他在書中宣稱，在當代的越戰神話中「美國政府是一個破壞性力量」的看法已消失無蹤，但我們在這項研究中所訪談的一般大眾情況顯然與此說法相違。

四、記憶的地景 (landscape)

在這項研究中，受訪的父母展現了多樣化的觀點，相對的，學生對越戰的理解則落在甚為狹窄的地帶上。我們在這三個課堂中觀察到的歷史教學大不相同，但這些青少年如此一致的回應，實在讓人難以聯想。而儘管學生各自歸屬於不同的政治、族群、種族、宗教與意識型態的次團體，他們的共同反應，證明了盤據在這些團體間的「文化課程」(cultural curriculum) 其威力和作用之深廣。

我們在這展開了一趟實證研究之旅，進入了歷史與記憶相互碰撞的世界之中。那個世界中，有的人以日常用來知道多數事物時的那種感知能力去認識過去，也有的人從學科化的心智思慮去認識過去。分析資料時，我們較不關注人們的理解是否符合某些權威機制的訊息，而是試著去建立歷史記憶的各類型態，去勾勒一般大眾如何藉由思考過去以理解現在的粗略輪廓。時至今日，那些為學校歷史教學而研發教科書與課程的人，既不承認也無法認清，集體記憶是一股影響深遠的力量——確實，這股力量不論是在教導或學習時都該被嚴肅視之。但我也要聲明：集體記憶的內容為我們在學校中欲教導孩子的那些事情提供了一個架構。❸❹

---

❸❹　原註：在加州大學洛杉磯分校國家學校歷史科中心 (National Center for History in the Schools) 所出版的 *National Standards for United States History* (Los Angeles, 1995) 中人們將難以發現任何對當今文化如何形塑現代歷史意識的嚴肅考察。課程標準的建構者不為實證資料所動，他們依幻想而行，以為只要改變教科書便能改變歷史的教與學。John Wills 針對課堂教學的民

最近羅伊·羅森貞威格 (Roy Rosenzweig) 與大衛·泰倫 (David Thelen) ㉟以電話調查了一千多位美國人，想要了解過去如何被運用於日常生活之中。這種研究取向可讓研究者對於生活中的一些活動和過去有何關連（以及人們賦予這些活動的意義）有個概略的圖像，譬如說追溯家族系譜或參觀歷史博物館。這樣的資訊收集也許有其價值，但是，我們卻無法從中看到個人的回應與其家庭、學校、教會和社區等脈絡的關係，也無法提供較為精細的刻畫，好讓教育者一探學生認知地景 (cognitive landscapes) 內那些細微的角落和縫隙。

這裡的探究只包含少數的樣本，得出的概論也必然要虛心看待。這些概論讓我們提出的是關於日常歷史理解 (everyday historical understanding) 的一些假設雛形，而不是能直接說出在此項研究以外的人會否如此以及發生率的斷定。雖然如此，這些教育背景、宗教看法以及世界觀迥異的受訪者所表現出的共通性，使我們相信，我們樣本中呈現的反應趨向絕非是特例而已。

集體記憶的作用如同過濾器，㊱不但是歷史事件的細節會隨著

族誌研究，顯示了就算在課堂中使用有關美國原住民的新材料，老師也明確地支持新視角，然而文化力量所陶鑄出的信念，被載入更廣泛的文化文本中，壓倒性的勝過新的教科書敘述，參見 John Wills, "Popular Culture, Curriculum, and Historical Representation: The Situation of Native Americans in American History and the Perpetuation of Stereotypes," *Journal of Narrative and Life History* 4 (1994), 277–94.

㉟ 原註：Roy Rosenzweig and David Thelen, *The Presence of the Past* (New York, 1998).

時光流逝而稀少，而且過去哪些事情被記住或被封閉，不斷地因當代社會歷程 (social process) 而重塑：國家法令紀念某件事件而不是其他的事，小說家和製片人決定訴說某個故事而不是其他故事，以及社會各式扭曲奇怪的需要，都是利用了過去某些要素，同時也將其他因素棄置於不顧不問之中。

的確，正是最後這個面向——現在的需求定位了過去——促使法國社會學家莫里斯・哈伯瓦 (Maurice Halbwachs) 主張，集體記憶與過去無關，全然只是當代社會的需要與當代社會情況的反映。據哈伯瓦所言，現代性的開展與快速的社會變遷，讓現在與過去之間隔出一道鴻溝，就像「兩株倒下的樹，儘管末端相觸，卻仍不能形成一棵植株，因為它們在其他方面並未相互連結。」❸❼

屬於新哈伯瓦學派的社會學家巴利・史華茲 (Barry Schwartz) 和耶爾・哲如巴菲 (Yael Zerubavel)，則採取較溫和的立場，看出歷史記憶與歷史記錄（比如史家作品中所呈現）的辯證關係。❸❽ 如同比爾・諾哈，這些學者把注意力放在記憶所繫之處——戰場、紀念碑、博物館——以及與過去有關的文化素材的生產上：小說、通俗

❸❻　原註：參見 Nora, "Between History and Memory," 1–15.

❸❼　原註：Halbwachs 這段徵引文字的來源是 Barry Schwartz, "The Reconstruction of Abraham Lincoln," in David Middleton and Derek Edwards, eds., *Collective Remembering* (London, 1991), 104.

❸❽　原註：參見 Schwartz, "The Reconstruction," and Yael Zerubavel, "New Beginning, Old Past: The Collective Memory of Pioneering in Israeli Culture," in Laurence J. Silberstein, ed., *New Perspectives on Israeli History: The Early Years of the State* (New York, 1990).

讀物、電影和短文。然而，直至今日，歷史記憶如何現身在一般大眾的生活中，卻少有相關的追查，也就是俗話說的尋常百姓如何具現（或不能具現）集體記憶的理論家所提的廣泛社會歷程。

　　缺乏這樣的觀看角度，我們就會落入詹姆斯‧衛屈 (James Wertsch) 所批判那樣：把文化產品的生產和消費混為一談。❸❾個體既受菁英文化創造的影響，但也會施加作用於這些創造上。因此嘗試去推論集體記憶的概念時，若忽略了個體（尤其是號稱集體記憶，卻奇怪地沒人懷有這種想法），❹❶將會陷在簡化論 (reductionism) 和本質論 (essentialism) 的岸邊而進退不得。欲了解社會如何記憶，我們需要採用宏觀與微觀的兩種角度來分析文化的傳遞、調適與重組。

　　顯然，我們還在解讀資料的初期階段，最終我們期望能揭露青少年如何賦予過去意義，藉以知道如何更深入他們的歷史看法、拓展他們的想法，並且必要時，質疑那些想法。就此而言，我們的調查不只是一種文化研究的嘗試而已。身為認知科學家（就這個詞的原始意義）──一位運用人類學、社會學、心理學以理解意識現象的跨學科領域工作者❹❶──我同時也是一個社會改良論者。當我們

---

❸❾　原註： 參見 James V. Wertsch, "Can We Teach Knowledge and Belief at the Same Time?" in Peter N. Stearns, Peter Seixas, and Sam Wineburg, eds., *Knowing, Teaching, and Learning History: National and International Perspectives* (New York, 2000).

❹❶　原註： 相關論點參見 James Fentress and Chris Wickham, Social Memory (Cambridge, Mass., 1992).

❹❶　原註：關於認知科學的最新發展，與其早先跨學科的源頭，兩者間之差別，參見 Jerome Bruner, *Acts of Meaning* (Cambridge, Mass., 1990).

看到青少年這樣的理解樣貌，而且這些樣貌一再地獲得其他研究的
驗證，則新的課程應該採取什麼方向？我們要如何為新進的歷史老
師設計有用的培訓教育？根據這些類似的發現，我們能設計出什麼
樣的軟體、能問出哪些線上問題？在設計新的教育媒介時，我們究
竟為的是誰？我們對於教育革新下的那些「末端消費者」（end
users）的既有理解與信念，究竟知道多少？

最近，我把這些研究成果告訴一位朋友，他是一個退休頗久的
中學歷史老師。他很失望的指出，歷史老師多半過分倚賴影帶和其
他「文化課程」的產品，實在應該把這些東西移出教室之外。但我
相信這樣毫無用處。微積分教室或許是我們學習進階數學的場所，
然而我們卻隨時隨地都在學習歷史，學校很難獨攬其權。所以從課
堂中移走了電視影像，它們還是會完好地出現在家裡、DVD，在有
線電視和衛星電視中，實際上是在任何地方。與其假裝我們可以用
沒收影片、禁絕饒舌音樂和任天堂遊戲，以及拔掉 MTV 和電影頻
道的插頭等方式，將大眾文化清除掉，不如可以試著去了解這些力
量如何地塑造著歷史意識，如何運用它們來增進學生的歷史理解，
而非輕視，或更糟地根本忽視這些力量的存在。

後　記

本章是專為此書撰寫，其中若干段落以稍稍不同的形式收在
Peter N. Stearns, Peter Seixas, and Sam Wineburg, eds., *Knowing,
Teaching, and Learning History: National and International
Perspectives* (New York, 2000)。我也曾將本章較早的版本發表於

1999 年 9 月德國漢諾威舉辦的 「傳統的傳遞」 (Transmission of Tradition) 研討會議中。感謝 Harald Welzer 教授邀請我參加此會議，以及他對這項研究的鼓勵 。 我也要感謝這項計畫的合作伙伴 Susan Mosborg、Dan Porat，因為他們讓本章的構想更加精進、成熟。最後，Reed Stevens 與我的多次討論讓我獲益良多。

世界通史（增訂二版）

王曾才　著

　　本書作者以科際整合的手法及宏觀的史學視野，用流暢可讀的文字，以深入淺出的方式，敘述並分析自遠古以迄近代的世界歷史發展。內容包括史前文化、埃及和兩河流域的創獲、希臘羅馬的輝煌，以及經過中古時期以後，向外擴張並打通東西航路，其後歐洲及西方歷經自我轉型而累積更大的動能，同時亞非和其他地域歷經漸變，到後來在西方衝擊下發生劇變的過程。最後整個地球終於形成「一個世界」。

西洋上古文化：探索與反思

蒲慕州　著

　　本書主要涵蓋的時間範圍包括了古代近東兩河文明、古代埃及、波斯、以色列，以及希臘、羅馬，全書以年代順序介紹這些不同的古代文明。除了政治和社會的基本架構之外，本書也設法多談一些文學、藝術、宗教、思想等主題，希望能對這些古文明提供多角度的了解，以及其歷史發展和文明的特色，並且不時提出一些有關其興衰關鍵的討論，提供相關史料，讓讀者能深入探索古代文明。

國家圖書館出版品預行編目資料

歷史思考大未來: 勾勒歷史教學的藍圖／山姆‧溫伯
格(Sam Wineburg)著；林慈淑審訂；林慈淑, 蕭憶梅,
蔡蔚群,劉唐芬譯.——初版一刷.——臺北市: 三民,
2020
　　面；　　公分.——(歷史新視界)

　　ISBN 978-957-14-6773-3　(平裝)
1.歷史教育 2.教學法 3.中等教育

524.34　　　　　　　　　　　　　108021718

歷史思考大未來──勾勒歷史教學的藍圖

作　　者	山姆‧溫伯格 (Sam Wineburg)
審　　訂	林慈淑
譯　　者	林慈淑　蕭憶梅　蔡蔚群　劉唐芬
責任編輯	沈敬家
美術編輯	陳奕臻
協力編輯	范榮約

發 行 人	劉振強
出 版 者	三民書局股份有限公司
地　　址	臺北市復興北路 386 號 (復北門市)
	臺北市重慶南路一段 61 號 (重南門市)
電　　話	(02)25006600
網　　址	三民網路書店 https://www.sanmin.com.tw

出版日期	初版一刷 2020 年 4 月
書籍編號	S600400
I S B N	978-957-14-6773-3

Historical Thinking and Other Unnatural Acts: Charting the Future of
Teaching the Past
Copyright © 2001 by Temple University
Original edition published by Temple University Press
Traditional Chinese copyright © 2020 by San Min Book Co., Ltd.
ALL RIGHTS RESERVED